家事事件手続法
ハンドブック

共著 冨永 忠祐（弁護士）
　　 伊庭　潔（弁護士）

新日本法規

はしがき

　家事審判と家事調停は、親族間の揉め事を解決する手続である。
　したがって、その手続には、男女の情愛や、子どもや高齢者の保護といった視点が盛り込まれる。貸金の返還を求める民事裁判とは異なり、六法全書だけでは適正妥当な解決を図ることができないため、どうしても裁判官の後見的な裁量の幅が大きくなる。
　戦後間もない昭和22年に制定され、その後、65年もの長きにわたって使われてきた家事審判法は、基本的に、そのような家事事件の特徴に沿ったものであった。
　しかし、裁判官の裁量の幅が大きいということには、長短がある。事案ごとに結論の妥当性を追求し、柔軟に手続を進めることができるということは、良い面もあるが、同時に、裁判官によって手続の運営方法が区々になるという不公平を招く。
　しかも、その間に国民の法意識は大きく変化した。利害の対立する当事者は、対等に主張・立証の機会を与えられなければ、解決の結果に納得しない傾向が強まっている。
　このような状況下で、家事事件の上記特徴に配慮しながらも、同時に、当事者の手続保障を充実させるべく、家事事件手続法が制定され、新しい実務の運用が営まれている。
　本書は、家事事件に携わる実務家に向けて、家事事件手続法と家事事件手続規則の概要を整理し、実務で重要となる箇所を中心にコンパクトにまとめたものである。できるだけ多くの図表を活用して、難解な法令の内容を少しでも視覚的に理解し易くなるように工夫を試みた。実務の参考に供していただければ、望外の幸せである。
　末筆ではあるが、弁護士として多忙な中で貴重な時間を割いていただき、本書の執筆に精力的に取り組んでいただいた伊庭潔弁護士に、そして、本書の企画・編集の全般にわたってご尽力いただいた新日本法規出版の増田雄介氏をはじめご担当者の皆様方に、心から感謝申し上げたい。

　平成25年3月

冨　永　忠　祐

著者略歴

冨永 忠祐（とみなが ただひろ）（弁護士・冨永法律事務所）

　平成6年　弁護士登録（東京弁護士会）
　現　　在　冨永法律事務所　所長
　　　　　　日本成年後見法学会　常任理事

《主な著作》

　『子の監護をめぐる法律実務』（編集者、新日本法規出版、2008）
　『離婚事件処理マニュアル』（編集者、新日本法規出版、2008）
　『Q＆Aドメスティックバイオレンス児童・高齢者虐待対応の実務』（編集者、新日本法規出版、2009）
　『離婚事件の手続と書式』（編集者、新日本法規出版、2010）
　『原因別離婚裁判の分析－裁判所が認定した離婚原因』（編集者、三協法規出版、2011）

伊庭　潔（いば きよし）（弁護士・下北沢法律事務所）

　平成19年　弁護士登録（東京弁護士会）
　同　20年　下北沢法律事務所開設
　現在に至る

《主な著作》

　『離婚事件の手続と書式』（冨永忠祐編、新日本法規出版、2010）
　『不動産をめぐる相続の法務と税務』（冨永忠祐編、三協法規出版、2010）
　『原因別離婚裁判の分析－裁判所が認定した離婚原因』（冨永忠祐編、三協法規出版、2011）
　『反社会的勢力リスク管理の実務』（東京弁護士会民事介入暴力対策特別委員会編・共著、商事法務、2009）
　『暴力団排除と企業対応の実務』（東京弁護士会民事介入暴力対策特別委員会編・共著、商事法務、2011）

凡　例

<本書の趣旨>

　家事事件は、年々増加傾向にあるとともに、その内容も複雑化、多様化しています。これに対応するため、「家事事件手続法」が平成25年1月1日から施行されました。
　このような現状に鑑み、本書では、家事事件に携わる実務家に向けて、家事事件手続法と家事事件手続規則の概要を整理し、家事事件の実務を行う上で重要な事項を中心に、図表を用いてわかりやすく解説しています。

<本書の構成>

　本書は、第1章から第5章では、家事事件手続法の制度の概要を図を用いてわかりやすく解説し、第6章から第28章では、具体的な家事事件の手続について「あらまし」、「提出書類」、「添付書類」、「管轄」、「申立権者」、「解説」を表形式でまとめています。
　また、実務上のポイントや補足説明は、適宜、memo として掲げています。
　なお、本書に掲載する添付書類等は、標準的なものを例示しました。裁判所により添付する書類が異なる場合がありますので、申立て等の際には申立先の裁判所等へご確認ください。

<法令・判例の略記>

　本書で使用した法令・通知・判例等の表記方法は、次のとおりです。
①　法令は、原則としてフルネームを用い、解説等の根拠として（　）で表記する場合は、次のように略記しました。
　　家事事件手続法第9条第2項第1号＝（家事手続9②一）
　　また、法令の略語は次のとおりです。

家事手続	家事事件手続法
家事手続規	家事事件手続規則
旧家審	(旧)家事審判法〔旧家事審判法〕
旧家審規	(旧)家事審判規則
旧特家審規	(旧)特別家事審判規則
民	民法
民訴	民事訴訟法
戸	戸籍法
厚年	厚生年金保険法

児福	児童福祉法
人訴	人事訴訟法
生活保護	生活保護法
精神	精神保健及び精神障害者福祉に関する法律
性同一性障害	性同一性障害者の性別の取扱いの特例に関する法律
知障	知的障害者福祉法
中小継承	中小企業における経営の承継の円滑化に関する法律
任意後見	任意後見契約に関する法律
破	破産法
民保	民事保全法
老福	老人福祉法

② 通知については、次のように略記しました。

昭和37年7月3日最高裁家二第119号家庭局長回答＝（昭37・7・3家二119）

③ 判例については、次のように略記しました。

最高裁判所平成11年12月16日判決、判例時報1702号61頁

＝（最判平11・12・16判時1702・61）

また、本書で使用した判例出典の略称は次のとおりです。

民集	最高裁判所（大審院）民事判例集
家月	家庭裁判月報
判時	判例時報
判タ	判例タイムズ

目　次

第1章　総則

ページ
- 1-1　管　轄 …………………………………………………………………………… 1
- 1-2　裁判官の忌避 ………………………………………………………………… 4
- 1-3　当事者能力 …………………………………………………………………… 5
- 1-4　手続行為能力 ………………………………………………………………… 6
- 1-5　手続代理人 …………………………………………………………………… 10
- 1-6　手続費用 ……………………………………………………………………… 14
- 1-7　期日および期間 ……………………………………………………………… 15
- 1-8　手続の併合・分離 …………………………………………………………… 17
- 1-9　送　達 ………………………………………………………………………… 18

第2章　家事審判に関する手続

- 2-1　家事審判と家事調停の関係 ………………………………………………… 19
- 2-2　参与員 ………………………………………………………………………… 20
- 2-3　当事者参加等 ………………………………………………………………… 21
- 2-4　利害関係参加等 ……………………………………………………………… 22
- 2-5　記録の閲覧等 ………………………………………………………………… 26
- 2-6　家事審判の申立て …………………………………………………………… 27
- 2-7　家事審判の手続の期日 ……………………………………………………… 29
- 2-8　事実の調査および証拠調べ ………………………………………………… 31
- 2-9　家事調停をすることができる事項についての家事審判の手続の特則 … 35
- 2-10　審判等 ………………………………………………………………………… 38
- 2-11　取下げによる事件の終了 …………………………………………………… 41
- 2-12　抗　告
  - 2-12-1　即時抗告 ……………………………………………………………… 42
  - 2-12-2　特別抗告 ……………………………………………………………… 46
  - 2-12-3　許可抗告 ……………………………………………………………… 50
- 2-13　再　審 ………………………………………………………………………… 52
- 2-14　審判前の保全処分 …………………………………………………………… 53

目　次

第3章　家事調停に関する手続

- 3-1　調停事項 …………………………………………………………… 57
- 3-2　管　轄 ……………………………………………………………… 60
- 3-3　地方裁判所または簡易裁判所への移送 ………………………… 61
- 3-4　調停機関 …………………………………………………………… 62
- 3-5　高等裁判所における家事調停 …………………………………… 63
- 3-6　手続行為能力 ……………………………………………………… 64
- 3-7　記録の閲覧 ………………………………………………………… 68
- 3-8　申立手続
  - 3-8-1　家事調停の申立て ………………………………………… 70
  - 3-8-2　家事調停の手続 …………………………………………… 73
- 3-9　事実の調査および証拠調べ ……………………………………… 75
- 3-10　調停前の処分 …………………………………………………… 77
- 3-11　調停の成立 ……………………………………………………… 78
- 3-12　調停の成立によらない事件の終了 …………………………… 80
- 3-13　付調停 …………………………………………………………… 85
- 3-14　合意に相当する審判 …………………………………………… 88
- 3-15　調停に代わる審判 ……………………………………………… 92
- 3-16　不服申立て ……………………………………………………… 95

第4章　履行の確保

- 4-1　履行状況の調査および履行の勧告 ……………………………… 98
- 4-2　履行命令 …………………………………………………………… 100

第5章　罰　則

- 5-1　罰　則 ……………………………………………………………… 101

目　　次

第6章　成年後見

- 6-1　法定後見（後見・保佐・補助）
  - 6-1-1　後見開始
    - 6-1-1-1　後見開始 …………………………………………………………… 103
    - 6-1-1-2　後見開始の審判の取消し ………………………………………… 106
    - 6-1-1-3　成年後見人の選任 ………………………………………………… 107
    - 6-1-1-4　成年後見人の辞任についての許可 ……………………………… 108
    - 6-1-1-5　成年後見人の解任 ………………………………………………… 109
    - 6-1-1-6　成年後見監督人の選任 …………………………………………… 111
    - 6-1-1-7　成年後見監督人の辞任についての許可 ………………………… 112
    - 6-1-1-8　成年後見監督人の解任 …………………………………………… 113
    - 6-1-1-9　居住用不動産の処分の許可 ……………………………………… 115
    - 6-1-1-10　特別代理人の選任 ………………………………………………… 116
    - 6-1-1-11　成年後見人に対する報酬の付与 ………………………………… 117
    - 6-1-1-12　成年後見の事務の監督 …………………………………………… 118
    - 6-1-1-13　第三者が成年被後見人に与えた財産の管理に関する処分 …… 119
  - 6-1-2　保佐開始
    - 6-1-2-1　保佐開始 …………………………………………………………… 121
    - 6-1-2-2　保佐人の同意を得なければならない行為の定め …………… 123
    - 6-1-2-3　保佐人の同意に代わる許可 ……………………………………… 125
    - 6-1-2-4　保佐開始の審判の取消し ………………………………………… 126
    - 6-1-2-5　保佐人の同意を得なければならない行為の定めの審判の
取消し …………………………………………………………………… 127
    - 6-1-2-6　保佐人の選任 ………………………………………………………… 128
    - 6-1-2-7　保佐人の辞任についての許可 …………………………………… 129
    - 6-1-2-8　保佐人の解任 ………………………………………………………… 130
    - 6-1-2-9　臨時保佐人の選任 …………………………………………………… 132
    - 6-1-2-10　保佐監督人の選任 …………………………………………………… 133
    - 6-1-2-11　保佐監督人の辞任についての許可 ……………………………… 134
    - 6-1-2-12　保佐監督人の解任 …………………………………………………… 135
    - 6-1-2-13　保佐人に対する代理権の付与 …………………………………… 137
    - 6-1-2-14　保佐人に対する代理権の付与の審判の取消し ………………… 138
    - 6-1-2-15　保佐の事務の監督 …………………………………………………… 139

目　次

 6-1-3　補助開始
  6-1-3-1　補助開始 …………………………………………………………… 140
  6-1-3-2　補助人の同意を得なければならない行為の定め ……………… 143
  6-1-3-3　補助人の同意に代わる許可 ……………………………………… 144
  6-1-3-4　補助開始の審判の取消し ………………………………………… 145
  6-1-3-5　補助人の同意を得なければならない行為の定めの審判の
     　取消し ………………………………………………………………… 146
  6-1-3-6　補助人の選任 ………………………………………………………… 147
  6-1-3-7　補助人の辞任についての許可 …………………………………… 148
  6-1-3-8　補助人の解任 ………………………………………………………… 149
  6-1-3-9　臨時補助人の選任 …………………………………………………… 151
  6-1-3-10　補助監督人の選任 ………………………………………………… 152
  6-1-3-11　補助監督人の辞任についての許可 …………………………… 153
  6-1-3-12　補助監督人の解任 ………………………………………………… 154
  6-1-3-13　補助人に対する代理権の付与 ………………………………… 156
  6-1-3-14　補助人に対する代理権の付与審判の取消し ……………… 157
  6-1-3-15　補助の事務の監督 ………………………………………………… 158
6-2　任意後見
 6-2-1　任意後見契約の効力を発生させるための任意後見監督人の選
   　任 ……………………………………………………………………………… 159
 6-2-2　任意後見監督人が欠けた場合における任意後見監督人の選任 …… 162
 6-2-3　任意後見監督人を更に選任する場合における任意後見監督人
   　の選任 ………………………………………………………………………… 164
 6-2-4　任意後見監督人の職務に関する処分 ………………………………… 165
 6-2-5　任意後見監督人の辞任についての許可 ……………………………… 167
 6-2-6　任意後見監督人の解任 …………………………………………………… 168
 6-2-7　任意後見人の解任 ………………………………………………………… 170
 6-2-8　任意後見契約の解除についての許可 ………………………………… 172

第7章　不在者の財産管理

7-1　不在者財産管理人の選任 …………………………………………………… 173
7-2　不在者の財産目録作成 ……………………………………………………… 174
7-3　不在者財産管理人の権限外行為の許可 ………………………………… 175

目　次

第8章　失踪宣告

- 8-1　失踪宣告（普通失踪）…………………………………………………… 176
- 8-2　失踪宣告（危難失踪）…………………………………………………… 178
- 8-3　失踪宣告の取消し………………………………………………………… 180

第9章　婚　姻

- 9-1　夫婦財産契約による財産の管理者の変更等…………………………… 181
- 9-2　夫婦間の協力扶助に関する処分………………………………………… 183
- 9-3　婚姻費用の分担に関する処分…………………………………………… 185
- 9-4　子の監護に関する処分…………………………………………………… 186
- 9-5　財産の分与に関する処分………………………………………………… 188
- 9-6　離婚等の場合における祭具等の所有権の承継者の指定……………… 190

第10章　親　子

- 10-1　嫡出否認の訴えの特別代理人の選任…………………………………… 191
- 10-2　子の氏の変更についての許可…………………………………………… 192
- 10-3　養子縁組の許可…………………………………………………………… 193
- 10-4　死後離縁の許可…………………………………………………………… 194
- 10-5　特別養子縁組の成立……………………………………………………… 196
- 10-6　特別養子縁組の離縁……………………………………………………… 198
- 10-7　離縁等の場合における祭具等の所有権の承継者の指定……………… 200

第11章　親　権

- 11-1　特別代理人の選任………………………………………………………… 201
- 11-2　第三者が子に与えた財産の管理に関する処分………………………… 202
- 11-3　親権の喪失等
  - 11-3-1　親権喪失………………………………………………………… 203
  - 11-3-2　親権停止………………………………………………………… 205
  - 11-3-3　管理権喪失……………………………………………………… 207

目　次

11-4　親権喪失等の取消し
  11-4-1　親権喪失の取消し……………………………………………209
  11-4-2　親権停止の取消し……………………………………………211
  11-4-3　管理権喪失の取消し…………………………………………212

11-5　親権辞退等の許可
  11-5-1　親権（管理権）を辞するについての許可…………………213
  11-5-2　親権（管理権）を回復するについての許可………………214

11-6　養子の離縁後に親権者となるべき者の指定…………………………215

11-7　親権者の指定……………………………………………………………216

11-8　親権者の変更……………………………………………………………219

第12章　未成年後見

12-1　養子の離縁後に未成年後見人となるべき者の選任…………………221

12-2　未成年後見人の選任……………………………………………………222

12-3　未成年後見人の辞任についての許可…………………………………224

12-4　未成年後見人の解任……………………………………………………225

12-5　未成年後見監督人の選任………………………………………………226

12-6　未成年後見監督人の辞任についての許可……………………………227

12-7　未成年後見監督人の解任………………………………………………228

12-8　特別代理人の選任………………………………………………………230

12-9　未成年後見の事務の監督………………………………………………231

12-10　第三者が未成年被後見人に与えた財産の管理に関する処分………232

第13章　扶　養

13-1　扶養義務の設定…………………………………………………………233

13-2　扶養義務の設定の取消し………………………………………………234

13-3　扶養の順位
  13-3-1　扶養の順位の決定……………………………………………235
  13-3-2　扶養の順位の決定の変更（取消し）………………………236

13-4　扶養の程度・方法

目　次

　　13-4-1　扶養の程度・方法についての決定……………………………………237
　　13-4-2　扶養の程度・方法の決定の変更（取消し）……………………………238

第14章　推定相続人の廃除

14-1　推定相続人の廃除……………………………………………………………239
14-2　推定相続人の廃除の取消し…………………………………………………241
14-3　遺産管理人の選任（推定相続人の廃除・取消し）………………………243

第15章　遺産の分割

15-1　遺産分割………………………………………………………………………245
15-2　遺産分割の禁止………………………………………………………………248
15-3　寄与分を定める処分…………………………………………………………250
15-4　遺産に関する紛争調整の調停………………………………………………253

第16章　相続の承認および放棄

16-1　相続の承認または放棄の期間伸長…………………………………………254
16-2　相続放棄の申述………………………………………………………………257
16-3　相続の限定承認………………………………………………………………260
16-4　相続放棄の取消しの申述……………………………………………………262
16-5　相続の限定承認取消しの申述………………………………………………264
16-6　鑑定人の選任（限定承認）…………………………………………………266
16-7　相続財産の保存・管理に関する処分………………………………………267

第17章　財産分離

17-1　相続財産の分離（第1種財産分離）………………………………………269
17-2　相続財産の分離（第2種財産分離）………………………………………271
17-3　鑑定人の選任（財産分離）…………………………………………………273
17-4　財産分離の請求後の相続財産の管理に関する処分（相続財産管理
　　　人の選任）……………………………………………………………………275

目　次

第18章　相続人の不存在

18-1	相続財産管理人の選任（相続人の不存在）	277
18-2	特別縁故者に対する相続財産の分与	280
18-3	相続財産管理人の権限外行為許可を求める審判	282
18-4	鑑定人の選任（相続人の不存在）	284
18-5	相続人捜索の公告申立て	285
18-6	相続財産管理人に対する報酬付与	286

第19章　遺　言

19-1	遺言の確認	287
19-2	遺言書の検認	289
19-3	遺言執行者の選任	291
19-4	遺言執行者に対する報酬付与	293
19-5	遺言執行者の解任	294
19-6	遺言執行者の辞任についての許可	296
19-7	負担付遺贈に係る遺言の取消し	298
19-8	包括遺贈の放棄	300
19-9	死因贈与執行者の選任	302

第20章　遺留分

20-1	遺留分放棄の許可	304
20-2	鑑定人の選任（遺留分算定）	305

第21章　戸籍法

21-1	氏の変更許可	306
21-2	名の変更許可	307
21-3	就籍の許可	308
21-4	戸籍訂正の許可	309
21-5	市区町村長の処分に対する不服申立て	310

目　次

第22章　性同一性障害者の性別の取扱いの特例に関する法律
22-1　性別の取扱いの変更……………………………………………………………311

第23章　厚生年金保険法
23-1　年金分割の按分割合……………………………………………………………313

第24章　児童福祉法
24-1　都道府県の措置についての承認………………………………………………315
24-2　都道府県の措置の期間の更新についての承認………………………………317

第25章　生活保護法
25-1　被保護者の施設への入所等についての許可…………………………………319
25-2　扶養義務者の負担すべき費用額の確定………………………………………321

第26章　精神保健及び精神障害者福祉に関する法律
26-1　保護者の順位の変更および保護者の選任……………………………………323

第27章　破産法
27-1　夫婦財産契約による管理者の変更・共有財産の分割………………………326
27-2　親権者の管理権の喪失…………………………………………………………328
27-3　相続放棄の承認についての申述受理の審判…………………………………330

第28章　中小企業における経営の承継の円滑化に関する法律
28-1　遺留分の算定に係る合意についての許可……………………………………332

第1章　総　則

1-1　管　轄

住所がない場合等　▶家事手続4

家事事件の管轄裁判所は人の住所により決まるが、住所が不明なときは居所地を管轄する裁判所が管轄する（家事手続4）。

① 日本国内に住所がないとき ② 住所が知れないとき	⇒ 居所地を管轄する家庭裁判所
③ 日本国内に居所がないとき ④ 居所が知れないとき	⇒ 最後の住所地を管轄する家庭裁判所

優先管轄　▶家事手続5

二以上の管轄が認められるときには、先に申立てを受けまたは職権で手続を開始した家庭裁判所が管轄する（家事手続5）。

【二以上の家庭裁判所が管轄権を有する例】
婚姻費用の分担に関する処分の審判事件は、夫または妻の住所地を管轄する家庭裁判所が管轄し（家事手続150三）、先に申立てを受けた裁判所が優先される。

① 夫が申し立てた場合 ② 妻が申し立てた場合	⇒ 先に申立てを受けた家庭裁判所の管轄

管轄裁判所の指定　▶家事手続6

管轄裁判所が法律上・事実上裁判権を行うことができないときは、申立てによりまたは職権でその裁判所の直近上級の裁判所が、管轄裁判所を定める（家事手続6①）。
また、裁判所の管轄区域が明確でないため管轄裁判所が定まらないときは、申立てによりまたは職権で関係のある裁判所に共通する直近上級の裁判所が、管轄裁判所を定める（家事手続6②）。

第1章　総　則

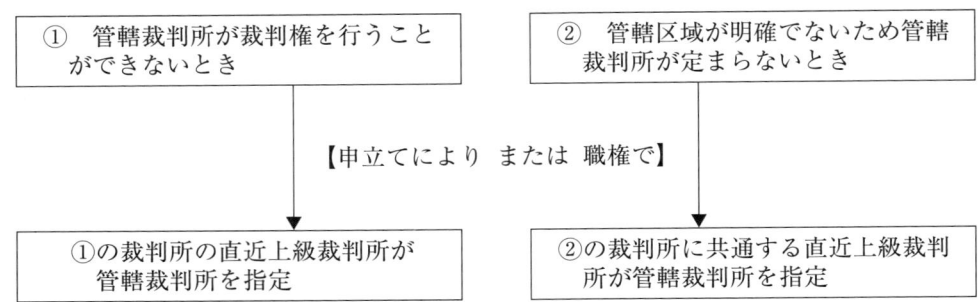

管轄裁判所の特例　　　　　　　　　　　　　　　　　　　　　　▶家事手続7

　家事事件手続法の他の規定により家事事件の管轄が定まらないときは、次のいずれかを管轄する家庭裁判所の管轄に属する（家事手続7）。
① 　審判・調停を求める事項に係る財産の所在地
② 　東京都千代田区（最高裁規則で定める地）（家事手続規6）

管轄の標準時　　　　　　　　　　　　　　　　　　　　　　　　▶家事手続8

　裁判所の管轄の標準時は、次のいずれかを標準とする。
① 　家事審判・家事調停の申立てがあったとき
② 　裁判所が職権で家事事件の手続を開始したとき

移　送　　　　　　　　　　　　　　　　　　　　　　　　　　　▶家事手続9

　裁判所は、家事事件の全部または一部が管轄に属さないときは、申立てまたは職権で管轄裁判所に移送する。ただし、家庭裁判所が事件を処理するために特に必要があると認めるときには職権で、家事事件の一部または全部を管轄権のある家庭裁判所以外の裁判所に移送できるし、自ら処理することもできる（自庁処理）（家事手続9①）。

【管轄に属さないとき】

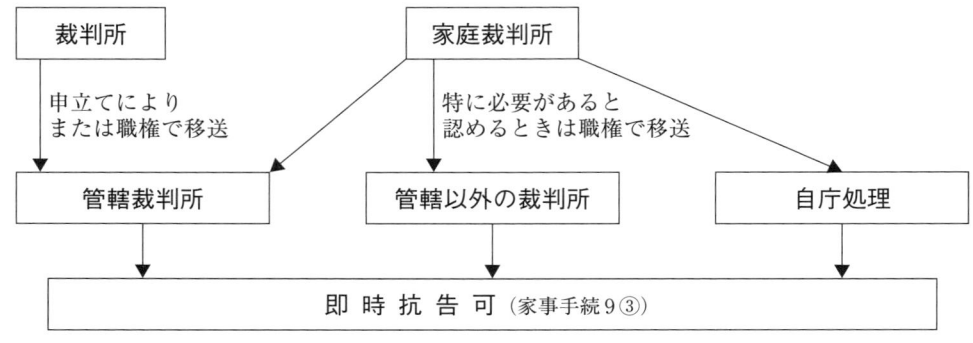

第1章 総則

　また、管轄に属する場合であっても、事件を処理するために特に必要があると認めるときなどには職権で、家事事件の一部または全部を移送することができる（家事手続9②）。

【管轄に属するとき】

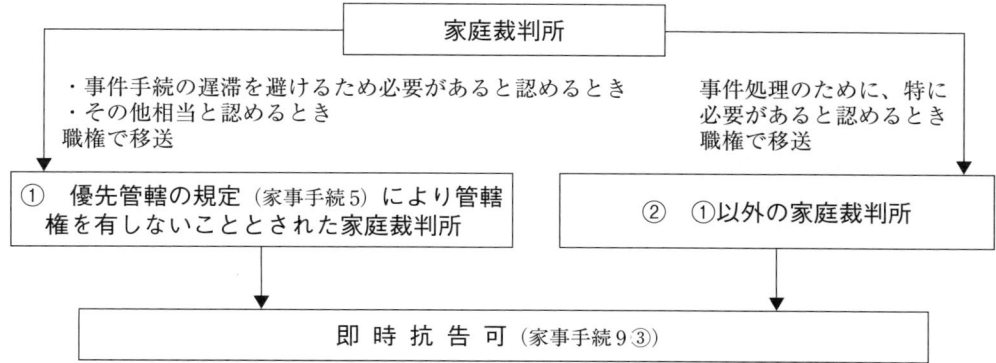

第1章 総　則

1-2　裁判官の忌避

裁判官の忌避　　　　　　　　　　　　　　　　　　　　　　　　▶家事手続11

　当事者は、裁判官について裁判・調停の公正を妨げる事情があるとき、その裁判官を忌避することができる（家事手続11①）。
　また、裁判官の面前において事件について陳述したときは、その裁判官を忌避することはできない。ただし、次の場合はこの限りでない（家事手続11②）。
① 当事者が忌避の原因があることを知らなかったとき
② 忌避の原因がその後に生じたとき
　なお、忌避の原因は、申立てをした日から3日以内に疎明しなければならない（家事手続規10③）。

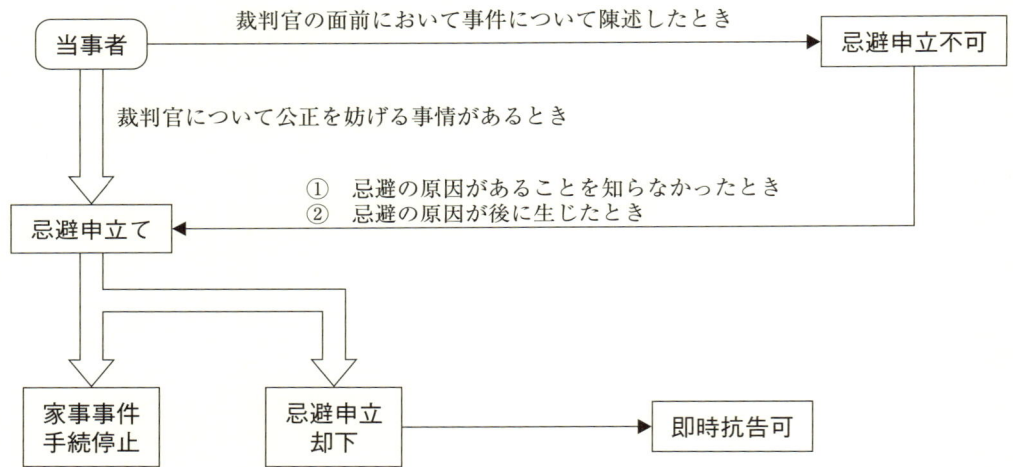

　忌避の申立てがあったときは、その申立てについての裁判が確定するまで家事事件の手続は停止される（家事手続12④）。ただし、急速を要する行為についてはこの限りでない。
　また、家事事件の手続を遅滞させる目的のみでされたことが明らかなときなどを理由に、忌避の申立てを却下する裁判がされたときは、家事事件の手続は停止しない（家事手続12⑤⑦）。
　なお、忌避の申立てを却下する裁判に対しては、即時抗告をすることができる（家事手続12⑨）。

第1章　総　則

1-3　当事者能力

当事者能力　　　　　　　　　　　　　　　　　　　　　▶家事手続17①

　旧家事審判法においては家事事件の手続における当事者能力は規定されていなかったが、新法では、民事訴訟法の規定（民訴28・29）を準用すると規定されている。
　すなわち、家事事件における当事者能力は民法の規定に従うほか（民訴28）、法人でない社団または財団で代表者または管理人の定めがあるものは、その名において当事者能力を有する（民訴29）。

| ① 権利能力者
② 法人でない社団または財団で代表者または管理人の定めがあるもの | ⇒ | 当事者能力あり |

第1章 総　則

1-4　手続行為能力

手続行為能力　　　　　　　　　　　　　　　　　　　　　　　▶家事手続17①

　手続行為能力とは、家事事件の手続における手続上の行為を自ら有効にすることのできる能力であり、当事者能力と同様に、民事訴訟法の規定が準用される。原則として、未成年者および成年被後見人は単独で手続行為はできない。

＜原則＞（家事手続17①、民訴28・31）

　　民事訴訟において訴訟能力を有する行為能力者　　　　　　　→　手続行為能力あり
　　民事訴訟において訴訟能力を有しない未成年・成年被後見人　→　手続行為能力なし

＜例外＞（家事手続118・同条を準用する各規定・252①）

　　後見開始の審判事件における成年被後見人など、事件によっては手続行為能力が認められる場合がある。

法定代理　　　　　　　　　　　　　　　　　　　　　　　　　▶家事手続17①

　上記のように、未成年者や成年被後見人に手続行為能力が認められる場合であっても、それぞれ親権者や後見人等には代理権が認められる。

　┌─────────────────────────┐
　│① 民事訴訟において訴訟行為について　　│
　│　 代理権を有する者（親権者・後見人等）│　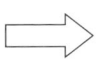　家事事件において手続行為に
　│② 訴訟行為について代理権を付与され　　│　　ついて代理権あり（家事手続17①、
　│　 た保佐人・補助人　　　　　　　　　　│　　民訴28、民876の4・876の9）
　└─────────────────────────┘

手続行為をするのに必要な授権　　　　　　　　　　　　　　　▶家事手続17①

　手続行為能力を欠く者の手続行為をするのに必要な授権についても民事訴訟法の規定が準用される（家事手続17①、民訴28）。

　┌─────────────────────────┐
　│民事訴訟において訴訟行為をする　　│
　│のに同意その他の授権が必要な者　　│　　家事事件において手続行為を
　│（被保佐人・被補助人等）　　　　　│　　するのに授権が必要
　└─────────────────────────┘

第1章　総　則

手続行為能力等を欠く場合　　▶家事手続17①

　手続行為能力、法定代理権、手続行為をするのに必要な授権を欠く場合は、裁判所により補正が命じられ、遅滞のため損害を生ずるおそれがあると判断されたときは、一時手続行為が認められる（家事手続17①、民訴34①）。

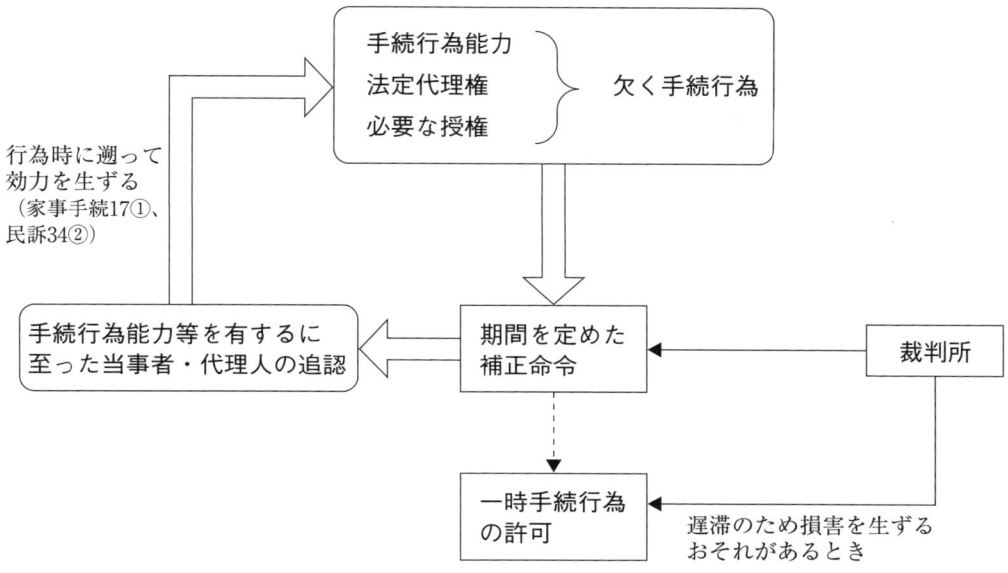

他の者がした申立て等について手続行為をする場合　　▶家事手続17②

　被保佐人等家事事件手続法17条2項に掲げる者が、他の者がした家事審判・家事調停の申立て・抗告について手続行為をする場合、保佐人等の同意その他の授権を要しない。また、職権による手続の場合についても同様である（家事手続17②）。

```
① 被保佐人
　　被補助人（補助人の同意が必要な者に限る。）
　　後見人
　　その他の法定代理人
　　　他の者がした家事審判・家事調停の申立て・
　　　抗告について手続行為をする場合
② 職権により手続が開始された場合
```
→ 保佐人・保佐監督人
　　補助人・補助監督人
　　後見監督人
　　同意その他の授権不要

第1章　総則

memo　授権を不要とした理由
　　家事事件手続法17条1項によると、被保佐人らは、同意その他の授権を得なければ手続行為をすることができない。しかし、それでは、授権がない限り、それらの者に対し家事事件の手続を進めることができず、不都合が生じるので、こうした事態を防止するため2項により授権を不要としている。

特別の授権　　　　　　　　　　　　　　　　　　　　　　　▶家事手続17③

　被保佐人・被補助人・後見人その他の法定代理人が次に掲げる行為を行う場合は、特別の授権が必要である（家事手続17③本文）。ただし、②ないし⑤については、家事調停の申立てその他家事調停の手続の追行について同意その他の授権を得ている場合は、この限りでない（家事手続17③ただし書）。

① 家事審判・家事調停の申立ての取下げ
② 調停における合意（家事手続268①）
③ 合意に相当する審判における合意（家事手続277①一）
④ 調停条項案の書面による受諾（家事手続270①）
⑤ 調停に代わる審判に服する旨の共同の申出（家事手続286⑧）
⑥ 審判に対する即時抗告の取下げ
⑦ 特別抗告の取下げ
⑧ 抗告許可の申立ての取下げ
⑨ 合意に相当する審判に対する異議の取下げ
⑩ 調停に代わる審判に対する異議の取下げ

memo　家事事件手続法17条3項ただし書の趣旨
　　調停は当事者間の合意により紛争を解決する手続であり、その授権には、調停を成立させることも当然に含まれていると解されるため。

未成年者らの法定代理人　　　　　　　　　　　　　　　　　▶家事手続18

　親権者または後見人は、未成年者または成年被後見人が法定代理人によらずに自ら手続行為をすることができる場合であっても、代理して手続行為をすることができる。ただし、家事審判・家事調停の申立ては、法令の規定により、親権者または後見人が申立てをすることができる場合に限る（家事手続18）。

① 親権者
② 後見人
　→ 未成年者・成年被後見人を代理して手続行為可能

〔未成年者・成年被後見人が自ら手続行為をすることができる場合
（家事手続118・同条を準用する各規定・252①）であっても〕

〔家事審判・家事調停の申立ては、親権者・後見人が申立てをすることができる場合に限る。〕

第1章　総　則

特別代理人　　　　　　　　　　　　　　　　　　　　　　　　　▶家事手続19

　未成年者または成年被後見人について法定代理人がない場合などにおいて、手続が遅滞することにより損害が生ずるおそれがあるときは、特別代理人が選任される（家事手続19①）。

【未成年者・成年被後見人に係る家事事件】

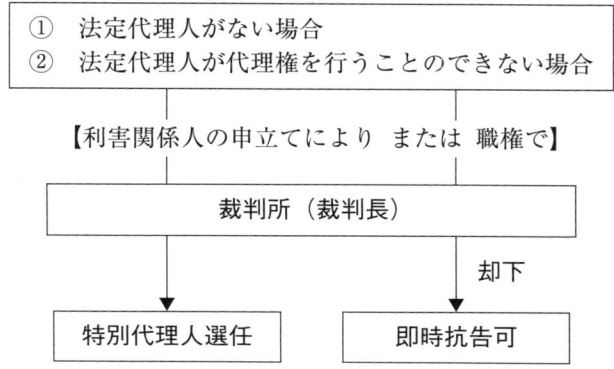

法定代理権の消滅の通知　　　　　　　　　　　　　　　　　　　▶家事手続20

　家事事件手続法別表第二に掲げる事項についての審判事件および家事調停事件においては、法定代理権の消滅は、本人または代理人から他方の当事者に通知しなければその効力を生じない（家事手続20）。また、この通知をした者は、その旨を裁判所に書面で届け出なければならない（家事手続規16①）。

【別表第二に掲げる事項についての審判事件・調停事件】

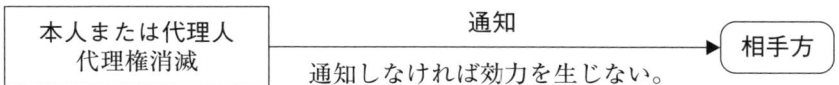

　家事事件手続法別表第一に掲げる事項についての家事審判事件においては、法定代理権の消滅事由が発生すると、手続上の法定代理権は、通知を要せずに直ちに消滅する。これは、この家事審判事件は公益的要素が強く、裁判所の後見的役割が期待されること、本人保護の要請から、実体法上の法定代理人によって手続を追行することが相当であることなどが考慮されたものである。なお、その場合でも、裁判所への書面による届出は必要である（家事手続規16②）。

第1章　総　則

1-5　手続代理人

手続代理人の資格　▶家事手続22

　手続代理人の資格は、弁護士代理を原則とする。ただし、家庭裁判所の許可により弁護士でない者を手続代理人とすることもできる（家事手続22①）。なお、この許可はいつでも取り消すことができる（家事手続22②）。

【手続代理人の資格－弁護士代理の原則】
<原則>　①　法令により裁判上の行為をすることができる代理人
　　　　②　弁護士
<例外>　家庭裁判所の許可を得て弁護士でない者を手続代理人とすることが可能

裁判長による手続代理人の選任　▶家事手続23

　手続行為能力の制限を受けた者が、家事事件手続法118条（他の規定において準用する場合を含む。）または252条1項により手続行為をする場合において、申立てによりまたは職権で、必要があると認められるときは、弁護士が手続代理人に選任される（家事手続23①②）。
　なお、選任された弁護士の報酬額は、裁判所が相当と認める額である（家事手続23③）。

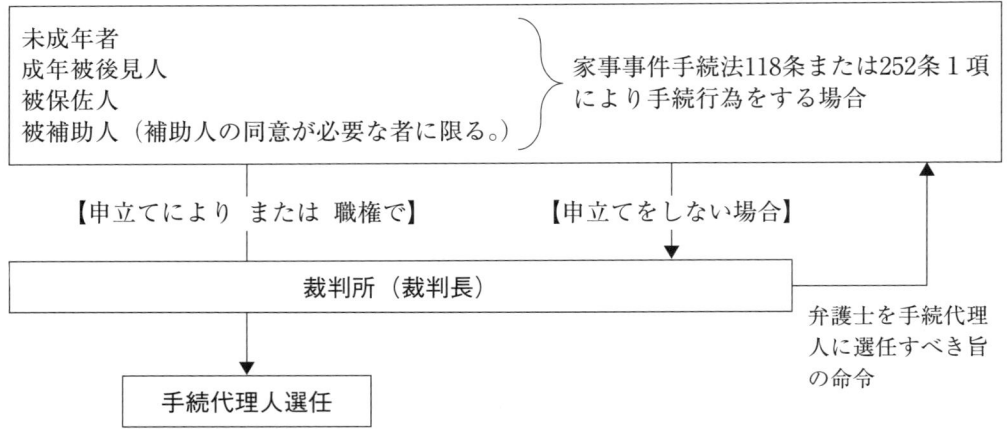

手続代理人の代理権の範囲　▶家事手続24

　手続代理人の代理権の範囲は、包括的・画一的に定められている（家事手続24①）。また、次の①から⑪については、特別の委任を受けなければならない（家事手続24②）。ただし、②ないし⑤については、家事調停の申立てその他家事調停の手続の追行について同意その他の授権を得ている場合は、この限りでない（家事手続24②ただし書）。

第1章 総則

【手続代理人の代理権の範囲】
<基本>　委任を受けた事件について、参加、強制執行および保全処分に関する行為をし、かつ、弁済を受領することもできる（家事手続24①）。なお、弁護士である手続代理人の代理権は、制限することができない（家事手続24③）。

<特別の委任事項>
① 家事審判・家事調停の申立ての取下げ
② 調停における合意（家事手続268①）
③ 合意に相当する審判における合意（家事手続277①一）
④ 調停条項案の書面による受諾（家事手続270①）
⑤ 調停に代わる審判に服する旨の共同の申出（家事手続286⑧）
⑥ 審判に対する即時抗告およびその取下げ
⑦ 特別抗告およびその取下げ
⑧ 抗告許可の申立ておよびその取下げ
⑨ 合意に相当する審判に対する異議およびその取下げ
⑩ 調停に代わる審判に対する異議およびその取下げ
⑪ 代理人の選任

> **memo**　家事事件手続法24条2項ただし書の趣旨
> 　　調停は当事者間の合意により紛争を解決する手続であり、その授権には、調停を成立させることも当然に含まれていると解されるため。

手続代理人の代理権の消滅の通知　　▶家事手続25

手続代理人の代理権の消滅は、家事事件手続法別表第二に掲げる事項についての家事審判事件および家事調停事件においては本人または代理人から他方の当事者に、その他の事件においては本人または代理人から裁判所に通知しなければ、その効力を生じない（家事手続25）。

【別表第二に掲げる事項についての審判事件・調停事件】

【その他の家事事件】

代理権等を欠く場合　　▶家事手続26、民訴34①②

手続代理人の代理権、手続行為をするのに必要な授権を欠く場合は、裁判所により補正が命じられ、遅滞のため損害を生ずるおそれがあると判断されたときは、一時手続行為が認められる（家事手続26、民訴34①）。

第1章　総則

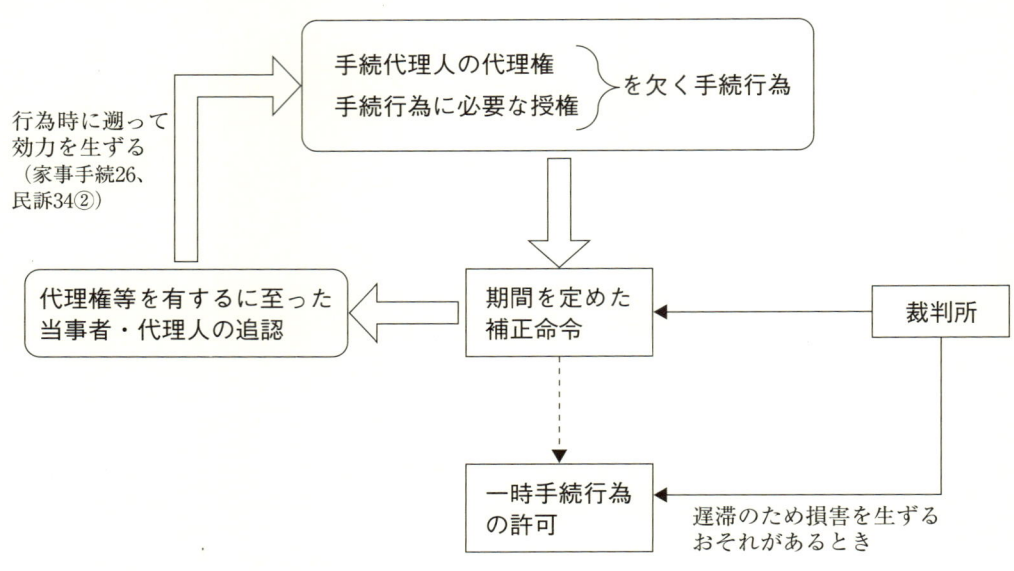

個別代理　　　　　　　　　　　　　　　　　　　　　▶家事手続26、民訴56

　手続代理人が数人あるときは、各自当事者を代理する（家事手続26、民訴56①）。当事者がこれと異なる定めをしても、その効力を生じない（家事手続26、民訴56②）。

当事者による更正　　　　　　　　　　　　　　　　　▶家事手続26、民訴57

　手続代理人の事実に関する陳述は、次の場合にはその効力を生じない。
① 　当事者が直ちに取り消したとき
② 　当事者が直ちに更正したとき

手続代理人の代理権の不消滅　　　　　　　　　　　　▶家事手続26、民訴58

　手続代理人の代理権は、次に掲げる事由によっては消滅しない（家事手続26、民訴58①）。
① 　当事者の死亡または手続行為能力の喪失
② 　当事者である法人の合併による消滅
③ 　当事者である受託者の信託に関する任務の終了
④ 　法定代理人の死亡、手続行為能力の喪失、または代理権の消滅もしくは変更
　また、一定の資格を有する者で自己の名で他人のために家事事件の当事者となるものの手続代理人の代理権は、当事者の死亡その他の事由による資格の喪失によっては、消滅しない（家事手続26、民訴58②）。

第1章　総則

当事者の死亡等　⇒　手続代理人の代理権は消滅しない

補佐人　　　　　　　　　　　　　　　　　　　　　　　▶家事手続27、民訴60

　当事者または手続代理人は、裁判所の許可（許可はいつでも取り消すことができる。）を得て、補佐人とともに出頭することができる（家事手続27、民訴60①②）。また、補佐人の陳述は、当事者または手続代理人が直ちに取り消し、または更正しないときは、当事者または手続代理人が自らしたものとみなす（家事手続27、民訴60③）。

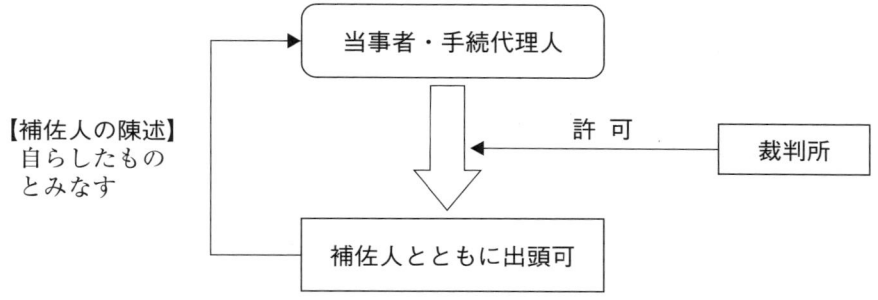

第1章 総則

1-6 手続費用

手続費用の負担 ▶家事手続28・29

　手続費用（家事審判に関する手続の費用および家事調停に関する手続の費用）は、各自が負担する（家事手続28①）。ただし、裁判所は、事情により、費用負担すべき者以外の者に負担させることができる（家事手続28②）。

＜原則＞　手続費用（審判費用＋調停費用）は、各自の負担
＜例外＞　裁判所は、当事者および利害関係参加人がそれぞれ負担すべき手続費用の全部または一部を、その者以外の者で次に掲げる者に負担させることが可能
　　① 当事者または利害関係参加人
　　② ①に掲げる者以外の審判を受ける者となるべき者
　　③ ②に掲げる者に準ずる者であって、その裁判により直接に利益を受ける者

手続上の救助 ▶家事手続32

　家事事件手続法32条1項に規定される当事者は、手続上の救済を申し立てることができる。救助を求める者が不当な目的で家事審判・家事調停の申立てその他の手続行為をしていることが明らかなときは、この限りでない（家事手続32①）。

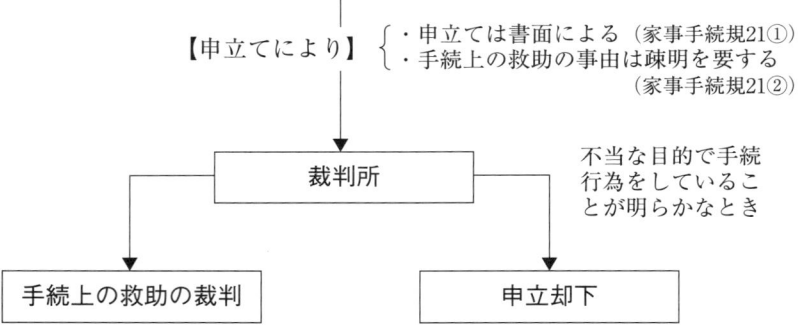

第 1 章　総　則

1-7　期日および期間

期　日　　　　　　　　　　　　　　　　　　　　　　　　　　　　　　▶家事手続34

　家事事件手続の期日は、職権により裁判長が指定する（家事手続34①）。また、次に掲げるとおり、民事訴訟法の規定が準用される（家事手続34④）。

期日の指定	裁判長の職権による指定（家事手続34①） ＜原則＞　平日を指定 ＜例外＞　やむを得ない場合に限り、日曜日その他の一般の休日を指定（家事手続34②）
期日の変更	顕著な事由がある場合に限り変更（家事手続34③） 次の事由に基づいて、期日を変更してはならない。ただし、やむを得ない事由があるときは、この限りでない（家事手続規23） ①　当事者・利害関係参加人の1人につき手続代理人が数人ある場合において、その一部の代理人について変更の事由が生じたこと ②　期日指定後にその期日と同じ日時が他の事件の期日に指定されたこと
期日の呼出しの方法	①　呼出状の送達 ②　当該事件について出頭した者に対する期日の告知 ③　その他相当と認める方法 （家事手続34④、民訴94①） ③によった場合、期日に出頭しない当事者、証人または鑑定人に対し、法律上の制裁その他期間の不遵守による不利益を帰することができない（家事手続34④、民訴94②本文）。 これらの者が期日の呼出しを受けた旨を記載した書面を提出したときは、この限りでない（家事手続34④、民訴94②ただし書）。

期　間　　　　　　　　　　　　　　　　　　　　　　　　　　　　　　▶家事手続34④

　家事事件手続の期間についても、次に掲げるとおり、民事訴訟法の規定が準用される（家事手続34④）。

期間の計算	民法の期間に関する規定に従う（家事手続34④、民訴95①）。 　【例】　日、週、月または年によって期間を定めたときは、期間の初日は算入しない。ただし、その期間が午前零時から始まるときは、この限りでない（民140）。 ①　期間は、その末日の終了をもって満了（民141） ②　週、月または年によって期間を定めたときは、その期間は暦に従って計算（民143①）

第1章　総則

	③　週、月または年の初めから期間を起算しないときは、その期間は最後の週、月または年においてその起算日に応当する日の前日に満了。ただし、月または年によって期間を定めた場合において、最後の月に応当する日がないときは、その月の末日に満了（民143②） ④　期間を定める裁判において始期を定めなかったときは、期間は、その裁判が効力を生じた時から進行（家事手続34④、民訴95②） ⑤　期間の末日が日曜日、土曜日、国民の祝日に関する法律に規定する休日、1月2日、1月3日または12月29日から12月31日までの日に当たるときは、期間はその翌日に満了（家事手続34④、民訴95③）
期間の伸縮	裁判所は、法定の期間またはその定めた期間を伸長し、または短縮することができる。ただし、不変期間については、この限りでない（家事手続34④、民訴96①）。 不変期間については、裁判所は、遠隔地に住所または居所を有する者のために付加期間を定めることができる（家事手続34④、民訴96②）。
手続行為の追完	当事者がその責めに帰することができない事由により不変期間を遵守することができなかった場合には、その事由が消滅した後1週間以内に限り、不変期間内にすべき手続行為の追完をすることができる。ただし、外国に在る当事者については、この期間は2か月とする（家事手続34④、民訴97①）。 これらの期間については、裁判所は伸長または短縮することができない（家事手続34④、民訴97②）。

第1章　総　則

1-8　手続の併合・分離

手続の併合・分離　　　　　　　　　　　　　　　　　　　　　▶家事手続35

　裁判所は、家事事件の手続を併合し、または分離することができる（家事手続35①）。また、裁判所は、手続の併合または分離の裁判を取り消すことができる（家事手続35②）。

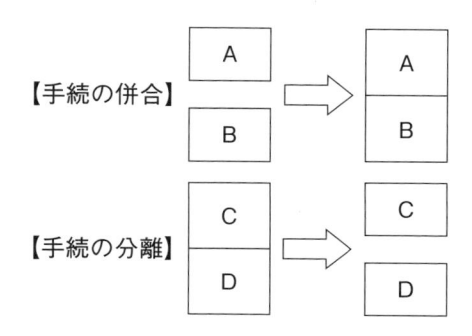

【手続の併合】　A／B　⇒　A／B

【手続の分離】　C／D　⇒　C　D

　裁判所は、当事者が異なる家事事件について手続の併合を命じた場合、その前に尋問をした証人について、尋問の機会がなかった当事者が尋問の申出をしたときは、その尋問をしなければならない（家事手続35③）。

【当事者を異にする家事事件について手続の併合を命じた場合】

A　当事者a／証人a
B　当事者b／証人b
⇒
A／B　当事者a／当事者b／証人a／証人b

当事者aは証人bの
当事者bは証人aの
尋問を申し出ることができる。

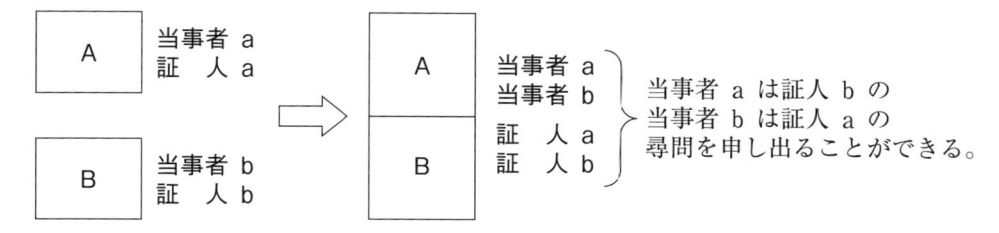

第1章 総則

1-9 送達

送達の方法 ▶家事手続36

家事事件の送達は、次に掲げるとおり、民事訴訟法の規定が準用され（家事手続36）、特別の定めがある場合を除き、職権で行われる（民訴98①）。

職権送達の原則	＜原則＞　送達は、特別の定めがある場合を除き、職権で行う（家事手続36、民訴98①）。 ＜特別の定め＞　公示送達（家事手続36、民訴110①）
交付送達の原則	＜原則＞　送達は、特別の定めがある場合を除き、送達を受けるべき者に送達すべき書類を交付してする（家事手続36、民訴101）。 ＜特別の定め＞　①　書留郵便等に付する送達（家事手続36、民訴107） 　　　　　　　　②　公示送達（家事手続36、民訴110①）
送達場所	＜原則＞　送達を受けるべき者の住所、居所、営業所または事務所（家事手続36、民訴103①本文） ＜例外＞　①　本人の住所等が知れないとき ｝就業場所における送達可 　　　　　②　その場所で支障があるとき　　（家事手続36、民訴103②）
送達場所の届出	当事者等は、送達を受けるべき場所（日本国内に限る。）を受訴裁判所に届け出なければならない（家事手続36、民訴104①本文）。 送達は、その届出に係る場所においてする（家事手続36、民訴104②）。
外国における送達	裁判長が、その国の管轄官庁またはその国に駐在する日本の大使、公使もしくは領事に嘱託（家事手続36、民訴108）
手続行為能力を欠く者に対する送達	法定代理人に送達する（家事手続36、民訴102①）。
公示送達	裁判所書記官が送達すべき書類を保管し、いつでも送達を受けるべき者に交付すべき旨を裁判所の掲示場に掲示（家事手続36、民訴111）。 【要件】①　当事者の住所、居所その他送達をすべき場所が知れない場合 　　　　②　書留郵便等に付する送達をすることができない場合 　　　　③　外国においてすべき送達ができない場合 　　　　④　外国の管轄官庁に嘱託を発した後6月を経過してもその送達を証する書面の送付がない場合

第2章　家事審判に関する手続

2-1　家事審判と家事調停の関係

家事審判と家事調停の意義　　▶家事手続274①・272④

家事審判と家事調停は、別個の手続である。

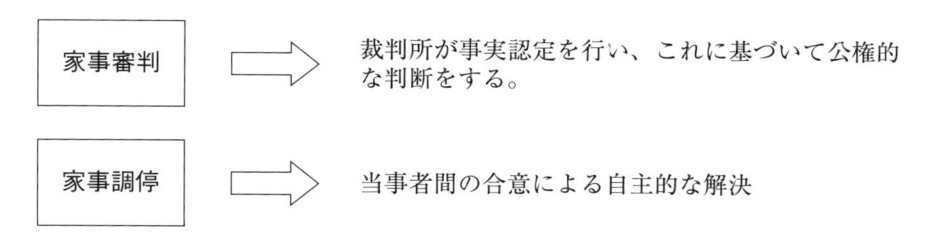

| 家事審判 | ⇒ | 裁判所が事実認定を行い、これに基づいて公権的な判断をする。 |

| 家事調停 | ⇒ | 当事者間の合意による自主的な解決 |

付調停　　▶家事手続274①

　調停を行うことができる事件についての家事審判事件が係属している場合、裁判所は、当事者の意見を聴いて、いつでも職権で事件を家事調停に付すことができる（家事手続274①）。

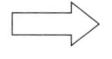

【別表第二に掲げる事項】

| 家事審判事件が係属している場合 | ⇒ | 裁判所は、職権で家事調停に付すことができる。 |

memo　付調停の趣旨
　　家事事件手続法別表第二に掲げる事項は、当事者の協議によって解決されることが望まれるので、随時、当事者間における自主的解決の機会を与えるためである。
　　なお、付調停の制度があることから、実務では、別表第二に掲げる事項については、家事審判ではなく、家事調停の申立てをすることが通常である。

家事審判の手続への移行　　▶家事手続272④

　調停を行うことができる事件についての家事審判事件が終了した場合、家事調停の申立てのときに、当該事項についての家事審判の申立てがあったものとみなされる（家事手続272④）。

【調停の不成立の場合の調停事件の終了】

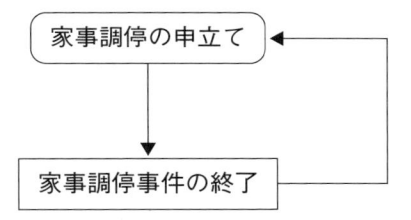

家事調停の申立て → 家事調停事件の終了 → 家事審判の申立てがあったものとみなす

第2章　家事審判に関する手続

2-2　参与員

参与員の意見 ▶家事手続40

　参与員は、毎年あらかじめ選任された者の中から、家庭裁判所により、事件ごとに1人以上指定される（家事手続40④⑤）。
＜原則＞　家庭裁判所は、参与員の意見を聴いて審判をする。
＜例外＞　家庭裁判所が相当と認めるときは、参与員の意見を聴かないで審判をすることができる（家事手続40①）。

参与員による聴取 ▶家事手続40③

　参与員は、意見を述べる前提として、裁判所の許可を得て、申立人が提出した資料の内容について、申立人から説明を聴くことができる（家事手続40③本文）。ただし、家事事件手続法別表第二に掲げる事項についての審判事件においては、この限りでない（家事手続40③ただし書）。

> **memo**　参与員が申立人から説明を受ける趣旨
> 　参与員が裁判官に的確な意見を述べるためには、単に裁判資料の閲読等をするばかりでなく、裁判資料に記載された内容に趣旨が不明な部分があれば、その確認のために資料の提出者から直接説明を受けることが必要な場合がある。そこで、参与員は、家庭裁判所の許可を得て、申立人が提出した資料の内容について、申立人から説明を聴くことができるものとされた。
> 　しかしながら、他方で、別表第二に掲げる事項についての審判事件においては、紛争性が高く、双方の言い分を比較検討する必要があることから、資料の提出者からの説明の聴取も、事実の聴取としてすべきである。それゆえ、その場合には参与員が直接申立人から説明を聴取することが認められていない。

参与員の除斥および忌避 ▶家事手続14

　参与員の除斥および忌避については、裁判官の除斥および忌避の規定が準用される（家事手続14①）。

第2章　家事審判に関する手続

2-3　当事者参加等

当事者参加の申出 ▶家事手続41

当事者となる資格を有する者は、当事者として家事審判の手続に参加することができる（家事手続41）。

当事者となる資格を有する者	当事者として家事審判の手続に参加することができる（家事手続41①）。
	参加の申出を却下する裁判に対しては、即時抗告可（家事手続41④）。
当事者参加の例	申立権者が複数ある場合において、そのうちの1人が家事事件の申立てをしたとき、または職権で手続が開始したときに、他の申立権者がその家事事件の手続に参加する場合（後見開始の審判事件など）
	申立人または相手方の地位を基礎付ける法的地位が他の第三者に移転した場合に、その第三者がその家事事件の手続に参加する場合（遺産の分割の審判において、相手方が相続人の地位を第三者に譲渡した場合など）
	申立人が相手方とすべき者のうちの一部の者のみを相手方として家事事件の申立てをした場合に、そのほかの相手方となる資格を有する者がその家事事件の手続に参加する場合（遺産の分割の審判の申立てをする場合に、相続人の一部を相手方から脱漏した場合など）

memo 当事者参加の申出と、新たな申立てとの違い
　当事者となる資格を有する者は、別途、新たな申立てをすることもできるが、この場合、既に係属している家事事件の手続と新たに申し立てられた家事事件の手続とが併合されるか否かは、裁判所の裁量に委ねられる（家事手続35①）。それゆえ、当事者となる資格を有する者が、既に係属している家事事件の手続を利用することを望む場合には、当事者参加の申出をする必要がある。

当事者の引込み（強制参加） ▶家事手続41②

家庭裁判所は、相当と認めるときは、当事者の申立てにより、または職権で、他の当事者となる資格を有する者（審判を受ける者となるべき者に限る。）を、当事者として家事審判の手続に参加させることができる（家事手続41②）。

memo 審判を受ける者となるべき者
　「審判を受ける者となるべき者」とは、積極的内容の審判がされた場合に、審判を受ける者（自己の法律関係が形成される者）となる者をいう（後見開始の審判における成年被後見人となるべき者など）。

当事者の引込みの例	当事者として参加させない限り、審判などをすることができない場合（遺産の分割の事件において、当事者とされていない相続人を参加させる場合など）
	当事者として参加させなくとも審判などをすることができるが、より根本的な解決のために当事者として参加させる必要がある場合（扶養の程度または方法についての決定の審判事件において、当事者とされていない他の扶養義務者を参加させる場合など）

第2章　家事審判に関する手続

2-4　利害関係参加等

利害関係参加の申出　　　　　　　　　　　　　　　　　　　▶家事手続42①②

　家事審判を受ける者となるべき者は、家事審判の手続に参加することができる。また、それ以外の者であっても、審判の結果により直接の影響を受けるものまたは当事者となる資格を有するものは、家庭裁判所の許可を得て、家事審判手続に参加することができる（家事手続42①②）。

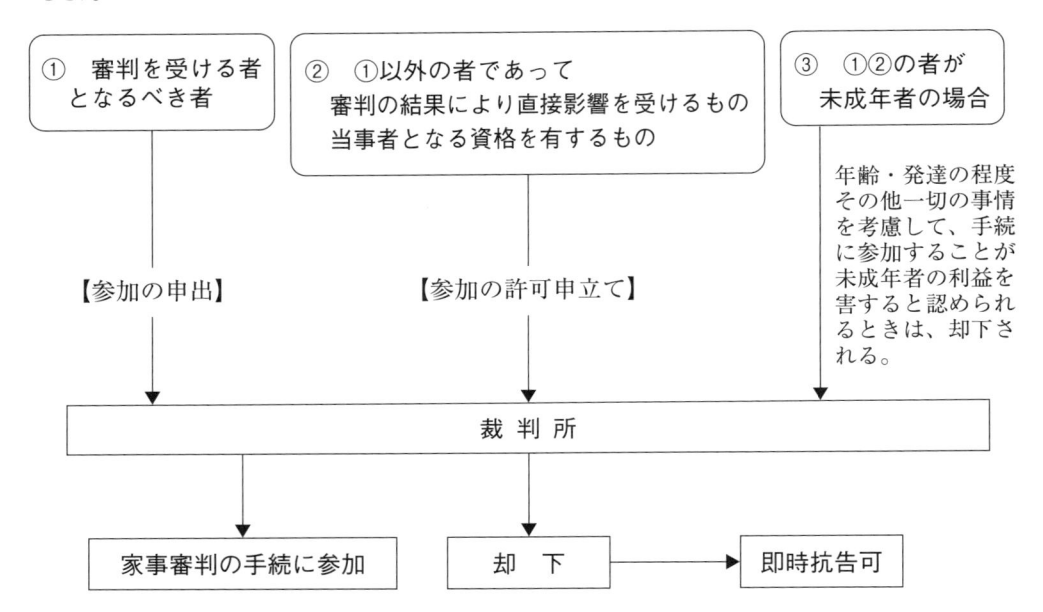

```
①審判を受ける者      ②①以外の者であって          ③①②の者が
  となるべき者          審判の結果により直接影響を受けるもの    未成年の場合
                       当事者となる資格を有するもの
                                                    年齢・発達の程度
                                                    その他一切の事情
                                                    を考慮して、手続
                                                    に参加することが
                                                    未成年者の利益を
                                                    害すると認められ
                                                    るときは、却下さ
                                                    れる。
     【参加の申出】         【参加の許可申立て】
              ↓              ↓                        ↓
                        裁 判 所

   ↓                    ↓                    ↓
家事審判の手続に参加    却　下   ──→   即時抗告可
```

memo　① 審判を受ける者となるべき者
　　　「審判を受ける者となるべき者」とは、積極的内容の審判がされた場合に、審判を受ける者（自己の法律関係が形成される者）となる者をいう。
　　　【例】後見開始の審判における成年被後見人となるべき者など
　　② 審判の結果により直接の影響を受けるもの
　　　「審判の結果により直接の影響を受けるもの」とは、審判の結果により自己の法的地位や権利関係に直接の影響を受ける者をいう。
　　　【例】親権者の指定の審判における子など

memo　当事者となる資格を有する者の利害関係参加
　　当事者となる資格を有する者は、当事者として参加することができるが、場合によっては、当事者の地位に就くことが相当でないことがある。たとえば、親族Aが成年後見人の解任の申立てをした場合に、解任に反対の親族Bが、当該審判事件の手続に参加することを望むときに、Bは、解任に反対しているのであるから、解任を求める申立人の地位に就くことは相当でない。また、このような場合に、当然にBの参加を認める必要まではない。
　　そこで、当事者となる資格を有するものは、裁判所の許可を得て利害関係参加をすることができるものとされた。

第2章　家事審判に関する手続

利害関係参加人の引込み（強制参加）　　　　　　　　　　　▶家事手続42③

　家庭裁判所は、相当と認めるときは、職権で、審判を受ける者となるべき者およびそれ以外の者であって、審判の結果により直接の影響を受けるものまたは当事者となる資格を有するものを、家事審判の手続に参加させることができる（家事手続42③）。

利害関係参加人の引込みの例	親権者変更の審判事件において、意思能力のある子を利害関係参加させる場合など

利害関係参加人の権能　　　　　　　　　　　　　　　　　　▶家事手続42⑦

　手続に参加した利害関係参加人は、次のとおり、一部の例外を除き当事者がすることができる手続行為をすることができる（家事手続42⑦）。

【利害関係参加人の権能】
＜原則＞　当事者と同じ手続行為が可能
＜例外＞

利害関係参加人ができない手続行為	①　家事審判の申立ての取下げ ②　家事審判の申立ての変更 ③　裁判に対する不服申立ての取下げ ④　裁判所書記官の処分に対する異議の取下げ
家事事件手続法の他の規定によりすることができる場合に限られる手続行為	①　裁判に対する不服申立て ②　裁判所書記官の処分に対する異議申立て

手続からの排除　　　　　　　　　　　　　　　　　　　　　▶家事手続43

　家庭裁判所は、当事者となる資格を有しない者および当事者である資格を喪失した者を、家事事件の手続から排除することができる（家事手続43①）。排除された者は、当事者としての地位を喪失する（例えば、排除後は、当事者として記録の閲覧ができなくなる。）。

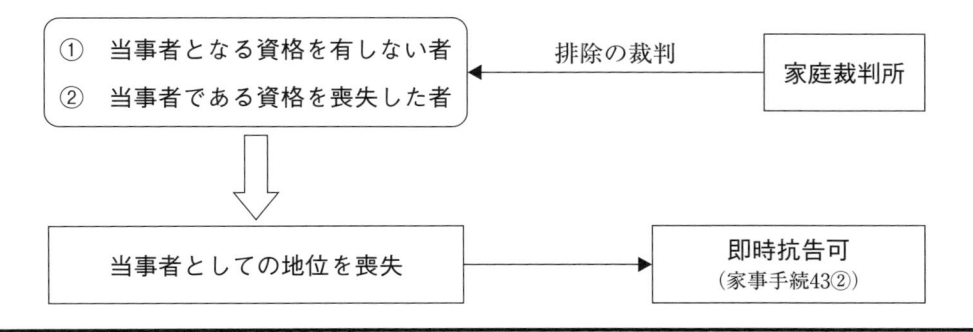

①　当事者となる資格を有しない者
②　当事者である資格を喪失した者
　←　排除の裁判　←　家庭裁判所
↓
当事者としての地位を喪失　→　即時抗告可（家事手続43②）

第2章　家事審判に関する手続

手続の受継　　　　　　　　　　　　　　　　　　　　　　▶家事手続44・45

　当事者が死亡、資格の喪失その他の事由によって家事審判の手続を続行できない場合には、法令により手続を続行する資格のある者が、その手続を受け継がなければならない（家事手続44①）。また、家事審判の申立人が手続を続行できない場合で、法令により手続を続行する資格のある者がいないときは、当該家事審判の申立てをすることができる者が、その手続を受け継ぐことができる（家事手続45①）。

　当事者が手続を続行できない場合　⇒　家事事件の手続は中断しない
　　　　　　　　　　　　　　　　　　　　　　　（民訴124参照）

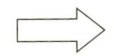

memo　家事事件の手続が中断しない理由
　　家事事件の手続には、当事者が裁判所に出頭して行う場面もあるが、当事者が裁判所に出頭しなくても、裁判所が職権で裁判資料を集めることができる。当事者が死亡等により手続を続行することができない場合に、もし手続が中断してしまうと、そのような当事者が関与しない手続さえ進めることができなくなってしまい、家事事件の簡易迅速処理の要請に反するため。

【当事者が手続を続行できない場合（手続を続行する資格のある者がいるとき）】

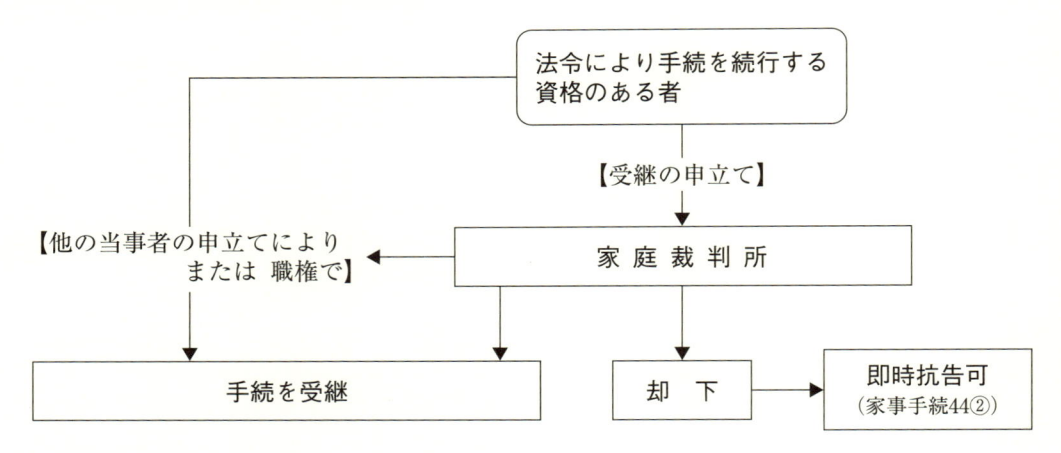

```
              法令により手続を続行する
              資格のある者
                    │
                【受継の申立て】
                    ↓
 【他の当事者の申立てにより    家 庭 裁 判 所
   または 職権で】      ↙              ↘
            ↓                          ↓
        手続を受継                    却　下 → 即時抗告可
                                              （家事手続44②）
```

memo　法令により手続を続行する資格のある者の例
　①　当事者が死亡により家事事件の手続を続行することができない場合における、その当事者の相続人または相続財産管理人
　②　破産管財人の資格に基づき当事者となっている者が破産管財人の資格を失った場合における、新たに選任された破産管財人

第2章　家事審判に関する手続

【申立人が手続を続行できない場合（手続を続行する資格のある者がいないとき）】

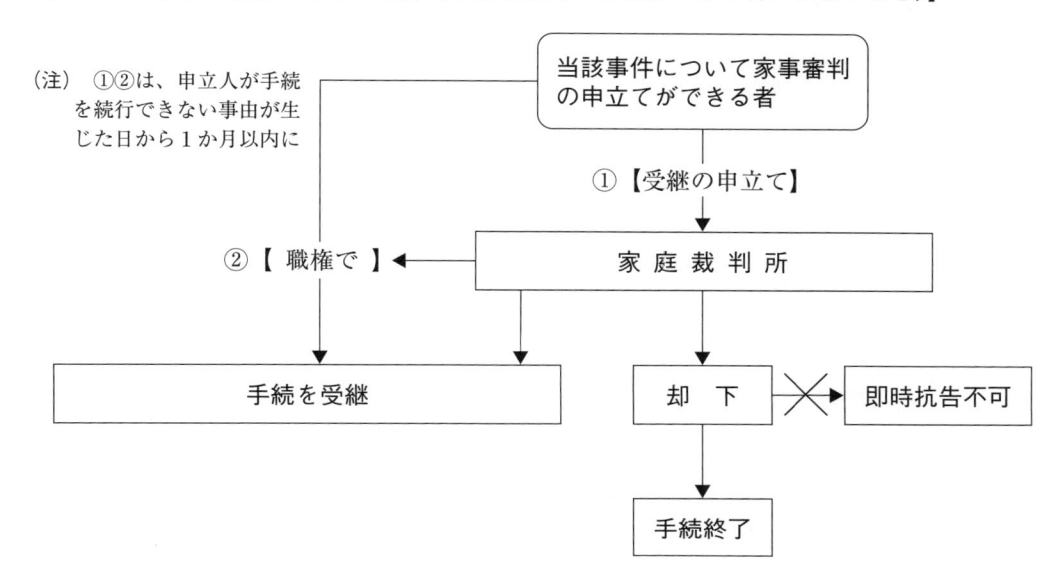

（注）①②は、申立人が手続を続行できない事由が生じた日から1か月以内に

```
                          ┌──────────────────┐
                          │ 当該事件について家事審判 │
                          │ の申立てができる者    │
                          └──────────────────┘
                                    │
                              ①【受継の申立て】
                                    ↓
        ②【職権で】 ←──────  ┌──────────────┐
             │                 │ 家 庭 裁 判 所 │
             │                 └──────────────┘
             ↓                    ↓           ↓
     ┌──────────────┐      ┌────────┐   ┌──────────┐
     │ 手続を受継    │      │ 却 下  │ ×─│ 即時抗告不可 │
     └──────────────┘      └────────┘   └──────────┘
                                 ↓
                           ┌──────────┐
                           │ 手続終了  │
                           └──────────┘
```

第2章　家事審判に関する手続

2-5　記録の閲覧等

記録の閲覧等　　　　　　　　　　　　　　　　　　　　　　　　▶家事手続47

　当事者または利害関係を疎明した第三者は、家庭裁判所の許可を得て、家庭裁判所書記官に対して、次に掲げる請求ができる（家事手続47①）。なお、家事事件の記録の閲覧等を許可する裁判においては、当該事件の記録中、記録の閲覧等を許可する部分が特定されなければならない（家事手続規35）。
① 家事審判事件の記録の閲覧・謄写
② その正本・謄本・抄本の交付
③ 家事審判事件に関する事項の証明書の交付
④ 家事事件の記録中の録音テープ・ビデオテープ（これらに準ずる方法により一定の事項を記録した物を含む。）に関しては、これらの物の複製（家事手続47②）

【当事者からの記録の閲覧・謄写等の許可の請求】
<原　則>　家庭裁判所は、許可しなければならない（家事手続47③）。
<例外1>　下記①から④があると認められるときは、許可しないことができる（家事手続47④）。
　　　　①　事件の関係人である未成年者の利益を害するおそれ
　　　　②　当事者・第三者の私生活・業務の平穏を害するおそれ
　　　　③　当事者・第三者の私生活についての重大な秘密が明らかにされることにより、その者が社会生活を営むのに著しい支障を生じ、またはその者の名誉を著しく害するおそれ
　　　　④　事件の性質、審理の状況、記録の内容等に照らして当事者に申立てを許可することを不適当とする特別の事情
<例外2>　審判書その他の裁判書の正本・謄本・抄本または家事審判事件に関する事項の証明書の交付は、当事者は、家庭裁判所の許可を得ないで、裁判所書記官に対し、その交付を求めることができる。審判を受ける者が、当該審判があった後に請求する場合も同様である（家事手続47⑥）。

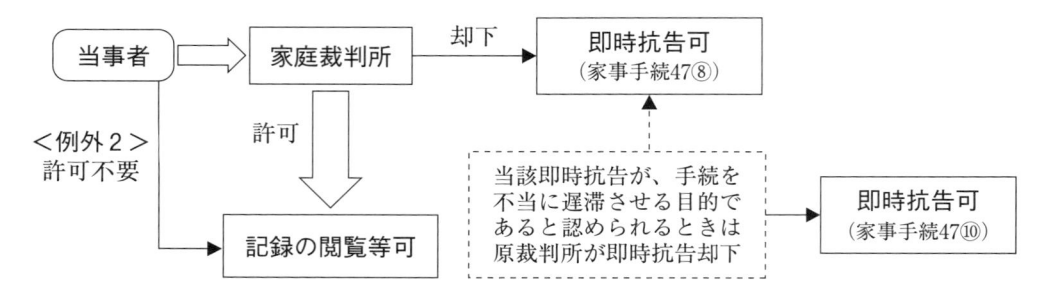

```
 当事者 ──▶ 家庭裁判所 ──却下──▶ 即時抗告可
                │                  （家事手続47⑧）
 <例外2>       │許可                      ▲
 許可不要       ▼                          │
             記録の閲覧等可    当該即時抗告が、手続を
                              不当に遅滞させる目的で   即時抗告可
                              あると認められるときは ──▶（家事手続47⑩）
                              原裁判所が即時抗告却下
```

【利害関係を疎明した第三者からの記録の閲覧・謄写等の許可の請求】
　家庭裁判所は、相当と認めるときは許可することができる（家事手続47⑤）。

第2章 家事審判に関する手続

2-6 家事審判の申立て

申立ての方式 ▶家事手続49

　家事審判の申立ては、次に掲げる事項を記載した申立書を家庭裁判所に提出してする（家事手続49①）。また、申立ての理由および事件の実情についての証拠書類があるときは、その写しを申立書に添付する（家事手続規37②）。なお、法定の記載事項が欠けているときなどは、裁判所から補正が命令される（家事手続49④）。

① 当事者および法定代理人（家事手続49②一）
② 申立ての趣旨および理由（家事手続49②二）
③ 事件の実情（家事手続規37①）

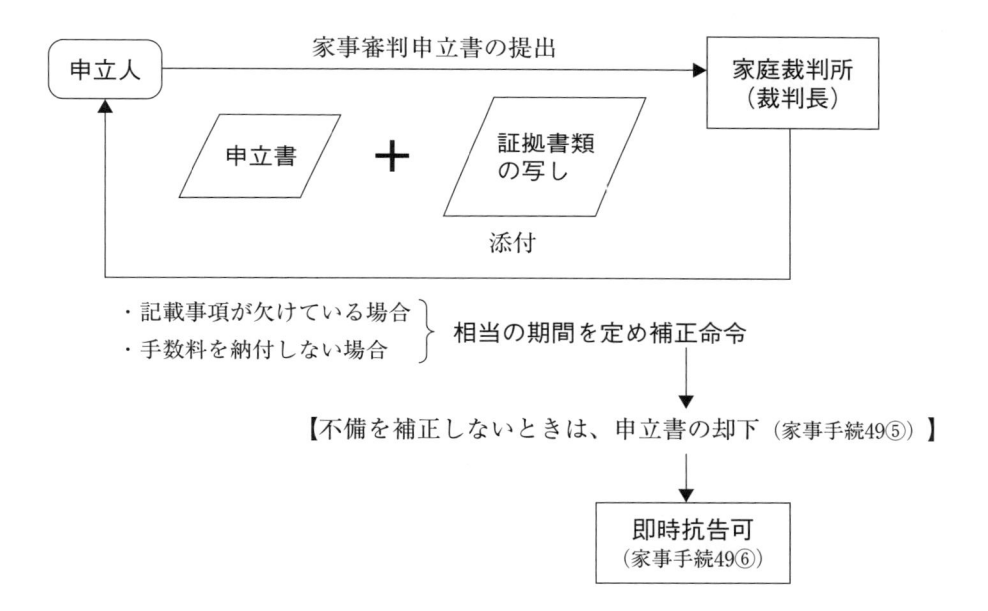

```
申立人 ──家事審判申立書の提出──→ 家庭裁判所
                                    （裁判長）
       申立書 ＋ 証拠書類の写し
              添付

・記載事項が欠けている場合  ┐
・手数料を納付しない場合    ┘ 相当の期間を定め補正命令

【不備を補正しないときは、申立書の却下（家事手続49⑤）】

即時抗告可
（家事手続49⑥）
```

申立ての併合 ▶家事手続49③

　申立人は、二以上の事項について審判を求める場合において、次の要件を満たすときは、一の申立てにより求めることができる（家事手続49③）。

【併合の要件】
① 家事審判の手続が同種であること

　　別表一に掲げる事項についての審判事件　┐
　　別表二に掲げる事項についての審判事件　┘ 併合不可

第2章 家事審判に関する手続

② 同一の事実上および法律上の原因に基づくこと

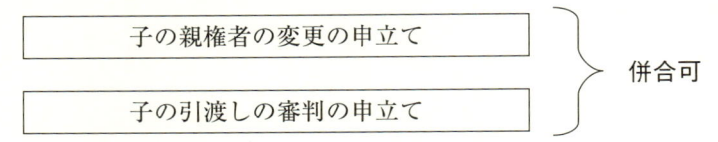

```
┌──────────────────────┐
│  子の親権者の変更の申立て  │ ┐
└──────────────────────┘ │
                          ├─ 併合可
┌──────────────────────┐ │
│  子の引渡しの審判の申立て  │ ┘
└──────────────────────┘
```

【申立ての併合の特則】
＜原則＞ 各申立てのいずれについても、裁判所に管轄があることを要する。
＜特則＞ 扶養義務の設定の申立てが、保護者の選任の申立て（精神20②四）と一の申立てによるときは、精神障害者の住所地を管轄する裁判所にもすることができる（家事手続183）。

memo 申立ての併合の特則を認めた趣旨
　　　　扶養義務の設定の申立てが、保護者の選任の申立てとともにされることが多いという実情を踏まえたもの。

申立ての変更　　　　　　　　　　　　　　　　　　　　　　▶家事手続50

申立人は、申立ての基礎に変更がない限り、審理を終結する場合（家事手続71）を除き、申立ての趣旨または理由を変更することができる（家事手続50①）。また、申立ての変更は書面で行う。ただし、家事審判の手続の期日に行う場合は口頭でも可能である（家事手続50②）。

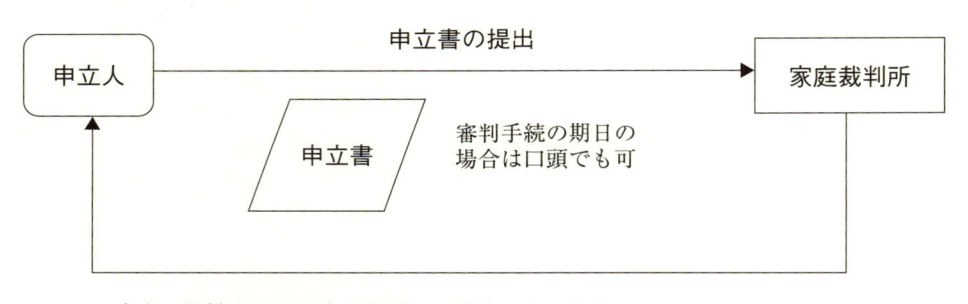

申立人 ──申立書の提出──▶ 家庭裁判所

申立書　審判手続の期日の場合は口頭でも可

・申立の趣旨または理由の変更が不適法であるとき
・申立の趣旨または理由の変更により手続が著しく遅滞することとなるとき

変更を許さない旨の裁判（家事手続50③④）

第2章　家事審判に関する手続

2-7　家事審判の手続の期日

事件の関係人の呼出し　　　　　　　　　　　　　　　　　　▶家事手続51

　家庭裁判所から呼出しを受けた事件の関係人は、家事審判の手続の期日に出頭しなければならない。ただし、やむを得ない事由があるときは、代理人を出頭させることができる。また、正当な理由なく出頭しないときは、過料が科される（家事手続51）。

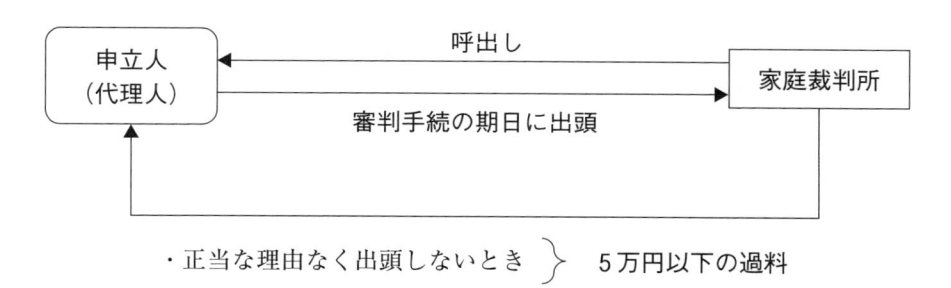

```
申立人              呼出し              家庭裁判所
(代理人)  ←─────────────────
         ─────────────────→
              審判手続の期日に出頭
```

・正当な理由なく出頭しないとき　}　5万円以下の過料

裁判長の手続指揮権　　　　　　　　　　　　　　　　　　▶家事手続52・53

　家事審判の手続の期日においては、裁判長が手続を指揮する（家事手続52①）。当事者は、裁判長の指揮に関する命令に異議を述べることができる（家事手続52③）。また、家庭裁判所は、受命裁判官に家事審判の手続の期日における手続を行わせることができる（家事手続53①）。

【家事審判の手続の期日における手続】

```
裁判長
  手続を指揮 { ・発言を許す
             ・命令に従わない者の発言を禁止する
    ↓
当事者                  家庭裁判所  →  異議についての裁判
  異議を述べたとき  →
                           ↓
                       受命裁判官
                         手続を行わせることができる（事実の調査および証拠調べは、受命裁判官がすることができる場合に限る。）。
```

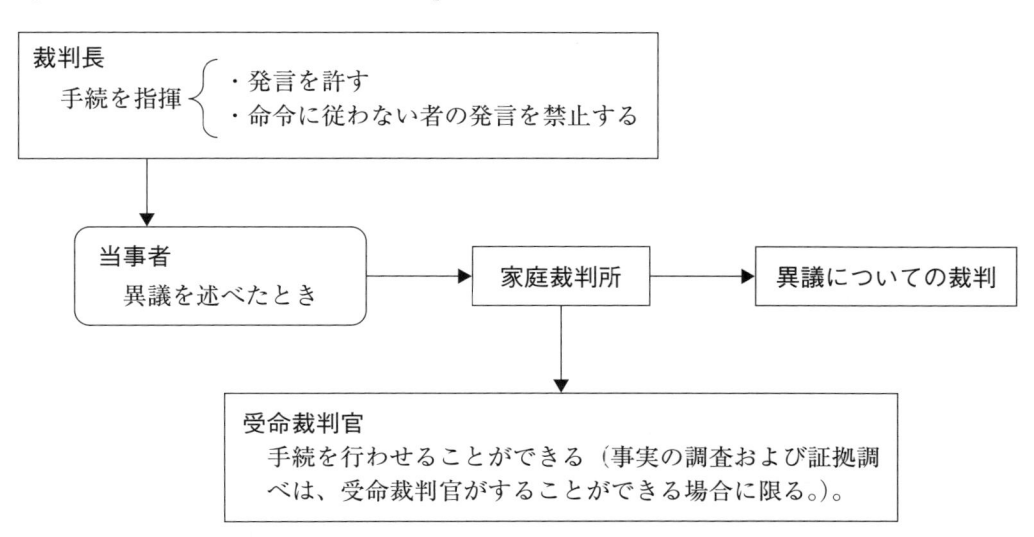

第2章　家事審判に関する手続

音声の送受信による通話の方法による手続　　　▶家事手続54

　家庭裁判所は、当事者が遠隔地に居住しているときその他相当と認めるときは、当事者の意見を聴いて、電話会議システム等を利用して家事審判の手続の期日における手続（証拠調べを除く。）を行うことができる（家事手続54①）。なお、出頭しないでその手続に関与した者は、出頭したものとみなされる（家事手続54②）。

通訳人の立会い等　　　▶家事手続55、民訴154①

　家事審判の手続の期日における通訳人の立会い等については、次に掲げるとおり、民事訴訟法の規定が準用される（家事手続55）。

手続に関与する者	→	通訳人を立ち会わせる。②③については、文字で問い、または陳述させることができる（家事手続55、民訴154①）。
① 日本語に通じないとき ② 耳が聞こえない者であるとき ③ 口がきけない者であるとき		

弁論能力を欠く者に対する措置　　　▶家事手続55、民訴155

　弁識能力を欠く者に対する措置については、次に掲げるとおり、民事訴訟法の規定が準用される（家事手続55）。

家事事件の手続関係を明瞭にするために必要な陳述をすることができない者	→	陳述を禁じ、手続の続行のため新たな期日を設けることができる（家事手続55、民訴155①）。 陳述を禁じた場合、必要があると認めるときは、家庭裁判所は弁護士の付添いを命ずることができる（家事手続55、民訴155②）。
① 当事者 ② 利害関係参加人 ③ 代理人 ④ 補佐人		

第2章　家事審判に関する手続

2-8　事実の調査および証拠調べ

事実の調査および証拠調べ　　　▶家事手続56・63

　家庭裁判所は、職権で事実の調査をし、かつ、申立てによりまたは職権で、必要と認める証拠調べをしなければならない（家事手続56①）。一方、当事者には、これら事実の調査および証拠調べに協力することが求められる（家事手続56②）。

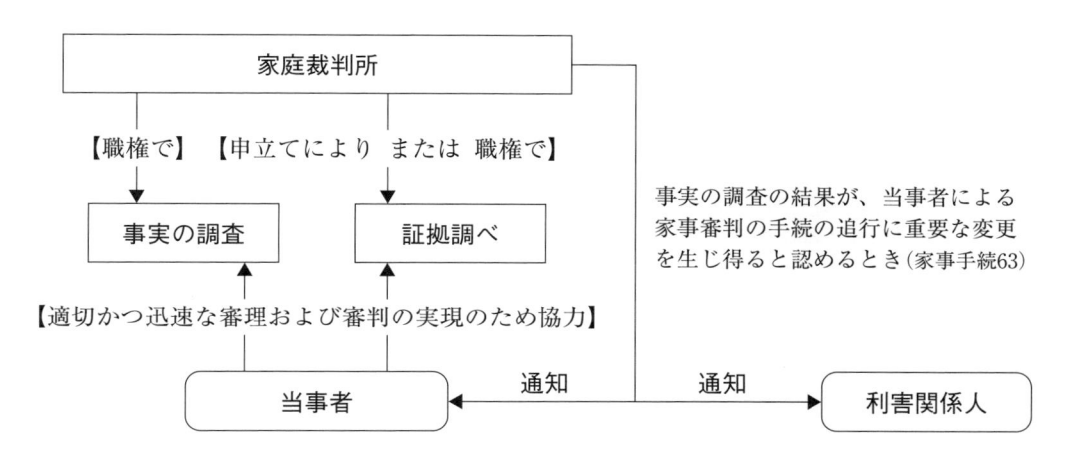

```
                    家庭裁判所
           【職権で】  【申立てにより または 職権で】
              ↓              ↓              事実の調査の結果が、当事者による
           事実の調査       証拠調べ         家事審判の手続の追行に重要な変更
              ↑              ↑              を生じ得ると認めるとき（家事手続63）
  【適切かつ迅速な審理および審判の実現のため協力】
                    当事者  ←通知         通知→  利害関係人
```

家庭裁判所調査官による事実の調査等　　　▶家事手続58・59・60

　家庭裁判所は、家庭裁判所調査官に事実の調査をさせることができる（家事手続58①）。また、必要があると認めるときは、医師である裁判所技官に事件の関係人の心身の状況について診断をさせることができる（家事手続60①）。さらに、家事審判の手続の期日に家庭裁判所調査官・裁判所技官を立ち会わせ、意見を述べさせることができる（家事手続59①②・60②）。

【家庭裁判所調査官・裁判所技官の権能】

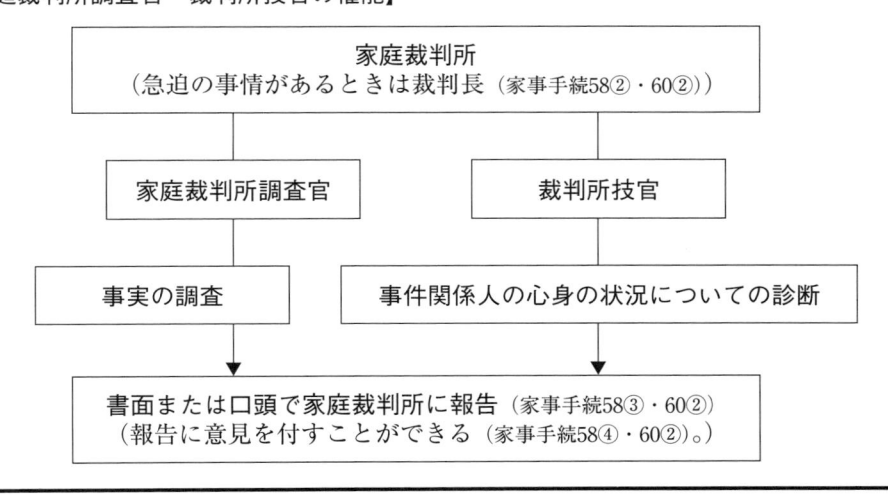

```
         家庭裁判所
 （急迫の事情があるときは裁判長（家事手続58②・60②））
            ↓                    ↓
    家庭裁判所調査官          裁判所技官
            ↓                    ↓
      事実の調査        事件関係人の心身の状況についての診断
            ↓                    ↓
  書面または口頭で家庭裁判所に報告（家事手続58③・60②）
  （報告に意見を付すことができる（家事手続58④・60②）。）
```

第2章 家事審判に関する手続

【期日への立会い等】

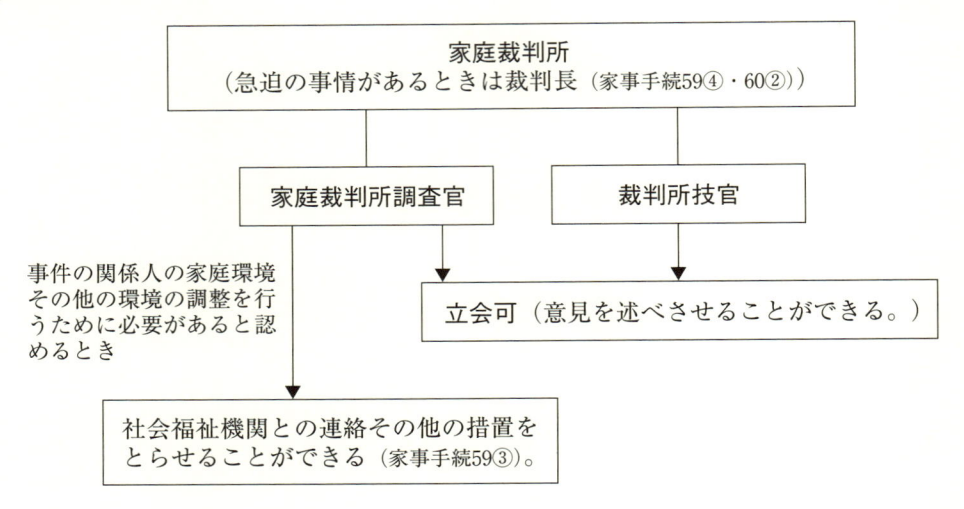

```
                家庭裁判所
    (急迫の事情があるときは裁判長（家事手続59④・60②))
           │                    │
           ▼                    ▼
    家庭裁判所調査官          裁判所技官
           │                    │
           │                    ▼
           │          立会可（意見を述べさせることができる。）
 事件の関係人の家庭環境
 その他の環境の調整を行
 うために必要があると認
 めるとき
           │
           ▼
 社会福祉機関との連絡その他の措置を
 とらせることができる（家事手続59③）。
```

事実の調査の嘱託等　　　　　　　　　　　　▶家事手続61・62

　家庭裁判所は、他の家庭裁判所または簡易裁判所に事実の調査を嘱託することができ（家事手続61①）、嘱託により職務を行う受託裁判官は、他の家庭裁判所または簡易裁判所において事実の調査をすること相当と認めるときは、更に事実の調査を嘱託することができる（家事手続61②）。また、家庭裁判所は、必要な調査を官庁、公署その他適当と認める者に嘱託することができ、銀行やその他の者に対し関係人の預金等必要な報告を求めることができる（家事手続62）。

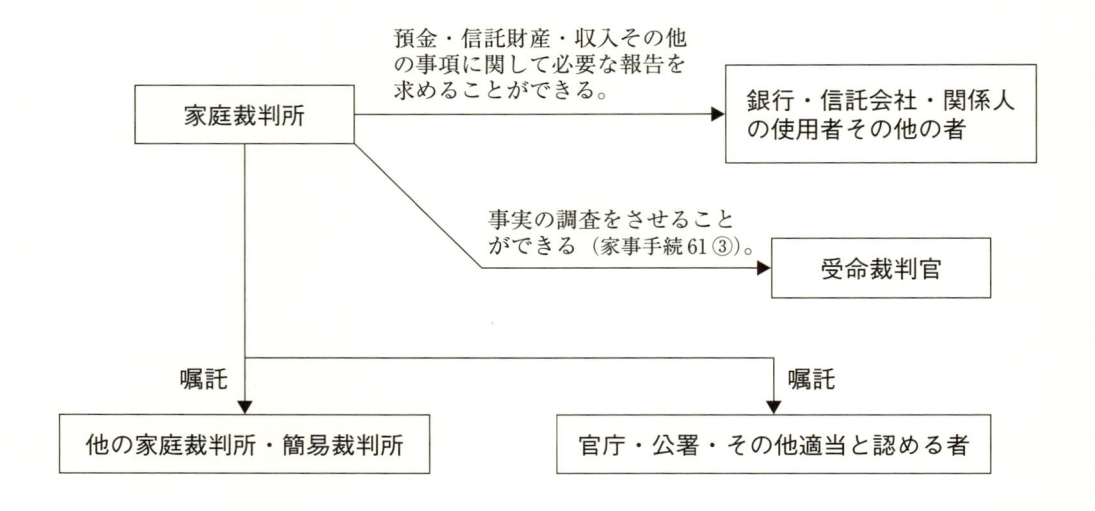

```
                        預金・信託財産・収入その他
                        の事項に関して必要な報告を
                        求めることができる。
    家庭裁判所 ──────────────────────▶ 銀行・信託会社・関係人
        │                                  の使用者その他の者
        │
        │               事実の調査をさせること
        │               ができる（家事手続61③）。
        ├──────────────────────▶ 受命裁判官
        │
        │ 嘱託                              嘱託
        ▼                                   ▼
 他の家庭裁判所・簡易裁判所        官庁・公署・その他適当と認める者
```

―32―

第2章　家事審判に関する手続

証拠調べ　　　　　　　　　　　　　　　　　　　　　　　　　▶家事手続64①

　家事審判の手続における証拠調べについては、原則として、民事訴訟法の規定および民事訴訟規則の規定を準用する（家事手続64①、家事手続規46①）。

【準用されない民事訴訟法の規定】

179条（証明することを要しない事実）	当事者の証明責任や自白の概念がないため
182条（集中証拠調べ）	必要に応じて適宜証拠調べをすることが適切であるため
187条（参考人等の審尋）	職権により事実の調査をすることができるため
188条（疎明）	疎明は、即時に取り調べることができる資料によってしなければならない（家事手続57）。
189条（過料の裁判の執行）	家事事件手続法291条による
207条2項（当事者本人の尋問）	当事者本人の尋問が最良の証拠方法である場合が多いため
208条（不出頭等の効果）	裁判所が後見的立場から実体的真実に基づいた裁判をすべき要請が強く、真実擬制による制裁は相当でないため
224条（当事者が文書提出命令に従わない場合等の効果）（229条2項および232条1項において準用する場合を含む。）	裁判所が後見的立場から実体的真実に基づいた裁判をすべき要請が強く、真実擬制による制裁は相当でないため
229条4項（筆跡等の対照による証明）	裁判所が後見的立場から実体的真実に基づいた裁判をすべき要請が強く、真実擬制による制裁は相当でないため

不出頭に対する制裁　　　　　　　　　　　　　　　　　　　　▶家事手続64

　家庭裁判所は、当事者本人を尋問する場合には、その当事者に対し、家事審判の手続の期日に出頭することを命ずることができる（家事手続64⑤）。出頭を命じられた当事者が正当な理由なく出頭しない場合について、および出頭した当事者が正当な理由なく宣誓または陳述を拒んだ場合については、民事訴訟法の規定が準用される（家事手続64⑥）。

当事者	制裁等	不服申立て
①　正当な理由なく出頭しないとき（家事手続64⑥、民訴192・193・194）	・訴訟費用の負担命令かつ10万円以下の過料 ・10万円以下の罰金・拘留 ・勾引命令	

第2章　家事審判に関する手続

② 宣誓した当事者が虚偽の陳述をしたとき（家事手続64⑥、民訴209①②）	10万円以下の過料	即時抗告可
③ 文書提出命令に従わないとき（家事手続64③一）	20万円以下の過料（家事手続64③）	即時抗告可
④ 正当な理由なく検証の目的の提示に従わないとき（家事手続64③一）		
⑤ 書証を妨げる目的で、提出義務がある文書を滅失させ、その他これを使用することができないようにしたとき（家事手続64③二）		
⑥ 検証を妨げる目的で、検証の目的を滅失させ、その他これを使用することができないようにしたとき（家事手続64③二）		
⑦ 正当な理由なく対照の用に供すべき筆跡または印影を備える文書その他の物件の提出の命令に従わないとき（家事手続64④一）	10万円以下の過料	即時抗告可
⑧ 対照の用に供することを妨げる目的で、対照の用に供すべき筆跡または印影を備える文書その他の物件を滅失させ、その他これを使用することができないようにしたとき（家事手続64④二）		即時抗告可
⑨ 対照の用に供すべき文字の筆記を命ずる決定に正当な理由なく従わないとき（家事手続64④三）		即時抗告可
⑩ 対照の用に供すべき文字を書体を変えて筆記したとき（家事手続64④三）		即時抗告可

第2章 家事審判に関する手続

2-9 家事調停をすることができる事項についての家事審判の手続の特則

申立書の写しの送付　　　　　　　　　　　　　　　　　　　▶家事手続67

　家事調停をすることができる事項(家事事件手続法別表第二に掲げる事項)についての家事審判の申立てがあった場合には、家庭裁判所は、原則として家事審判の申立書の写しを相手方に送付しなければならない(家事手続67①)。

<原則>　家庭裁判所が、家事審判の申立書の写しを相手方に送付
　　　　　家事審判の申立書に相手方の数と同数の写しを添付(家事手続規47)

<例外>

① 申立書の写しを相手方に送付しない場合	・申立てが不適法であるとき ・申立てに理由がないことが明らかなとき
② 申立書の写しの送付に代えて、家事審判の申立てがあったことを通知する場合	家事審判の手続の円滑な進行を妨げるおそれがあると認められるとき

【申立書の写しの送付(原則)またはこれに代わる通知(例外②)をすることができない場合】

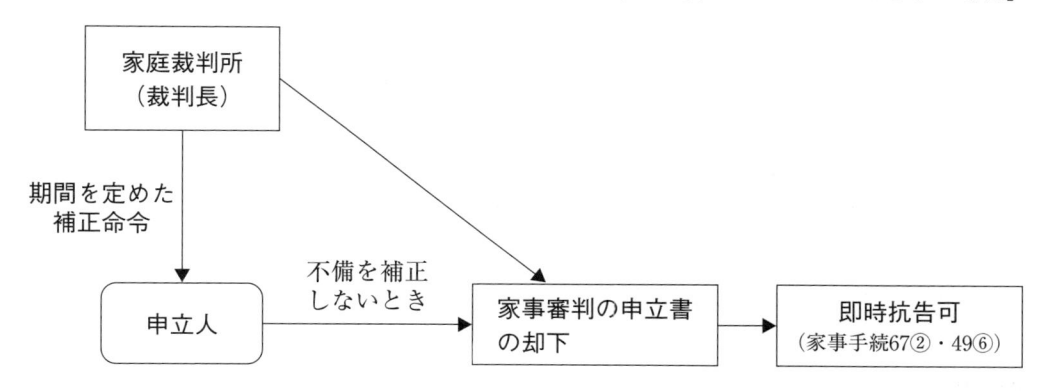

家庭裁判所(裁判長) ──期間を定めた補正命令→ 申立人 ──不備を補正しないとき→ 家事審判の申立書の却下 → 即時抗告可(家事手続67②・49⑥)

【申立書の写しの送付またはこれに代わる通知の費用の予納を命じた場合】

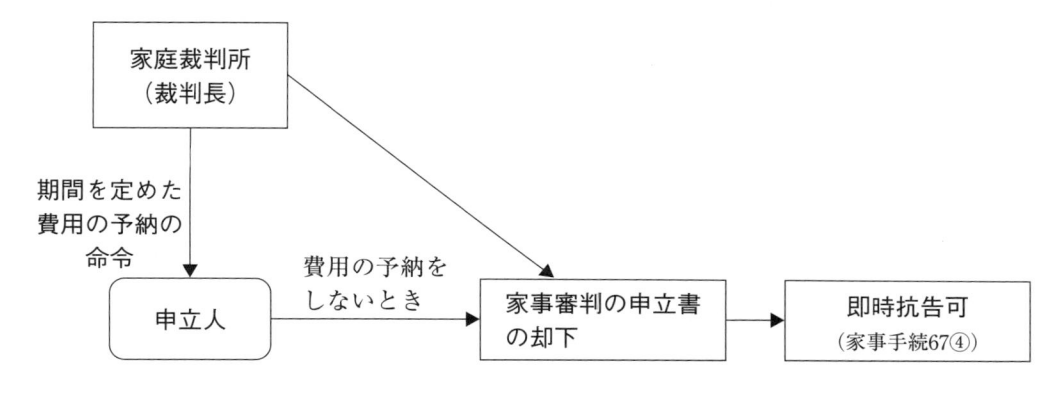

家庭裁判所(裁判長) ──期間を定めた費用の予納の命令→ 申立人 ──費用の予納をしないとき→ 家事審判の申立書の却下 → 即時抗告可(家事手続67④)

第2章　家事審判に関する手続

当事者の陳述の聴取　　　　　　　　　　　　　　　　　　　　　▶家事手続68・69

　家庭裁判所は、家事調停をすることができる事項（家事事件手続法別表第二に掲げる事項）についての家事審判の手続においては、原則として、当事者の陳述を聴かなければならない（家事手続68①）。なお、陳述の聴取は、当事者の申出があるときは、審問の期日においてしなければならない（家事手続68②）。

<原則>　家庭裁判所は、当事者の陳述を聴かなければならない。
<例外>　当事者の陳述を聴かなくてもよい場合
　　①　申立てが不適法であるとき
　　②　申立てに理由がないことが明らかなとき

【家事調停をすることができる事項（別表第二に掲げる事項）についての家事審判の手続】

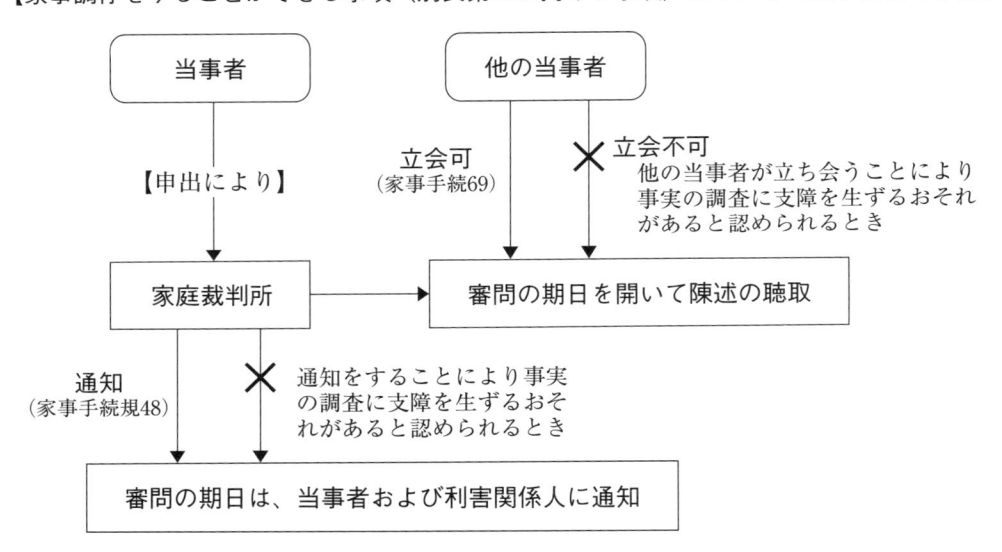

```
   ┌─────────┐           ┌─────────┐
   │  当事者  │           │ 他の当事者 │
   └────┬────┘           └────┬────┘
        │                         │
    【申出により】           立会可    ✕ 立会不可
        │              （家事手続69）   他の当事者が立ち会うことにより
        │                              事実の調査に支障を生ずるおそれ
        ↓                              があると認められるとき
   ┌─────────┐        ┌─────────────────────┐
   │ 家庭裁判所 │───→│ 審問の期日を開いて陳述の聴取 │
   └────┬────┘        └─────────────────────┘
        │
      通知    ✕ 通知をすることにより事実
  （家事手続規48）   の調査に支障を生ずるおそ
        │          れがあると認められるとき
        ↓
   ┌─────────────────────────────┐
   │ 審問の期日は、当事者および利害関係人に通知 │
   └─────────────────────────────┘
```

memo　審問期日での立会権を認めた趣旨
　　当事者の審問は、当事者が直接裁判官に主張や意見を述べる場であるから、心証への影響も直接的であるだけに、他の当事者においてそのときの表情や身振りを観察しつつ、直ちに反論をする機会を保障する必要があり、後日、調書により審問の内容を文字情報として確認し、それに反論を加える機会を与えるだけでは、他方当事者の手続保障として不十分であるため。

事実の調査の通知　　　　　　　　　　　　　　　　　　　　　　　▶家事手続70

　家庭裁判所は、家事調停をすることができる事項（家事事件手続法別表第二に掲げる事項）についての家事審判の手続において、事実の調査をしたときは、原則として、その旨を当事者および利害関係参加人に通知しなければならない（家事手続70）。

第2章　家事審判に関する手続

＜原則＞　家庭裁判所は、事実の調査をしたときは、その旨を当事者および利害関係参加人に通知しなければならない。
　　（注）　家事調停をすることができない事項については、事実の調査結果が当事者による家事審判の手続の追行に重要な変更を生じ得るものと認めるとき、通知する（家事手続63）。
＜例外＞　特に必要がないと認める場合は、通知しなくてもよい。

memo　事実の調査の通知をする趣旨
　　当事者等は、通知を受けることによって、事実の調査の結果について閲覧謄写等をする機会が保障される。

審理の終結　　　　　　　　　　　　　　　　　　　　▶家事手続71・72

　家庭裁判所は、家事調停をすることができる事項（家事事件手続法別表第二に掲げる事項）についての家事審判の手続において、原則として、相当の猶予期間を置いて、審理を終結する日を定めなければならない（家事手続71）。
＜原則＞　家庭裁判所は、家事審判の手続においては、相当の猶予期間を置いて、審理を終結する日を定めなければならない。
　　（注）　当事者双方が立ち会うことができる家事審判の手続の期日においては、直ちに審理を終結する旨を宣言することができる。
＜例外＞　審理の終結日を定めなくてもよい場合
　　①　申立てが不適法であるとき
　　②　申立てに理由がないことが明らかなとき
　家庭裁判所は、審理を終結したときは、審判をする日を定めなければならない（家事手続72）。

第2章　家事審判に関する手続

2-10　審判等

審　判　　　　　　　　　　　　　　　　　　　　　　　▶家事手続73・76

家事審判においても一部民事訴訟法の規定が準用され、自由心証主義によることとされている（家事手続79、民訴247）。

条件	効果
家事審判事件が裁判をするのに熟したとき	審判（家事手続73①）
家事審判事件の一部が裁判をするのに熟したとき／手続の併合を命じた数個の家事審判事件中、その1つが裁判をするのに熟したとき	一部について審判をすることができる（家事手続73②）
審判の前提となる法律関係の争い、その他中間の争いについて裁判をするのに熟したとき	中間決定をすることができる（裁判書を作成）（家事手続80）

【審判の方式】
＜原則＞　審判は、審判書を作成してしなければならない（家事手続76①）。
＜例外＞　即時抗告をすることができない審判については、家事審判の申立書または調書に主文を記載することをもって、審判書に代えることができる（代用審判）（家事手続76①ただし書）。
　　　　　ただし、合意に相当する審判（家事手続277①）と調停に代わる審判（家事手続284①）は、即時抗告は認められなくても、代用審判は認められない（家事手続258①・76①ただし書の準用除外）。

memo　代用審判が認められない理由
　　合意に相当する審判と調停に代わる審判は、即時抗告が認められていないが、判断の内容を示す必要があるため、代用審判が認められていない。

【審判書の記載事項】（家事手続76②）

① 主　文
② 理由の要旨
③ 当事者および法定代理人
④ 裁判所

第2章　家事審判に関する手続

審判の効力　　　　　　　　　　　　　　　　　　　　　　　　▶家事手続74・75

　審判は、特別の定めがある場合を除き、当事者等に相当と認める方法で告知しなければならず（家事手続74①）、告知することによって効力を生ずる（家事手続74②本文）。

```
家庭裁判所
    │
    ▼
審判の告知（特別の定めがある場合を除く。）
（注）特別の定めがある場合
    ① 後見開始の審判における、成年後見人に
       選任された者（家事手続122②一）
    ② 遺言執行者の解任の審判における相続人
       （家事手続213一）

① 当事者
② 利害関係参加人
③ ①②以外の審判を受ける者
```

【効力発生要件】
金銭の支払、物の引渡し、登記義務の履行その他の給付を命ずる審判は、執行力のある債務名義と同一の効力を有する（家事手続75）。

【審判の効力の発生】
＜原則＞　審判は、特別の定めのある場合を除き、審判を受ける者（審判を受ける者が数人あるときは、そのうちの1人）に告知することによって効力を生ずる。
＜例外＞　①　即時抗告をすることができる審判は、確定しなければ効力を生じない（家事手続74②ただし書）。
　　　　　②　申立てを却下する審判は、申立人に告知することによって効力を生ずる（家事手続74③）。

審判の取消し等　　　　　　　　　　　　　　　　　　　　　　▶家事手続77・78・79

　審判に計算違い、誤記その他これらに類する明白な誤りがあるときは、家庭裁判所は、申立によりまたは職権で、いつでも更正決定をすることができる（家事手続77①）。

【更正決定】

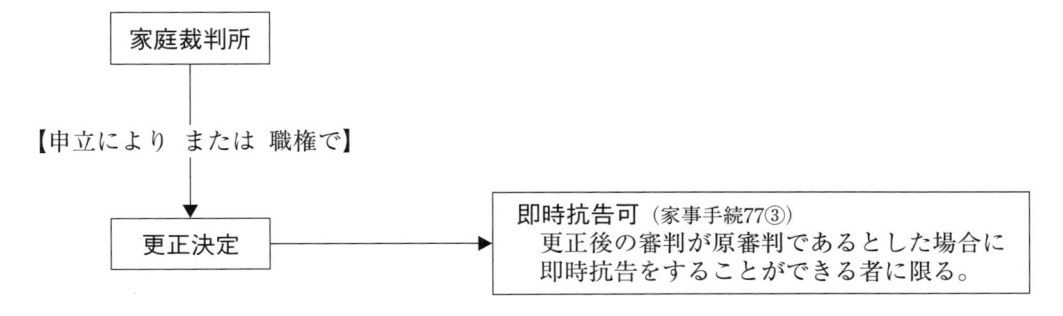

```
家庭裁判所
    │
【申立により または 職権で】
    │
    ▼
  更正決定  ───────▶  即時抗告可（家事手続77③）
                      更正後の審判が原審判であるとした場合に
                      即時抗告をすることができる者に限る。
```

第2章　家事審判に関する手続

　家庭裁判所は、審判後、その審判を不当と認めるときは、職権で、これを取り消し、または変更することができる（家事手続78①）。また、裁判所は、審判に法令の違反を発見したときは、審判が告知を受ける者に最初に告知された日から1週間以内に限り、変更の審判をすることができる（家事手続79、民訴256①）。

【審判の取消しまたは変更】
＜原則＞

| 家庭裁判所 | ←陳述を聴かなければならない（家事手続78③） | 当事者
その他の審判を受ける者 |

↓【職権で】

| 取消しまたは変更
変更の審判は最初の告知日から1週間以内 | → | 即時抗告可（家事手続78④）
取消後または変更後の審判が原審判であるとした場合に即時抗告をすることができる者に限る。 |

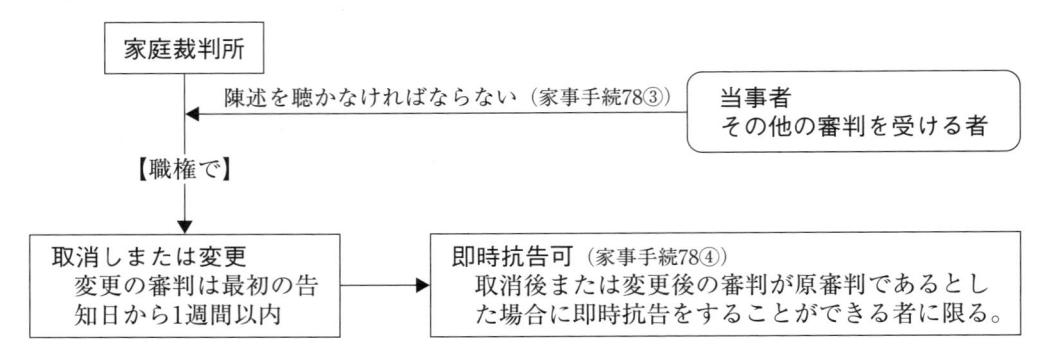

＜例外＞　①　取消しまたは変更をすることができない審判（家事手続78①）
　　　　　　㋐　申立てによってのみ審判をすべき場合において申立てを却下した審判
　　　　　　㋑　即時抗告をすることができる審判
　　　　　②　審判が確定した日から5年を経過したときは、取消しまたは変更をすることができない（家事手続78②本文）。ただし、事情の変更によりその審判を不当と認めるに至ったときは、5年経過後であっても、取消しまたは変更をすることができる（家事手続78②ただし書）。

【審判の脱漏】
　裁判所は、請求の一部について審判を脱漏したとき、審判は、その請求の部分については、なおその裁判所に係属する（家事手続79、民訴258①）。

審判以外の裁判　　　　　　　　　　　　　　　　　　　　　　▶家事手続81

　家庭裁判所は、家事審判の手続の審判をする場合を除き、決定で裁判をする（家事手続81①）。

| 家事審判の手続の指揮に関する裁判 | ⇒ | いつでも取り消すことができる（家事手続81②） |

| 審判以外の裁判 | ⇒ | 判事補が単独ですることができる（家事手続81③） |

第2章　家事審判に関する手続

2-11　取下げによる事件の終了

家事審判の申立ての取下げ　　　　　　　　　　　　　　　　　▶家事手続82

　家事審判の申立ては、特別の定めがある場合を除き、審判があるまで、その全部または一部を取り下げることができる（家事手続82①）。また、申立ての取下げについて相手方の同意を要する場合においては家庭裁判所は、相手方に対し、申立ての取下げがあったことを通知しなければならない（申立ての取下げが家事審判の手続の期日において口頭でされた場合において、相手方がその期日に出頭したときは、この限りでない。）（家事手続82③）。

<原　則＞　　家事審判の申立ては、審判があるまで、その全部または一部の取下可
<例外1＞　　家事事件手法別表第二に掲げる事項についての家事審判の申立て
　　　　　　① 審判の確定前 → その全部または一部の取下可（家事手続82②本文）
　　　　　　② 審判後 → 相手方の同意が必要（家事手続82②ただし書）
<例外2＞　　申立ての取下げについて、相手方の同意を要する場合
　　　　　　財産の分与に関する処分の審判の申立てを相手方が本案について書面を提出し、または家事審判の手続の期日において陳述した後に取り下げる場合
<みなし同意＞　申立ての取下げの通知を受けた日から2週間以内に、相手方が異議を述べないとき → 申立ての取下げに同意したものとみなす（家事手続82④）。
<取下げの効果＞　家事審判は、申立ての取下げがあった部分 → 初めから係属していなかったものとみなす（家事手続82⑤、民訴262①）。

家事審判の申立ての取下げの擬制　　　　　　　　　　　　　　▶家事手続83

　家庭裁判所は、家事審判の申立人が連続して2回、次の行為をした場合は、申立ての取下げがあったものとみなすことができる（家事手続83）。
① 呼出しを受けた家事審判の手続の期日に出頭しないとき
② 呼出しを受けた家事審判の手続の期日において、陳述をしないで退席をしたとき

第2章 家事審判に関する手続

2-12	抗　告
2-12-1	即時抗告

即時抗告ができる審判　　　　　　　　　　　　　　　　　　　▶家事手続85

審判に対しては、特別の定めがある場合に限り、即時抗告をすることができる（家事手続85①）。

特別の定めの例	① 後見開始の審判（家事手続123①一） ② 失踪の宣告の審判（家事手続148⑤一） ③ 婚姻費用の分担に関する処分の審判（家事手続156三） ④ 子の監護に関する処分の審判（家事手続156四） ⑤ 財産の分与に関する処分の審判（家事手続156五） ⑥ 親権喪失の審判（家事手続172①一） ⑦ 親権停止の審判（家事手続172①二） ⑧ 管理権喪失の審判（家事手続172①三） ⑨ 遺産の分割の審判（家事手続198①一） ⑩ 特別縁故者に対する相続財産の分与の審判（家事手続206①一） ⑪ 氏の変更についての許可の審判（家事手続231一）

（注）　手続費用の負担の裁判　→　独立して即時抗告をすることができない（家事手続85②）

即時抗告期間　　　　　　　　　　　　　　　　　　　　　　　▶家事手続86

審判に対する即時抗告は、特別の定めがある場合を除き、2週間の不変期間内にしなければならない（家事手続86①本文）。ただし、その期間前に提起した即時抗告の効力を妨げない（家事手続86①ただし書）。

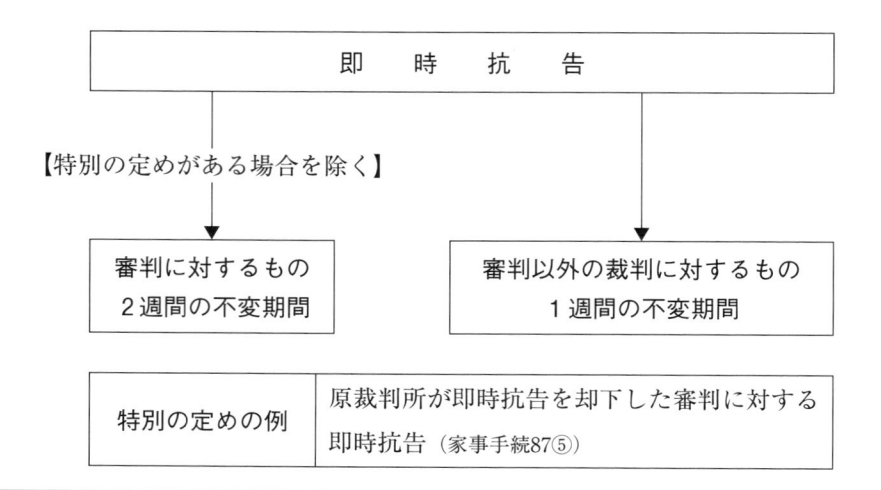

```
              即　時　抗　告
【特別の定めがある場合を除く】
   ↓                              ↓
審判に対するもの              審判以外の裁判に対するもの
2週間の不変期間               1週間の不変期間

特別の定めの例 | 原裁判所が即時抗告を却下した審判に対する
              即時抗告（家事手続87⑤）
```

第2章　家事審判に関する手続

　即時抗告の期間は、特別の定めがある場合を除き、即時抗告をする者が、審判の告知を受ける者である場合にあってはその者が審判の告知を受けた日から、審判の告知を受ける者でない場合にあっては申立人が審判の告知を受けた日（二以上あるときは、当該日のうち最も遅い日）から、それぞれ進行する（家事手続86②）。

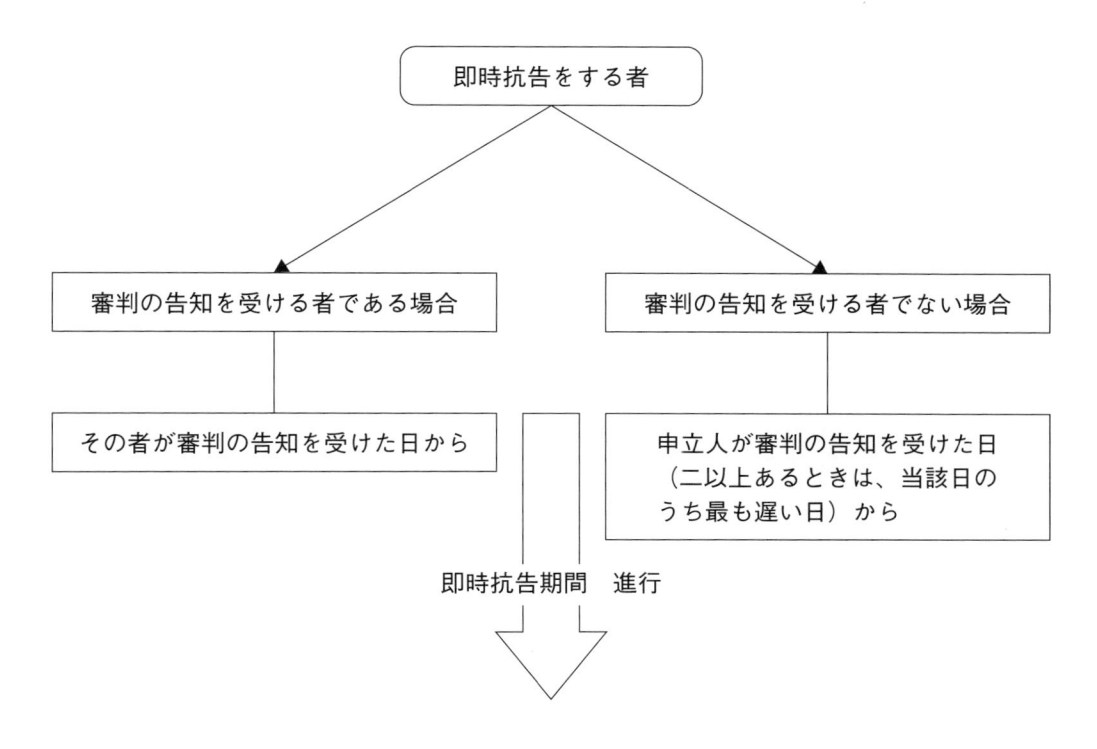

```
              即時抗告をする者
           ┌──────┴──────┐
   審判の告知を受ける者である場合    審判の告知を受ける者でない場合
           │                          │
   その者が審判の告知を受けた日から    申立人が審判の告知を受けた日
                                     （二以上あるときは、当該日の
                                      うち最も遅い日）から

              即時抗告期間　進行
                    ↓
```

即時抗告の提起　　　　　　　　　　　　　　　　　　　▶家事手続87・88

　即時抗告は、抗告状を原裁判所に提出しなければならない（家事手続87①）。即時抗告が不適法でその不備を補正することができないことが明らかであるときは、原裁判所は、これを却下する（家事手続87③）。この却下の審判に対しては、1週間の不変期間内において即時抗告をすることができる（家事手続87④⑤）。抗告状に原審判の取消しまたは変更を求める事由の具体的な記載がないときは、抗告人は、即時抗告の提起後14日以内に、これらを記載した書面を原裁判所に提出しなければならない（家事手続規55①）。

　即時抗告の抗告状において、記載事項に違反がある場合および即時抗告の提起の手数料を納付しない場合には、裁判長より不備の補正命令が下される。この場合、抗告人が補正しないときは、裁判長は抗告状を却下する（家事手続87⑥・49④⑤）。

第2章　家事審判に関する手続

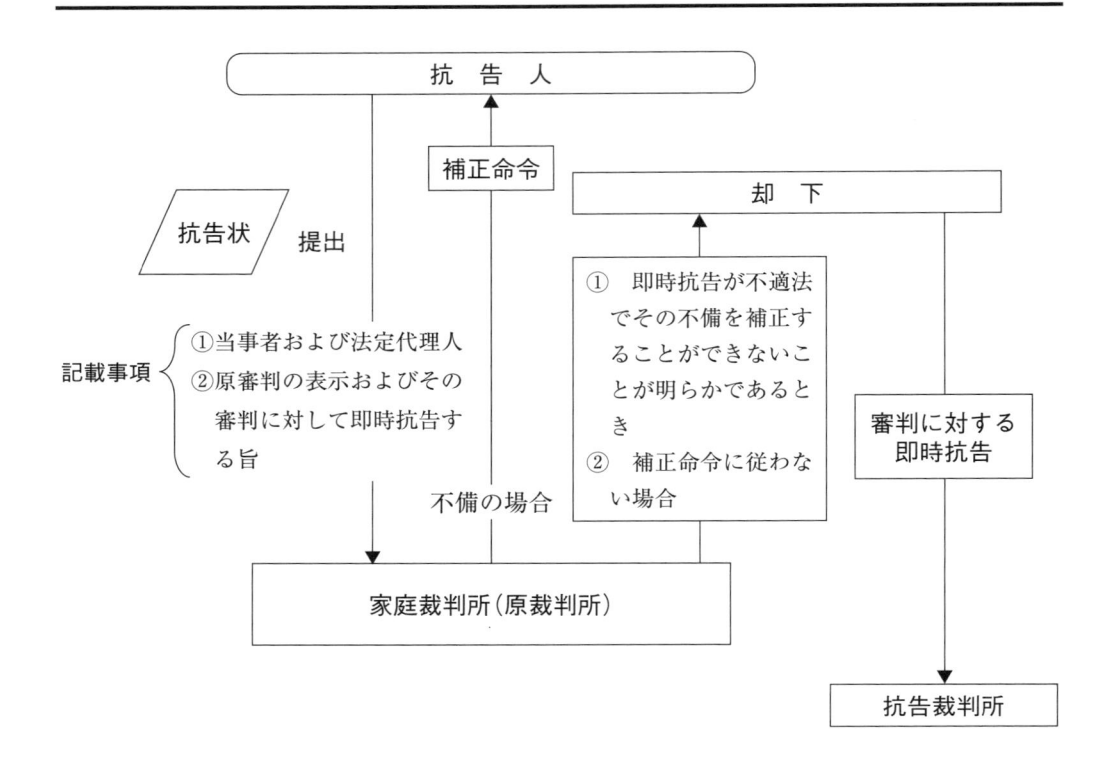

```
                        ┌─────────────┐
                        │  抗  告  人  │
                        └──┬──────▲───┘
                           │      │
                        ┌──▼──┐   │
                        │補正命令│  ┌──────┐
                        └─────┘  │ 却  下 │
    ┌─────┐                      └───▲──┘
    │抗告状│  提出      ┌─────────────┴────┐
    └─────┘            │① 即時抗告が不適法 │
                       │  でその不備を補正す│
 ①当事者および法定代理人│  ることができないこ│
記載事項 ②原審判の表示およびその│とが明らかであると │    ┌──────┐
      審判に対して即時抗告す│  き               │    │審判に対する│
      る旨              │② 補正命令に従わな │    │即時抗告  │
                       │  い場合           │    └───┬──┘
                       └──────────────────┘        │
                  不備の場合                          │
                        │                            │
                     ┌──▼──────────────┐            │
                     │家庭裁判所（原裁判所）│         │
                     └──────────────────┘           │
                                                    │
                                              ┌─────▼────┐
                                              │ 抗告裁判所 │
                                              └──────────┘
```

審判に対する即時抗告があった場合　　　　　　　　　　　　　　　▶家事手続88

　審判に対する即時抗告があった場合には、原審における当事者および利害関係参加人（抗告人を除く。）に対し、抗告状の写しが送付される（家事手続88①）。

＜例外1＞　即時抗告が不適法であるとき
　　　　　即時抗告に理由がないことが明らかなとき　｝抗告状の写しを送付しない

＜例外2＞　抗告審における手続の円滑な進行を妨げるおそれがあると認められる場合
　　　　　→　抗告状の写しの送付に代えて、即時抗告があったことが通知される。

＜例外3＞　抗告状の写しの送付、またはこれに代わる通知の費用の予納を相当の期間定めて抗告人に命じた場合
　　　　　→　その予納がないときは、命令で抗告状は却下される（家事手続88②）。

　原裁判所は、審判に対する即時抗告を理由があると認めるときは、審判を更正しなければならない（家事手続90）。

＜原則＞　理由があると認めるとき　→　更正
＜例外＞　別表第二に掲げる事項　→　更正不可

第2章　家事審判に関する手続

聴　聞　　　　　　　　　　　　　　　　　　　　　　　　　▶家事手続89

　抗告裁判所は、原審判を取り消す場合、家事事件手続法別表第二に掲げる事項についての審判事件においては、陳述を聴かなければならない（家事手続89）。

【原審判を取り消す場合】

```
┌──────────┐   陳述聴取   ┌──────────────────┐
│ 抗告裁判所 │ ──────────→ │ 原審における当事者        │
└──────────┘              │ 審判を受ける者(抗告人を除く。)│
                           └──────────────────┘
```

【別表第二に掲げる事項についての審判事件】

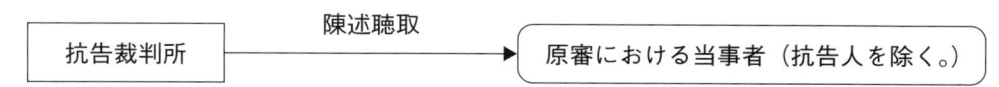

```
┌──────────┐   陳述聴取   ┌──────────────────┐
│ 抗告裁判所 │ ──────────→ │ 原審における当事者（抗告人を除く。）│
└──────────┘              └──────────────────┘
```

＜原則＞　原審判を取り消すか否かにかかわらず　→　義　務
＜例外＞　次に掲げるときは不要
　　　　① 即時抗告が不適法であるとき
　　　　② 即時抗告に理由がないことが明らかなとき

即時抗告に対する裁判　　　　　　　　　　　　　　　　　　▶家事手続90～93

　抗告裁判所は、即時抗告を理由があると認める場合には、家事審判事件について自ら審判に代わる裁判をしなければならない（家事手続91②本文）。ただし、事件を第一審裁判所に差し戻すときは、この限りでない（家事手続91②ただし書）。
　抗告裁判所は、家事審判事件（別表第二に掲げる事項の審判事件を除く。）の全部または一部が原裁判所の管轄に属しないと認める場合は、原審判を取り消し、管轄違いを理由に取り消すときは、管轄権を有する家庭裁判所に移送される（ただし、原審における審理の経過、事件の性質、抗告の理由等に照らして原審判を取り消さないことを相当とする特別の事情があると認めるときは、この限りでない。）（家事手続92）。

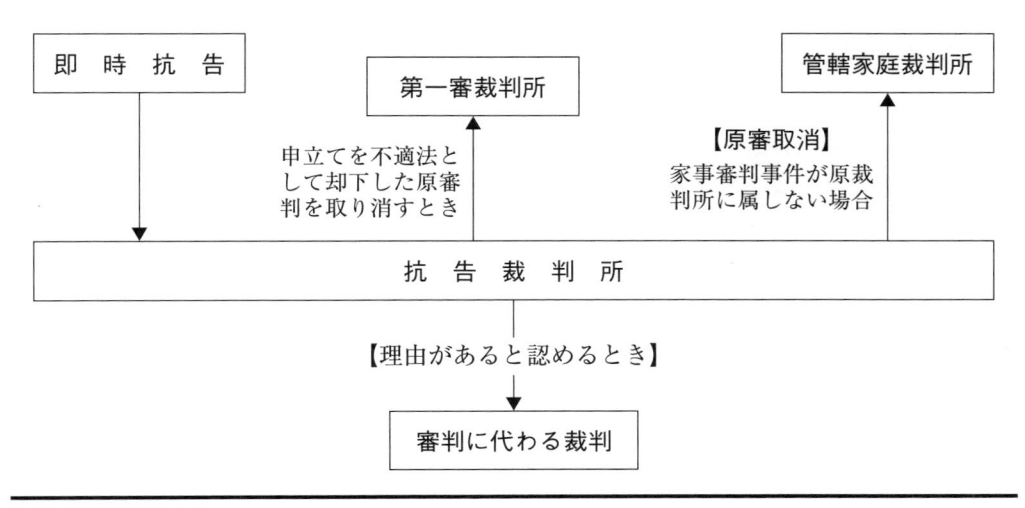

```
┌──────────┐        ┌──────────┐        ┌──────────┐
│ 即 時 抗 告 │        │ 第一審裁判所 │        │ 管轄家庭裁判所 │
└──────────┘        └──────────┘        └──────────┘
     │                       ↑                       ↑
     │          申立てを不適法と      【原審取消】
     │          して却下した原審      家事審判事件が原裁
     │          判を取り消すとき      判所に属しない場合
     ↓                       │                       │
┌────────────────────────────────────────┐
│              抗　告　裁　判　所                        │
└────────────────────────────────────────┘
                    │
           【理由があると認めるとき】
                    ↓
             ┌──────────┐
             │ 審判に代わる裁判 │
             └──────────┘
```

第2章　家事審判に関する手続

2-12-2　特別抗告

特別抗告をすることができる裁判　▶家事手続94

　家庭裁判所の審判で不服を申し立てることができないもの、高等裁判所の家事審判事件についての決定に対しては、その裁判に憲法の解釈の誤りがあること、違反があることを理由とするとき、最高裁判所に特別抗告することができる（家事手続94①）。

　特別抗告は、執行停止の効力を有しない。ただし、特別抗告が係属する抗告裁判所または原裁判所は、申立てにより、特別抗告について最高裁判所の裁判があるまで、原裁判の執行停止その他の処分を命ずることができる（家事手続95①）。

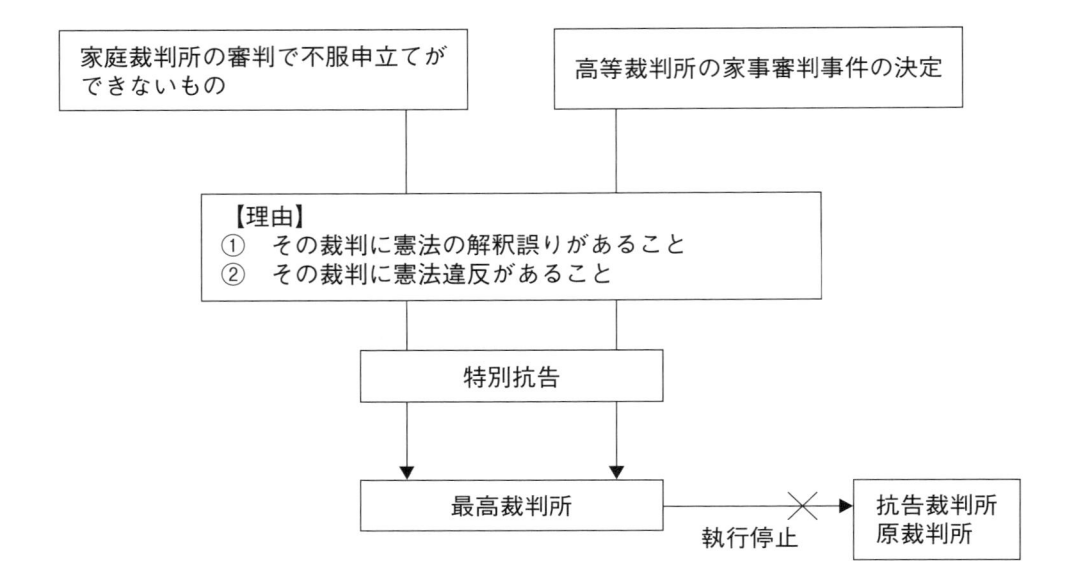

```
┌──────────────────┐      ┌──────────────────┐
│家庭裁判所の審判で │      │高等裁判所の家事  │
│不服申立てができ   │      │審判事件の決定    │
│ないもの           │      │                  │
└─────────┬────────┘      └────────┬─────────┘
          │                        │
          │  【理由】              │
          │  ① その裁判に憲法の解釈誤りがあること
          │  ② その裁判に憲法違反があること
          │                        │
          └──────────┬─────────────┘
                     │
                  特別抗告
                     │
                最高裁判所 ──執行停止──✕──→ 抗告裁判所
                                               原裁判所
```

特別抗告期間　▶家事手続96・86

　特別抗告は、裁判の告知を受けた日から5日の不変期間内にしなければならない（家事手続96②、民訴336②）。なお、特別抗告理由書の提出期間は、抗告人が特別抗告をした後、最高裁判所が抗告人、原審における当事者および利害関係参加人に送達した抗告提起通知書の送達を抗告人が受けた日から14日とされる（家事手続規62・63）。

　特別抗告の期間は、特別の定めがある場合を除き、特別抗告をする者が、審判の告知を受ける者である場合にあってはその者が審判の告知を受けた日から、審判の告知を受ける者でない場合にあっては申立人が審判の告知を受けた日（二以上あるときは、当該日のうち最も遅い日）から、それぞれ進行する（家事手続96①・86②）。

第2章　家事審判に関する手続

```
                    ┌─────────────────┐
                    │  特別抗告する者  │
                    └─────────────────┘
                     ↙              ↘
┌──────────────────────┐      ┌──────────────────────┐
│審判の告知を受ける者である場合│      │審判の告知を受ける者でない場合│
└──────────────────────┘      └──────────────────────┘
          ↓                              ↓
┌──────────────────────┐      ┌──────────────────────┐
│その者が審判の告知を受けた日から│      │申立人が審判の告知を受けた日│
└──────────────────────┘      │（二以上あるときは、当該日の│
                              │うち最も遅い日）から       │
                              └──────────────────────┘

              特別抗告期間　進行
                    ⬇
```

特別抗告の提起　　　　　　　　　　　　　　　▶家事手続96①・87・88

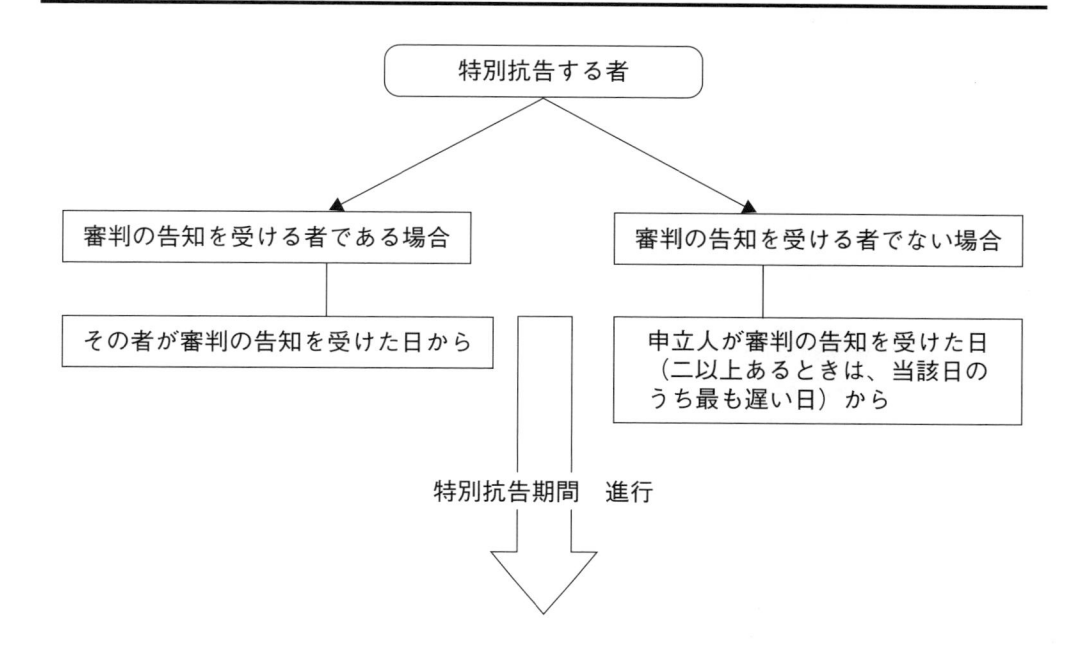

　特別抗告は、抗告状を原裁判所に提出しなければならない（家事手続96①・87①）。特別抗告が不適法でその不備を補正することができないことが明らかであるときは、原裁判所は、これを却下する（家事手続96①・87③）。この却下の審判に対しては、1週間の不変期間内において即時抗告をすることができる（家事手続96①・87④⑤）。

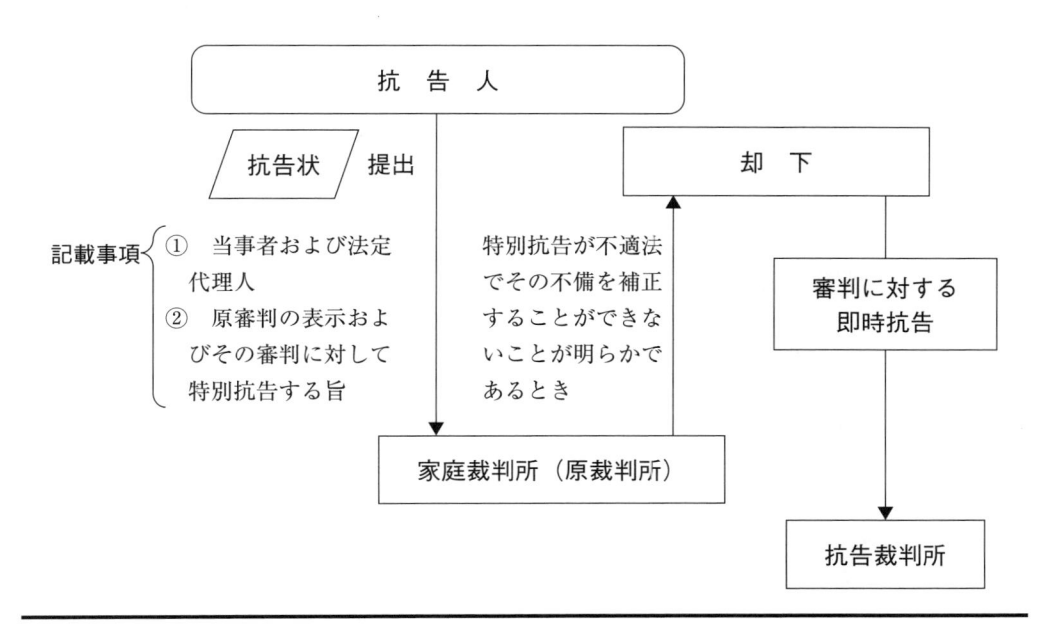

```
                    ┌─────────┐
                    │  抗 告 人 │
                    └─────────┘
              ╱抗告状╱ 提出
記載事項 ┤ ① 当事者および法定
         │    代理人
         │ ② 原審判の表示およ
         │    びその審判に対して
         │    特別抗告する旨
```

特別抗告が不適法でその不備を補正することができないことが明らかであるとき → 却下

審判に対する即時抗告

家庭裁判所（原裁判所） → 抗告裁判所

第2章　家事審判に関する手続

審判に対する特別抗告があった場合　▶家事手続96①・88

　審判に対する特別抗告があった場合には、原審における当事者および利害関係参加人（抗告人を除く。）に対し、抗告状の写しが送付される（家事手続96①・88①）。

＜例外1＞　特別抗告に理由がないことが明らかなとき ｝抗告状の写しを送付しない。
　　　　　特別抗告に理由がないことが明らかなとき

＜例外2＞　抗告審における手続の円滑な進行を妨げるおそれがあると認められる場合
　　　　　→　抗告状の写しの送付に代えて、特別抗告があったことが通知される。

＜例外3＞　抗告状の写しの送付、またはこれに代わる通知の費用の予納を相当の期間定めて抗告人に命じた場合
　　　　　→　その予納がないときは、命令で抗告状は却下される（家事手続96①・88②）。

聴　聞　▶家事手続96①・89

　抗告裁判所は、原審判を取り消す場合、家事事件手続法別表第二に掲げる事項についての審判事件においては、陳述を聴かなければならない（家事手続96①・89）。

【原審判を取り消す場合】

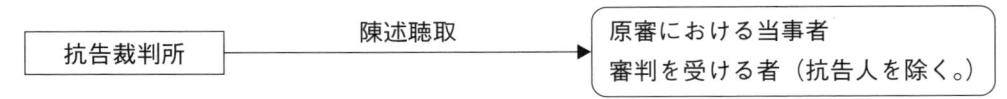

| 抗告裁判所 | →陳述聴取→ | 原審における当事者
審判を受ける者（抗告人を除く。） |

【別表第二に掲げる事項についての審判事件】

| 抗告裁判所 | →陳述聴取→ | 原審における当事者（抗告人を除く。） |

＜原則＞　原審判を取り消すか否かにかかわらず　→　義務
＜例外＞　次に掲げるときは不要
　　　　① 特別抗告が不適法であるとき
　　　　② 特別抗告に理由がないことが明らかなとき

特別抗告に対する裁判　▶家事手続96・91・93

　最高裁判所は、特別抗告をすることについて事由があるとき、またはその事由がない場合であっても、審判に影響を及ぼすことが明らかな法令の違反があるときは、原審判を破棄し、事件を原裁判所に差し戻し、またはこれと同等の他の裁判所に移送する（家事手続96②・94①、民訴325①②・312①）。差戻しまたは移送を受けた裁判所は、新たな口頭弁論に基づき裁判をしなければならず、このとき、破棄の理由とした事実上および法律上の判断に拘束され、原審判に関与した裁判官は関与できない（家事手続96②・、民訴325③④）。
　ただし、最高裁判所は、次の場合には、事件について自ら裁判をする（家事手続96②、民訴326）。

第2章　家事審判に関する手続

① 確定した事実について憲法その他の法令の適用を誤ったことを理由として審判を破棄する場合において、事件がその事実に基づき裁判をするのに熟するとき
② 事件が裁判所の権限に属しないことを理由として審判を破棄するとき

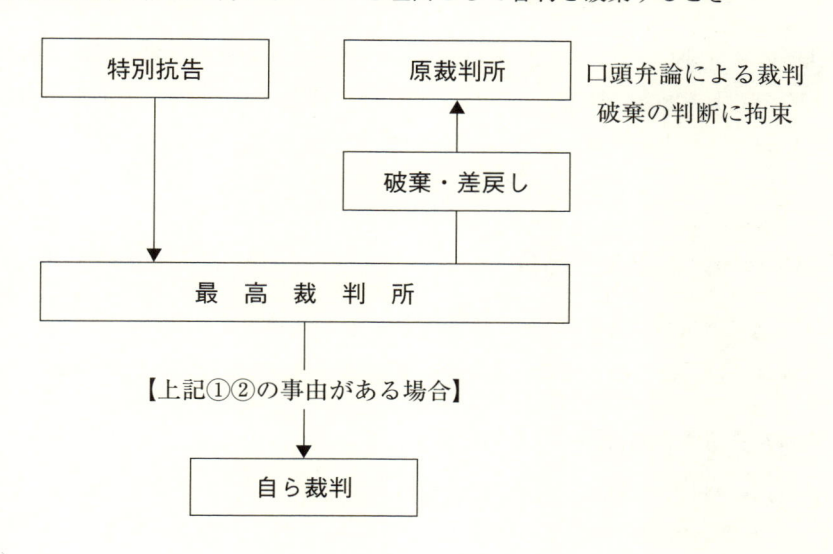

```
┌─────────┐         ┌─────────┐    口頭弁論による裁判
│ 特別抗告 │         │ 原裁判所 │      破棄の判断に拘束
└─────────┘         └─────────┘
     │                   ↑
     │              ┌──────────┐
     │              │破棄・差戻し│
     │              └──────────┘
     ↓                   │
┌───────────────────────────────┐
│       最 高 裁 判 所          │
└───────────────────────────────┘
              │
     【上記①②の事由がある場合】
              ↓
         ┌─────────┐
         │ 自ら裁判 │
         └─────────┘
```

第2章　家事審判に関する手続

2-12-3　許可抗告

許可抗告をすることができる裁判　▶家事手続97①

　高等裁判所の家事審判事件の決定（家庭裁判所の審判であるとした場合に即時抗告することができるものであるときに限る。）に対しては、特別抗告によるほか、その高等裁判所の許可したときに限り、最高裁判所に許可抗告をすることができる（家事手続97①）。

許可抗告があったとみなす場合　▶家事手続97②〜④

　高等裁判所は、下記の場合には、申立てにより、抗告の許可をしなければならず、その許可があった場合には、許可抗告があったものとみなされる（家事手続97②〜④・94①）。

【高等裁判所が許可する場合】

○	①　最高裁判所の判例と相反する判断がある場合 ②　最高裁判所の判例がない場合には、大審院または上告裁判所もしくは抗告裁判所である高等裁判所の判例と相反する判断がある場合 ③　その他の法令の解釈に関する重要な事項を含むと認められる場合
×	高等裁判所の家事審判事件についての決定の裁判に、憲法の解釈の誤りがあることその他憲法の違反があることを理由とするとき

抗告許可の申立期間　▶家事手続98②・86②

　抗告許可の申立ては、特別の定めがある場合を除き、裁判の告知を受けた日から5日の不変期間内にしなければならない（家事手続98②、民訴336②）。

　抗告許可の申立期間は、特別の定めがある場合を除き、抗告許可の申立てをする者が、審判の告知を受ける者である場合にあってはその者が審判の告知を受けた日から、審判の告知を受ける者でない場合にあっては申立人が審判の告知を受けた日（二以上あるときは、当該日のうち最も遅い日）から、それぞれ進行する（家事手続96①・86①）。

第2章　家事審判に関する手続

```
                        抗　告　人
                    ／            ＼
    審判の告知を受ける者である場合    審判の告知を受ける者でない場合

    その者が審判の告知を受けた日から   申立人が審判の告知を受けた日
                                  （二以上あるときは、当該日の
                                  うち最も遅い日）から

              許可抗告申立期間　進行
```

抗告許可の申立て　　　　　　　　　　　　　　▶家事手続98①・87①

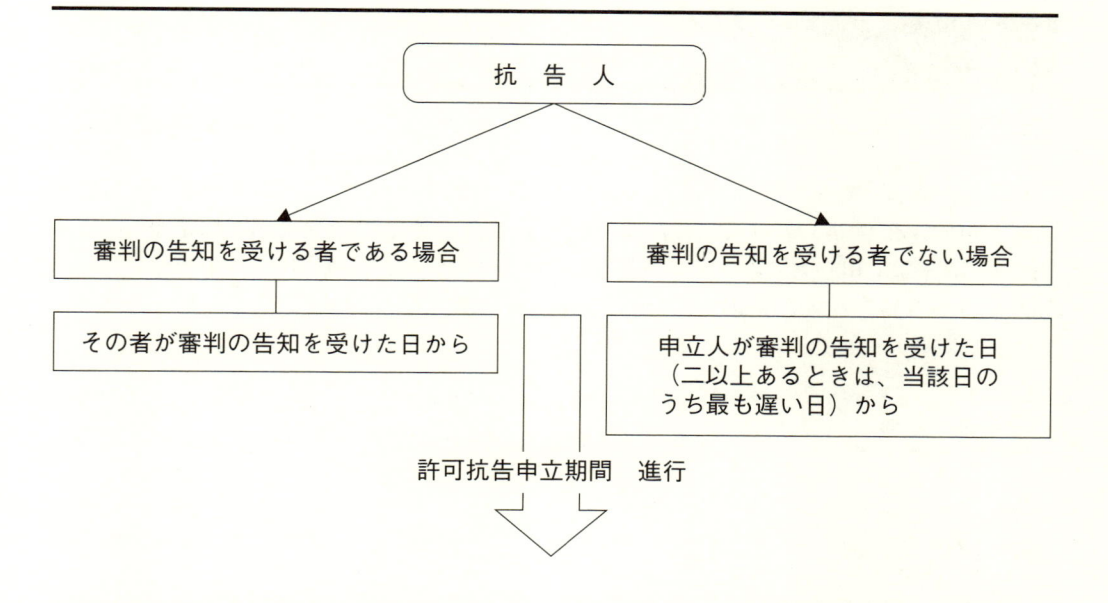

　抗告許可の申立ては、許可の申立書を原裁判所に提出しなければならない（家事手続98①・87①）。抗告許可の申立てが不適法でその不備を補正することができないことが明らかであるときは、原裁判所は、これを却下する（家事手続98①・87③）。

　抗告許可の申立書において、記載事項に違反がある場合および抗告許可の申立ての手数料を納付しない場合には、裁判長より不備の補正命令が下される。この場合、申立人が補正しないときは、裁判長は申立書を却下する（家事手続98②・87⑥・49④⑤）。

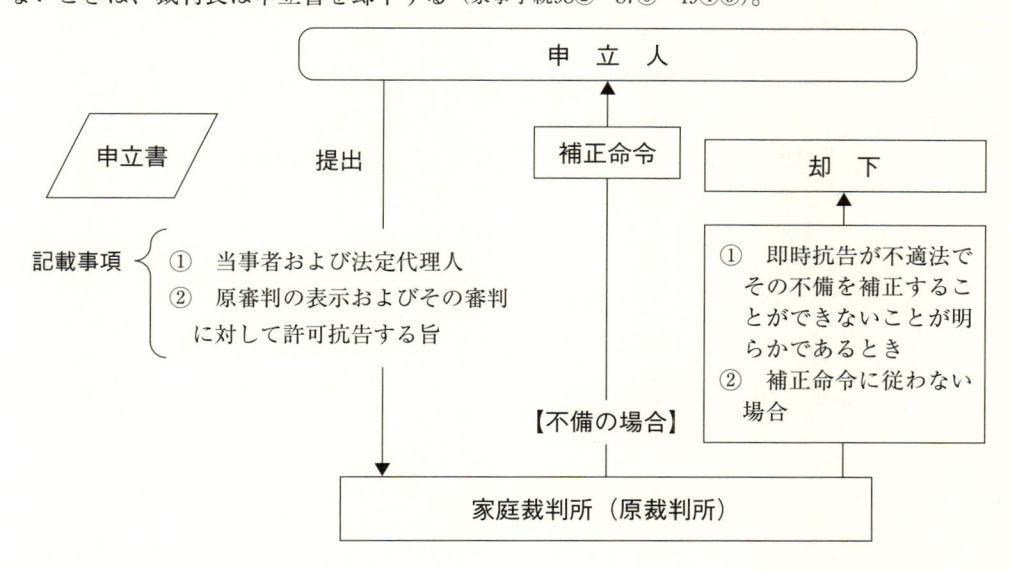

```
                         申 立 人
              提出          ↑補正命令      却　下
    申立書  ─→                              ↑
    記載事項 ① 当事者および法定代理人      ① 即時抗告が不適法で
            ② 原審判の表示およびその審判     その不備を補正するこ
               に対して許可抗告する旨        とができないことが明
                                            らかであるとき
                                          ② 補正命令に従わない
                                            場合
                         【不備の場合】
                         家庭裁判所（原裁判所）
```

第2章 家事審判に関する手続

2-13　再審

再審　　　　　　　　　　　　　　　　　　　　　　　　　　▶家事手続103

　確定した審判その他の裁判（事件を完結するものに限る。）に対しては、再審の申立てをすることができる（家事手続103①）。再審の申立ては、民事訴訟法338条1項各号に定める再審事由がある場合に、申し立てることができる（家事手続103③）。また、原則として、再審の事由を知った日から30日の不変期間内に、当該裁判をした裁判所にしなければならない（家事手続103③、民訴342①・340①）。

| その他の裁判 | ⇒ | 家事事件が裁判および調停の成立によらないで完結した場合における手続費用の負担の裁判（家事手続31、民訴73①）など |

執行停止の裁判　　　　　　　　　　　　　　　　　　　　　▶家事手続104

　裁判所は、再審の申立てがあった場合において、不服の理由として主張した事情が法律上理由があるとみえるときなどは、申立てにより、強制執行の一時停止を命じ、または既にした執行処分の取消しを命ずることができる（家事手続104①）。また、執行停止の申立てについての裁判に対しては、不服を申し立てることができない（家事手続104②）。

【執行の停止・取消しを命ずる条件】

① 不服の理由として主張した事情が
　・法律上理由があるとみえる
　・事実上の点につき疎明がある

② 執行により償うことができない損害が生ずるおそれがあることにつき疎明がある

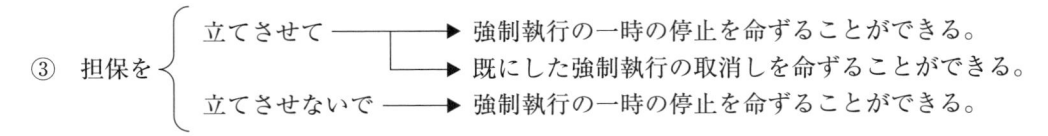

③ 担保を
　　立てさせて ──→ 強制執行の一時の停止を命ずることができる。
　　　　　　　　──→ 既にした強制執行の取消しを命ずることができる。
　　立てさせないで ──→ 強制執行の一時の停止を命ずることができる。

第2章 家事審判に関する手続

2-14　審判前の保全処分

審判前の保全処分の発令　　　　　　　　　　　　　　　▶家事手続105・109

　次に掲げる裁判所は、保全処分等を命ずる審判をすることができる（家事手続105①）。
① 本案の家事審判事件が係属する家庭裁判所
② 家事審判事件に係る事項について家事調停の申立てがあった場合にあっては、その家事調停事件が係属する家庭裁判所
③ 本案の家事審判事件が高等裁判所に係属する場合は、その高等裁判所

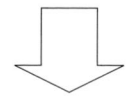

⇩

　仮差押え
　仮処分
　財産の管理者の選任
　その他の必要な保全処分
　　　　　　　　　　　　　　を命ずる審判をすることができる。

memo　家事調停の申立てだけで足りる趣旨

　旧法下では、家事審判の申立てがなされていることが審判前の保全処分の申立ての要件であり、家事調停の申立てがなされているだけでは、審判前の保全処分の申立ては認められなかった。

　しかし、家事審判事件に係る事項について家事調停事件が係属していれば、調停が成立しない場合には、当然に家事審判の手続に移行し、家事調停の申立てのときに家事審判の申立てがあったものとみなされ（家事手続272④）、別途家事審判の申立てが不要とされている。このような両手続の密接な関連性および連続性を考えれば、家事調停の申立てがなされていることをもって家事審判の申立てがなされている場合に準じて考えることができるので、家事審判事件に係る事項について家事調停の申立てがある場合には、審判前の保全処分の申立てができるようになった。

審判前の保全処分の申立て　　　　　　　　　　　　　　　　　▶家事手続106

　審判前の保全処分の申立ては、その趣旨および保全処分を求める事由を明らかにしてしなければならない（家事手続106①）。この際、申立人は、保全処分を求める事由を疎明しなければならない（家事手続106②）。また、審判前の保全処分があった後であっても、申立ての全部または一部を取り下げることができる（家事手続106④）。

第2章　家事審判に関する手続

```
                        申立人
                         │    ┌ ① 趣旨および保全処分を求める事由
         ┌───────────────┤    └ ② 保全処分を求める事由の疎明
取下げ    │                ▼
         │             家庭裁判所 ──【職権で】──→ 事実の調査・証拠調べ
   審判前の保全処分          │                      （家事手続106③）
   があった後であっ          ▼
   ても、その全部ま       審判前の保全処分
   たは一部を取り下
   げることができる
```

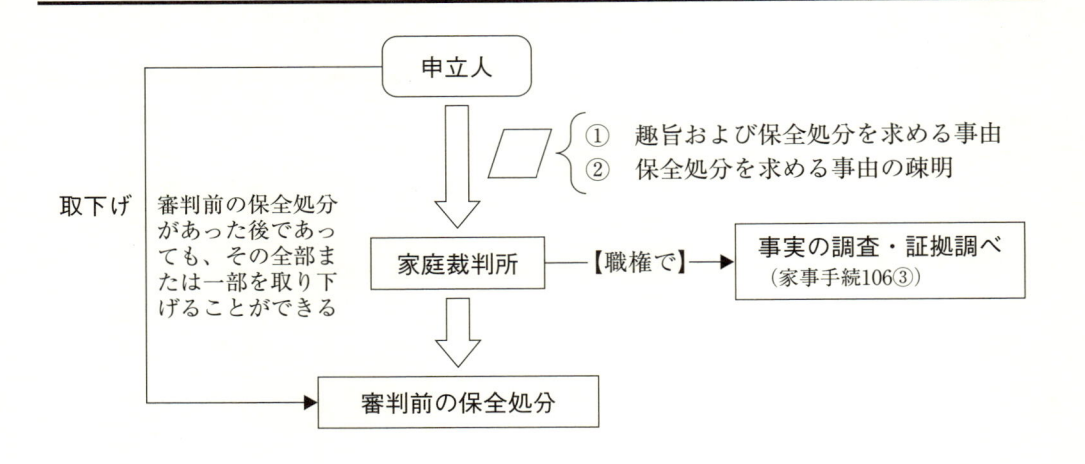

審判前の保全処分の審判　　　　　　　　　　　　　　　　▶家事手続107・109

　仮の地位を定める仮処分は、審判を受ける者となるべき者の陳述を聴かなければ、することができない（家事手続107）。
＜例外＞　陳述を聴く手続を経ることにより、保全処分の目的を達することができない事情
　　　　　があるときは、この限りでない（家事手続107ただし書）。
　審判前の保全処分は、疎明に基づいて行われ（家事手続109①）、審判を受ける者（審判を受ける者が数人あるときはそのうちの1人）に告知することによって、その効力を生ずる（家事手続109②）。

```
┌─────────────────────────┐       ┌──────────────────────────┐
│                         │       │ 民事保全法その他の仮差押えおよび │
│ 審判前の保全処分の執行および効力 │ ════▶ │ 仮処分の執行および効力に関する法 │
│                         │       │ 令の規定に従う（家事手続109③）。 │
└─────────────────────────┘       └──────────────────────────┘
```

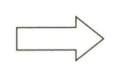

審判前の保全処分に対する即時抗告　　　　　　　　　　　▶家事手続110

　審判前の保全処分（高等裁判所による審判に代わる裁判（家事手続105②）を除く。）の申立人は、申立てを却下する審判に対し、即時抗告をすることができる（家事手続110①）。
＜原則＞　申立てを却下する審判に対し、即時抗告可
＜例外＞　次に掲げる保全処分の申立てを却下する審判については、この限りでない。
　　　　　①　財産の管理者の選任または財産の管理等に関する指示の保全処分（家事手続110
　　　　　　　①一）
　　　　　②　職務代行者の選任の保全処分（家事手続110①二）

第2章　家事審判に関する手続

　本案の家事審判の申立てについての審判（申立てを却下する審判を除く。）に対し即時抗告をすることができる者は、審判前の保全処分に対し、即時抗告をすることができる（家事手続110②）。

＜原則＞　審判前の保全処分に対し、即時抗告可
＜例外＞　次に掲げる保全処分を命ずる審判については、この限りでない。
　　　　① 　財産の管理者の選任または財産の管理等に関する指示の保全処分（家事手続110①一）
　　　　② 　職務代行者の選任の保全処分（家事手続110①二）

即時抗告に伴う執行停止　　　　　　　　　　　　　　　　　　　　▶家事手続111

　審判前の保全処分に対する即時抗告が提起された場合において、抗告裁判所（事件の記録が家庭裁判所に存する間は、家庭裁判所も）は、原審判の取消しの原因となることが明らかな事情等について疎明があったときは、申立てにより、原審判の執行停止を命じ、または既にした執行処分の取消しを命ずることができる（家事手続111）。

【原審判の執行停止を命じ、または既にした執行処分の取消しを命ずる条件】

① 疎明がある
　・原審判の取消しの原因となることが明らかな事情
　・原審判の執行により償うことができない損害を生ずるおそれがあること

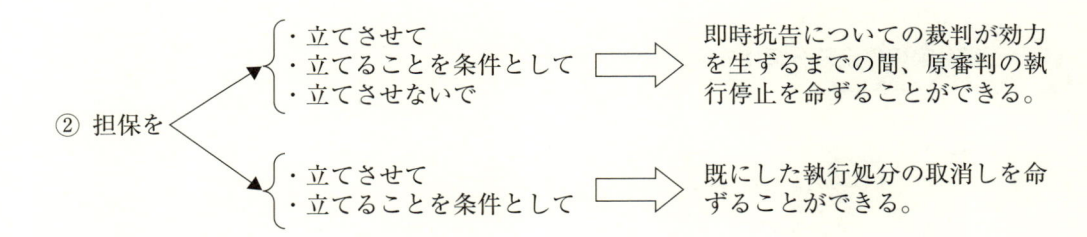

② 担保を
　・立てさせて
　・立てることを条件として　　⇒　即時抗告についての裁判が効力を生ずるまでの間、原審判の執行停止を命ずることができる。
　・立てさせないで

　・立てさせて
　・立てることを条件として　　⇒　既にした執行処分の取消しを命ずることができる。

執行前の保全処分の取消し　　　　　　　　　　　　　　　　　　　▶家事手続112

　審判前の保全処分が確定した後に、保全処分を求める事由の消滅その他の事情の変更があるときは、本案の家事審判事件（または家事調停事件）が係属する家庭裁判所または審判前の保全処分をした家庭裁判所等は、申立権者の申立てによりまたは職権で、審判前の保全処分の取消しの審判をすることができる（家事手続112①）。

第2章 家事審判に関する手続

【審判前の保全処分の確定後、保全処分を求める事由の消滅その他の事情の変更があるとき】

裁判所
① 本案の家事審判事件（家事審判事件に係る事項について家事調停の申立てがあった場合にあっては、その家事調停事件）が係属する家庭裁判所
② 審判前の保全処分をした家庭裁判所
③ 本案の家事審判事件が高等裁判所に係属する場合には、その高等裁判所（家事手続112②）

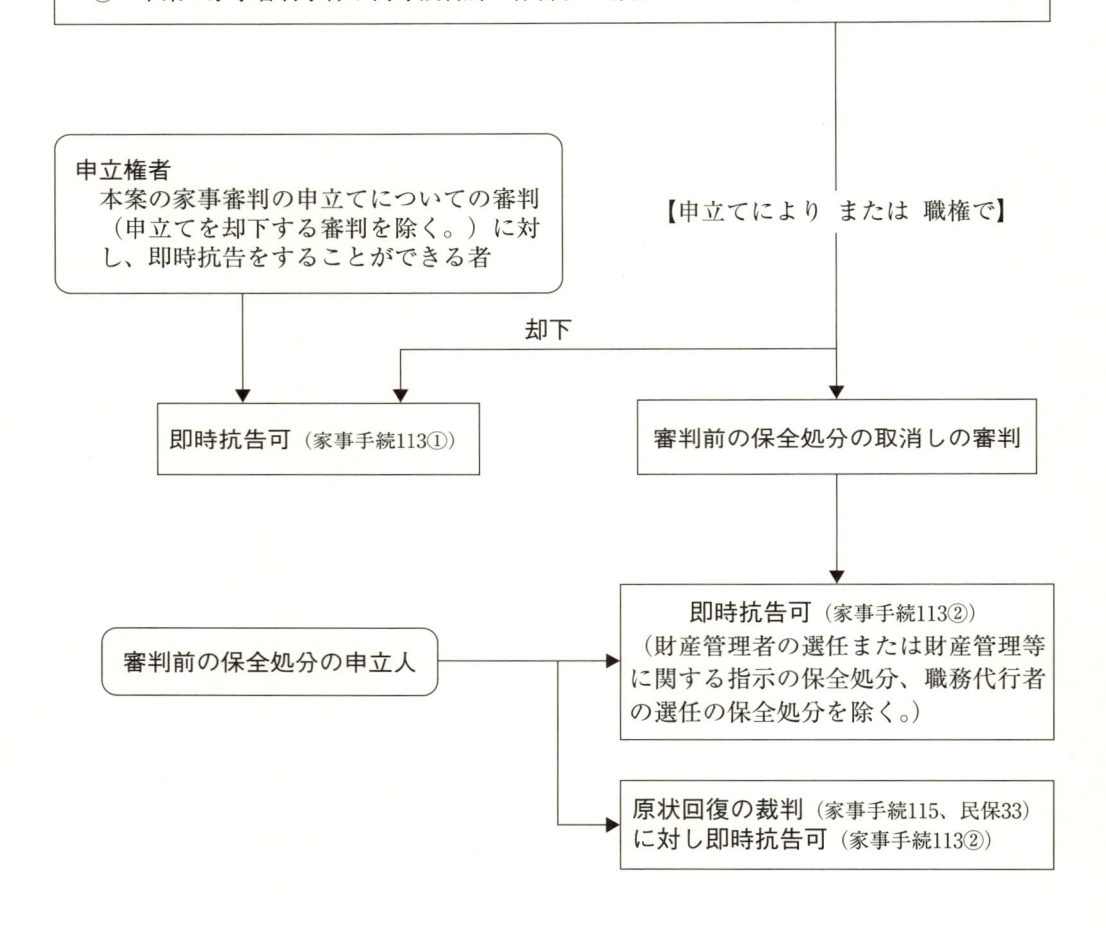

申立権者
本案の家事審判の申立てについての審判（申立てを却下する審判を除く。）に対し、即時抗告をすることができる者

【申立てにより または 職権で】

却下

即時抗告可（家事手続113①）

審判前の保全処分の取消しの審判

審判前の保全処分の申立人

即時抗告可（家事手続113②）
（財産管理者の選任または財産管理等に関する指示の保全処分、職務代行者の選任の保全処分を除く。）

原状回復の裁判（家事手続115、民保33）に対し即時抗告可（家事手続113②）

第3章　家事調停に関する手続

3-1　調停事項

家事調停の対象となる事項　　　　　　　　　　　　　　　　　▶家事手続244

　家事調停の対象となる事項は、「人事に関する訴訟事件その他家庭に関する事件」のうち家事事件手続法別表第一に掲げる事項についての事件を除いたものである（家事手続244）。

【人事に関する訴訟事件】

人事訴訟の対象となる事件

①　人事訴訟法2条1号	㋐婚姻の無効および取消しの訴え ㋑離婚の訴え ㋒協議上の離婚の無効および取消しの訴え ㋓婚姻関係の存否の確認の訴え
②　人事訴訟法2条2号	㋐嫡出否認の訴え ㋑認知の訴え ㋒認知の無効および取消しの訴え ㋓父を定めることを目的とする訴え ㋔実親子関係の存否の確認の訴え
③　人事訴訟法2条3号	㋐養子縁組の無効および取消しの訴え ㋑離縁の訴え ㋒協議上の離縁の無効および取消しの訴え ㋓養親子関係の存否の確認の訴え
④　人事訴訟法2条柱書き	その他の身分関係の形成または存否の確認を目的とする訴え 　＜具体例＞　㋐姻族関係存否確認の訴え 　　　　　　　㋑親権者指定協議無効確認の訴え（東京高判平15・6・26判時1855・109）

【その他家庭に関する事件】

「家庭に関する」事件

①　家事事件手続法別表第二に掲げる事項	㋐夫婦間の協力扶助に関する処分 ㋑婚姻費用の分担に関する処分 ㋒子の監護に関する処分（監護者の指定、養育費、面会交流、子の引渡しなど） ㋓財産の分与に関する処分 ㋔離婚等の場合における祭具等の所有権の承継者の指定 ㋕離縁等の場合における祭具等の所有権の承継者の指定 ㋖養子の離縁後に親権者となるべき者の指定

第3章　家事調停に関する手続

	⑦親権者の指定または変更 ⑦扶養の順位の決定およびその決定の変更または取消し ㋙扶養の程度または方法についての決定およびその決定の変更または取消し ㋚相続の場合における祭具等の所有権の承継者の指定 ㋛遺産の分割 ㋜遺産の分割の禁止 ㋝寄与分を定める処分 ㋞請求すべき按分割合に関する処分 ㋟扶養義務者の負担すべき費用額の確定
②　「家庭に関する」通常の民事訴訟事件	⑦離婚に基づく慰謝料請求 ⑦婚約不履行や内縁の不当破棄による慰謝料請求 ⑦不貞行為の相手方への慰謝料請求 ㋓親族間の金銭・建物等の賃貸借関係 ㋔親族間の共有物分割請求 ㋕相続回復請求 ㋖遺産の範囲確認 ㋗遺言無効確認 ㋘遺留分減殺請求など
③　訴訟・審判の対象にならない事件	⑦具体的権利義務の形成・変更を目的としていない夫婦間等の円満調整等だけを目的をする事件 ⑦婚姻予約の履行請求等当事者の任意履行を期待するほかない事項を目的とする事件など

> **memo**　「その他家庭に関する事件」の範囲
> 　「家庭に関する事件」(家事手続224)については、その範囲が必ずしもはっきりとしない。「家庭に関する事件」に該当するには、①親族またはこれに準ずる者の間という一定の身分関係を持つ者の間の紛争であること、②紛争の存在という2つの要件は不可欠である。
> 　さらに、③人間関係調整の余地があることも要件とする見解もある（髙野耕一「家事調停の対象となる事件の限界」ジュリスト292・68、髙野耕一『家事調停論』45頁以下（信山社、2002））。

調停前置主義　　　　　　　　　　　　　　　　　　　　　　　　▶家事手続257

　家事事件手続法244条により調停を行うことができる事件について訴えを提起しようとする者は、まず家庭裁判所に家事調停の申立てをしなければならない(家事手続257①)。
＜原則1＞　調停を行うことができる事件については家事調停を申し立てる。

第3章　家事調停に関する手続

＜原則2＞　＜原則1＞をすることなく訴えを提起した場合、裁判所は職権で調停に付す（家事手続257②本文）。

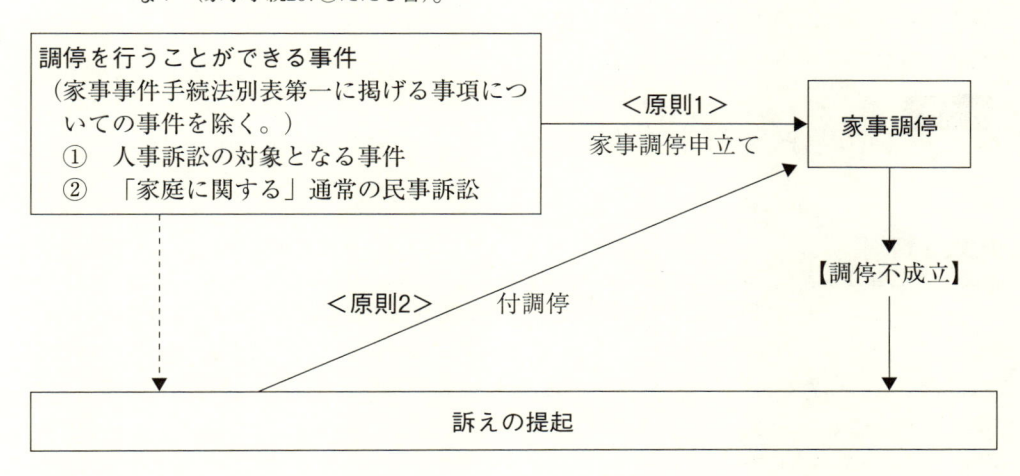

＜例　外＞　裁判所が事件を調停に付することが相当でないと認めるときは、この限りではない（家事手続257②ただし書）。

```
┌─────────────────────────────┐
│ 調停を行うことができる事件              │
│ （家事事件手続法別表第一に掲げる事項に   │              ＜原則1＞          ┌──────────┐
│   ついての事件を除く。）                │ ─────────→  │  家事調停  │
│  ①　人事訴訟の対象となる事件           │          家事調停申立て          └──────────┘
│  ②　「家庭に関する」通常の民事訴訟      │                                        │
└─────────────────────────────┘                                        │【調停不成立】
                │                                                              ↓
                │        ＜原則2＞　付調停           
                ↓ ─────────────────────────────────
        ┌─────────────────────────────────┐
        │              訴えの提起                      │
        └─────────────────────────────────┘
```

第3章　家事調停に関する手続

3-2　管　轄

管轄の原則　　　　　　　　　　　　　　　　　　　　　　　▶家事手続245①

　家事調停事件は、相手方の住所地を管轄する家庭裁判所または当事者が合意で定める家庭裁判所の管轄に属する（家事手続245①）。

> **memo**　住　所
> 　住所とは、各人の生活の本拠をいう（民22）。

合意管轄　　　　　　　　　　　　　　　　　　　　　▶家事手続245①②、民訴11②③

　合意管轄とは、家事調停事件の管轄を当事者が合意で定める家庭裁判所（家事手続245①）に定めることである。管轄の合意は、一定の法律関係に基づく申立てに関し、かつ、書面でしなければ、その効力を生じない（家事手続245②、民訴11②③）。この合意は競合的に行うことも、専属的に行うこともできる。

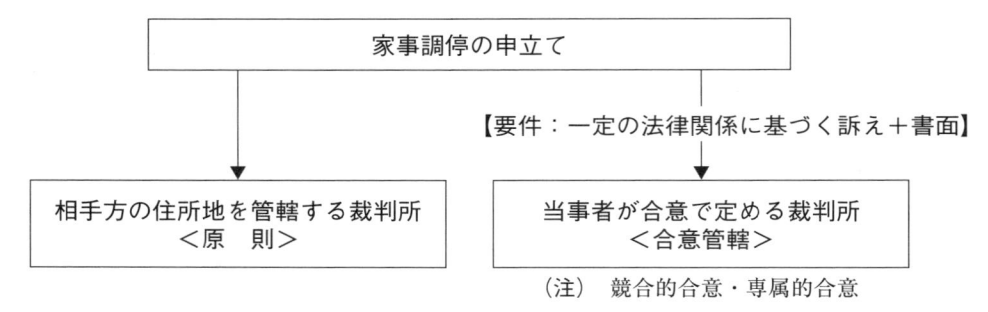

```
           家事調停の申立て
           ／            ＼
                【要件：一定の法律関係に基づく訴え＋書面】
  相手方の住所地を管轄する裁判所    当事者が合意で定める裁判所
        ＜原　則＞                    ＜合意管轄＞
                              （注）　競合的合意・専属的合意
```

特　則　　　　　　　　　　　　　　　　　　　　　　▶家事手続245③・191②

　遺産の分割の調停事件（家事手続別表2⑫）が係属している場合に、寄与分を定める処分の調停事件（家事手続別表2⑭）が係属し、または申し立てられた場合には、その遺産の分割の調停事件が係属している裁判所に管轄が認められる（家事手続245③・191②）。

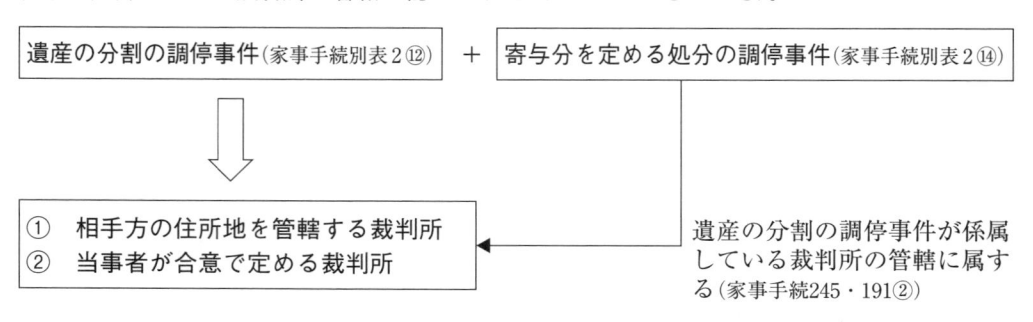

```
遺産の分割の調停事件（家事手続別表2⑫）　＋　寄与分を定める処分の調停事件（家事手続別表2⑭）
              ↓                                              │
  ① 相手方の住所地を管轄する裁判所    ←──────    遺産の分割の調停事件が係属
  ② 当事者が合意で定める裁判所                  している裁判所の管轄に属す
                                                る（家事手続245・191②）
```

第3章 家事調停に関する手続

3-3　地方裁判所または簡易裁判所への移送

地方裁判所または簡易裁判所への移送　▶家事手続246①②③

　家庭裁判所は、①調停を行うことができる事件以外の事件について調停の申立てを受けた場合、職権で管轄権を有する地方裁判所または簡易裁判所に移送する（家事手続246①）。
　また、②調停を行うことができる事件について調停の申立てを受けた場合、事件を処理するために必要があると認めるときは、当事者および利害関係参加人の意見聴取と、職権で管轄権を有する地方裁判所または簡易裁判所に移送する（家事手続246②、家事手続規124・8②）。
　事件を処理するために特に必要があると認めるときは、①②のどちらの申立てを受けた場合でも、当事者および利害関係参加人の意見聴取と、職権でその事件の管轄権を有する地方裁判所または簡易裁判所以外の地方裁判所または簡易裁判所（事物管轄権を有するものに限る。）に移送する（家事手続246③、家事手続規124・8②）。

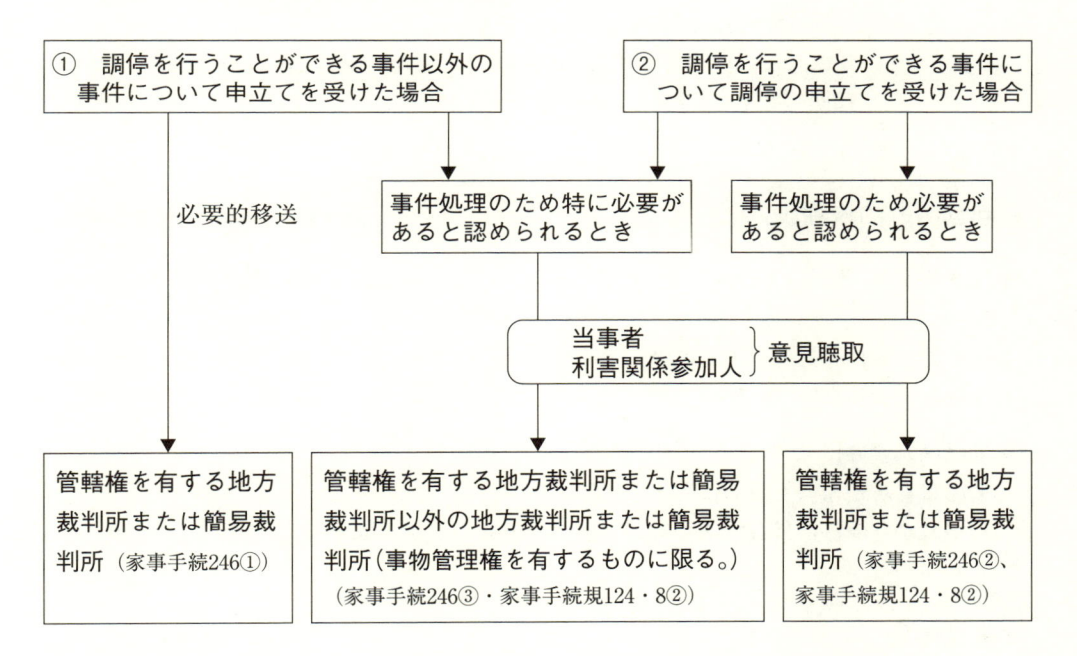

```
①　調停を行うことができる事件以外の        ②　調停を行うことができる事件に
　事件について申立てを受けた場合            ついて調停の申立てを受けた場合

                          事件処理のため特に必要が     事件処理のため必要が
        必要的移送        あると認められるとき        あると認められるとき

                                    当事者         　意見聴取
                                    利害関係参加人

管轄権を有する地方    管轄権を有する地方裁判所または簡易    管轄権を有する地方
裁判所または簡易裁    裁判所以外の地方裁判所または簡易裁    裁判所または簡易裁
判所（家事手続246①）  判所（事物管理権を有するものに限る。）  判所（家事手続246②、
                    （家事手続246③・家事手続規124・8②）   家事手続規124・8②）
```

即時抗告　▶家事手続246④・9③④

　移送の裁判に対しては即時抗告が可能である（家事手続246④・9③）。また、即時抗告は執行停止の効力を有する（家事手続246④・9④）。

第3章　家事調停に関する手続

3-4	調停機関

調停委員会　　　　　　　　　　　　　　　　　　　　　　　▶家事手続247①本文

家庭裁判所は、調停委員会で調停を行う（家事手続247①本文）。

構　成	裁判官1人、家事調停委員2人以上で組織する（家事手続248①）
決　議	過半数（可否同数の場合には、裁判官が決する。）（家事手続248③）
評　議	秘密（家事手続248④）
調停委員	資格　弁護士資格を有する者、民事もしくは家事の紛争の解決に有用な専門的知識経験を有する者または社会生活の上で豊富な知識経験を有する者で、人格識見の高い40歳以上70歳未満の者（ただし、特に必要がある場合においては、40歳以上70歳未満の者であることを要しない。）（民事調停委員及び家事調停委員規則1） 任命　最高裁判所が任命（民事調停委員及び家事調停委員規則1） 任期　2年（民事調停委員及び家事調停委員規則3）

裁判官のみの単独調停　　　　　　　　　　　　　　　　　▶家事手続247①ただし書②

　家庭裁判所は、相当と認めるときは、裁判官のみで調停を行う（単独調停）（家事手続247①ただし書）。
　当事者から調停委員会による調停を求める申立てがあった場合には、調停委員会で調停を行わなければならない（家事手続247②）。

【単独調停の要件】
① 　家庭裁判所が相当と認めるとき
② 　当事者から調停委員会による調停を求める申立てがない場合

家事調停官　　　　　　　　　　　　　　　　　　　　　　　　　▶家事手続250・251

　弁護士で5年以上の職務経験があったもののうちから最高裁判所が任命する（家事手続250①）。家事調停官は、非常勤である（家事手続250④）。
　家事調停官は、その取り扱う家事調停事件の処理について、家庭裁判所、裁判官または裁判長が行うものとして定める家事調停事件の処理に関する権限を行うことができる（家事手続251②）。
　家事調停官は、独立してその職権を行い（家事手続251③）、裁判所書記官、家庭裁判所調査官、医師である裁判所技官に対し、職務に関し必要な命令をすることができる（家事手続251④）。

第3章　家事調停に関する手続

3-5　高等裁判所における家事調停

高等裁判所における家事調停　　　　　　　　　　　　　　▶家事手続274

　家事調停を行うことのできる事件についての訴訟または家事審判事件が高等裁判所に係属している場合には、高等裁判所は、事件を調停に付した上で、家事調停事件を自ら処理することができる（家事手続274①③）。

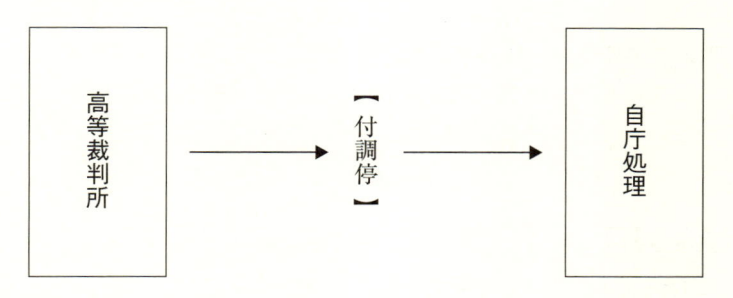

```
高等裁判所  →【付調停】→  自庁処理
```

memo　法改正の理由
　　従前は、高等裁判所において家事調停による解決の機運が盛り上がっても、高等裁判所では家事調停を行うことができなかったため、家庭裁判所の調停に付することが必要であった。しかし、この方法は迂遠であるため、高等裁判所でも家事調停事件を行うことができるように改められた。

【高等裁判所における調停機関】
　＜原　則＞　高等裁判所の裁判官の中から指定された裁判官1人および家事調停委員2人
　　　　　　　以上で組織される調停委員会（家事手続274④）
　＜相当と認めるとき＞　調停委員会を組織せず、合議体である高等裁判所が自ら家事調停
　　　　　　　を行う。ただし、当事者の申立てがあるときは、原則どおり、調停委員会を組
　　　　　　　織する（家事手続274⑤・247①ただし書②）。
　（注）　合議体である高等裁判所が自ら家事調停を行う場合は、受命裁判官に家事調停を行わせる
　　　ことができる（家事手続274⑤・258①・53）。

第3章　家事調停に関する手続

3-6　手続行為能力

未成年者および成年被後見人の手続行為能力　▶家事手続17・252①

<原　則>　未成年者および成年被後見人は、法定代理人によらなければ手続行為をすることができない（家事手続17、民訴28・31）。

<例外1>　未成年者が独立して法律行為をすることができる場合は、単独で手続行為をすることができる（家事手続17、民訴31ただし書、民5①③・6①・753等）。

<例外2>　次の各調停事件の各当事者は、未成年者および成年被後見人であっても法定代理人によらずに、自ら手続行為をすることができる（家事手続252①前段）。

調停事件	未成年者・成年被後見人
①　夫婦間の協力扶助に関する処分の調停事件（家事手続別表2①）（財産上の給付を求めるものを除く。）	夫および妻
②　子の監護に関する処分の調停事件（家事手続別表2③）（財産上の給付を求めるものを除く。）	子
③　養子の離縁後の親権者となるべき者の指定の調停事件（家事手続別表2⑦）	養子、その父母および養親
④　親権者の指定または変更の調停事件（家事手続別表2⑧）	子およびその父母
⑤　人事訴訟法2条に規定する人事に関する訴えを提起することができる事項の調停事件	人事訴訟法13条1項が適用されることにより訴訟行為をすることができることとなる者

未成年者および成年被後見人の法定代理人　▶家事手続17・18・252②

<原　則>　民事訴訟において訴訟行為について代理権を有する未成年者および成年被後見人の法定代理人は、家事事件における手続行為についても代理権を有する（家事手続17①、民訴28）。

　　　　　また、未成年者または成年被後見人が法定代理人によらずに自ら手続行為をすることができる場合（家事手続252①前段）であっても、親権者または後見人は、未成年者または成年被後見人を代理して手続行為を行うことができる（家事手続18本

第3章　家事調停に関する手続

文）。ただし、家事調停の申立ては、民法その他の法令の規定により親権者または後見人が申立てをすることができる場合（人事訴訟法2条に規定する人事に関する訴え（離婚および離縁の訴えを除く。）を提起することができる事項についての家事調停の申立てにあっては、同法その他の法令の規定によりその訴えを提起することができる場合を含む。）に限る（家事手続18ただし書）。

memo 家事事件手続法18条の趣旨
　　　　未成年者または成年被後見人が法定代理人によらずに自ら手続行為をすることができる場合であっても、現実には難しい場合もあるので、親権者または後見人は、未成年者または成年被後見人を代理して手続行為を行うことができるものとされた。ただし、民法その他の法令の規定により親権者または後見人が家事審判および家事調停を申し立てることができないときにも、代理することを認めてしまうと、そうした規定の趣旨を損なうので、制限が付されている。

＜例外1＞　親権者または後見人は、以下の調停事件について、下記に定める未成年者および成年被後見人者に代理して調停を成立させるための合意（家事手続268①）、調停条項案の受諾（家事手続270①）、調停に代わる審判に服する旨の共同の申出（家事手続286⑧）をすることはできない（家事手続252②）。

調停事件	未成年者・成年被後見人
①　夫婦間の協力扶助に関する処分の調停事件（家事手続別表2①）（財産上の給付を求めるものを除く。）	夫および妻
②　養子の離縁後の親権者となるべき者の指定の調停事件（家事手続別表2⑦）	養子、その父母および養親
③　親権者の指定または変更の調停事件（家事手続別表2⑧）	子およびその父母

＜例外2＞　夫および妻の後見人は、その離婚についての調停事件に関し、夫および妻を代理して調停を成立させるための合意（家事手続268①）、調停条項案の受諾（家事手続270①）、調停に代わる審判に服する旨の共同の申出（家事手続286⑧）をすることができない（家事手続252②）。

＜例外3＞　養親の後見人、養子（15歳以上の者に限る。）の親権者および養子の後見人は、その離縁についての調停事件に関し、養親または養子を代理して調停を成立させるための合意（家事手続268①）、調停条項案の受諾（家事手続270①）、調停に代わる審判に服する旨の共同の申出（家事手続286⑧）をすることができない（家事手続252②）。

被保佐人または被補助人の手続行為能力　　　　▶家事手続17①・252①

＜原則＞　被保佐人または被補助人が手続行為を行うには、同意その他の授権が必要となる（家事手続17①、民訴28、民13①四・17①等）。

第3章　家事調停に関する手続

＜例外＞　次の各調停事件における被保佐人または被補助人（手続行為をすることにつきその補助人の同意を得ることを要するものに限る。）は、保佐人もしくは保佐監督人または補助人もしくは補助監督人の同意なくして手続行為をすることができる（家事手続252①）。

調停事件	被保佐人・被補助人
①　夫婦間の協力扶助に関する処分の調停事件（家事手続別表2①）（財産上の給付を求めるものを除く。）	夫および妻
②　子の監護に関する処分の調停事件（家事手続別表2③）（財産上の給付を求めるものを除く。）	子
③　養子の離縁後の親権者となるべき者の指定の調停事件（家事手続別表2⑦）	養子、その父母および養親
親権者の指定または変更の調停事件（家事手続別表2⑧）	子およびその父母
人事訴訟法2条に規定する人事に関する訴えを提起することができる事項の調停事件	人事訴訟法13条1項が適用されることにより訴訟行為をすることができることとなる者

他の者がした申立て等による家事事件手続　　　▶家事手続17②

　被保佐人、被補助人（手続行為をすることにつき補助人の同意を得ることを要するものに限る。）または後見人その他の法定代理人が、他の者がした家事審判、家事調停の申立てもしくは抗告について、または職権により手続が開始された場合について、手続行為をするには、保佐人もしくは保佐監督人、補助人もしくは補助監督人または後見監督人の同意その他の授権を要しない（家事手続17②）。

> **memo**　他の者または裁判所のイニシアティブによって開始された手続に対し、臨機応変に対応できるようにするため、同意その他の授権がなくとも手続行為をすることができるとしたものである。

第3章　家事調停に関する手続

特別授権行為　　　　　　　　　　　　　　　　　　　　　　　▶家事手続17③

　被保佐人、被補助人または後見人その他の法定代理人が以下の手続行為を行うには、特別の授権が必要である（家事手続17③本文）。ただし②から⑤は、家事調停の申立てその他家事調停の手続の追行について同意その他の授権を得ている場合において、特別の授権は必要ではない（家事手続17③ただし書）。

① 　家事審判または家事調停の申立ての取下げ（家事手続17③一）
② 　調停を成立させるための合意（家事手続268①・17③二）
③ 　合意に相当する審判における審判を受けることの合意（家事手続277①一・17③二）
④ 　調停条項案の受諾（家事手続270①）
⑤ 　調停に代わる審判に服する旨の共同の申出（家事手続286⑧・17③二）
⑥ 　審判に対する即時抗告の取下げ（家事手続17③三）
⑦ 　特別抗告（家事手続94①）の取下げ（家事手続17③三）
⑧ 　抗告許可の申立て（家事手続97②）の取下げ（家事手続17③三）
⑨ 　合意に相当する審判に対する異議（家事手続279①）の取下げ（家事手続17③三）
⑩ 　調停に代わる審判に対する異議（家事手続286①）の取下げ（家事手続17③三）

第3章　家事調停に関する手続

3-7　記録の閲覧

記録の閲覧等　　　　　　　　　　　　　　　　　　　　　▶家事手続254

主　体	相手方	家庭裁判所の許可	対　象	閲覧等の制限の理由
当事者または利害関係を疎明した第三者	裁判所書記官	必要 →裁判所が相当と認めるとき（家事手続254③）	① 家事調停事件に関する記録の閲覧、謄写（家事手続254①） ② 記録の正本、謄本、抄本の交付（家事手続254①） ③ 家事調停事件に関する事項の証明書の交付（家事手続254①）	㋐ 家事調停事件の記録の保存に支障があるとき ㋑ 裁判所、調停委員会の執務に支障があるとき →許可されない（家事手続254⑤）
同上	同上	同上	家事調停事件の記録中の録音テープ、ビデオテープの複製請求（家事手続254②）	同上
当事者	同上	不要	① 審判書その他の裁判書の正本、謄本、抄本の交付（家事手続254④一） ② 調停において成立した合意を記載した調書の正本、謄本、抄本の交付（家事手続254④二） ③ 調停をしないものとして事件が終了した旨を記載した調書の正本、謄本、抄本の交付（家事手続254④二） ④ 調停が成立しないものとして事件が終了した旨を記載した調書の正本、謄本、抄本の交付（家事手続245④二） ⑤ 家事調停事件に関する事項の証明書（家事手続245④三）	

第3章　家事調停に関する手続

【人事に関する訴え（離婚および離縁の訴えを除く。）を提起することができる事項についての家事調停事件の特則】

主　体	相手方	家庭裁判所の許可	対　象	閲覧等の制限の理由
当事者	裁判所書記官	必要 →原則として許可される （家事手続254⑥・47③）	①　人事に関する訴え（離婚および離縁の訴えを除く。）を提起することができる事項についての家事調停事件に関する記録の閲覧、謄写 ②　同事件の記録の正本、謄本、抄本の交付 ③　同事件に関する事項の証明書の交付（家事手続254⑥①） ④　同事件の記録中の録音テープ、ビデオテープの複製請求（家事手続254⑥②）	㋐　事件の関係人である未成年者の利益を害するおそれ ㋑　当事者または第三者の私生活または業務の平穏を害するおそれ ㋒　当事者または第三者の私生活についての重大な秘密が明らかにされることにより、その者が社会生活を営むのに著しい支障を生じ、またはその者の名誉を著しく害するおそれ ㋓　事件の性質、審理の状況、記録の内容等に照らして、当事者に記録の閲覧等を許可することを不適当とする特別の事情があるとき →裁判所は許可しないことができる（家事手続254⑥・47④）

memo1　利害関係の疎明（家事手続254①）
　　法律上の利害関係をいい、訴訟事件、訴訟記録中の文書またはその記録がその者の法律上の地位に関係する場合であればよい（秋山幹男ほか『コンメンタール民事訴訟法Ⅱ』224頁（日本評論社、第2版、2006））。

memo2　相当と認めるとき（家事手続254③）
　　家庭裁判所が「相当と認めるとき」の判断要素として、①申請人の手続上の地位（申立人、相手方、代理人弁護士、利害関係人等）、②申請理由（戸籍届出、登記申請、調停審判の準備、即時抗告等）、③申請内容（閲覧、謄写、書類交付等）、④事件内容（財産関係事件、身分関係事件、争訟性の高い事件等）、⑤閲覧謄写の範囲、交付申請の対象書類（申立書、調書、審判書、家庭裁判所調査官の調査報告書等）、⑥手続段階（調停手続、審判手続、抗告審等）などが挙げられている（梶村太市＝徳田和幸編『家事事件手続法』94頁（有斐閣、第2版、2007））。

第3章 家事調停に関する手続

3-8	申立手続
3-8-1	家事調停の申立て

調停前置主義　　　　　　　　　　　　　　　　　　　　▶家事手続244・257

　調停を行うことができる事件について訴えを提起しようとする者は、まず家庭裁判所に家事調停の申立てをしなければならない。家事調停の申立てをすることなく訴えを提起した場合には、裁判所により職権で家事調停に付される。ただし、裁判所が事件を調停に付することが相当でないと認めるときは、この限りでない（家事手続257①②）。

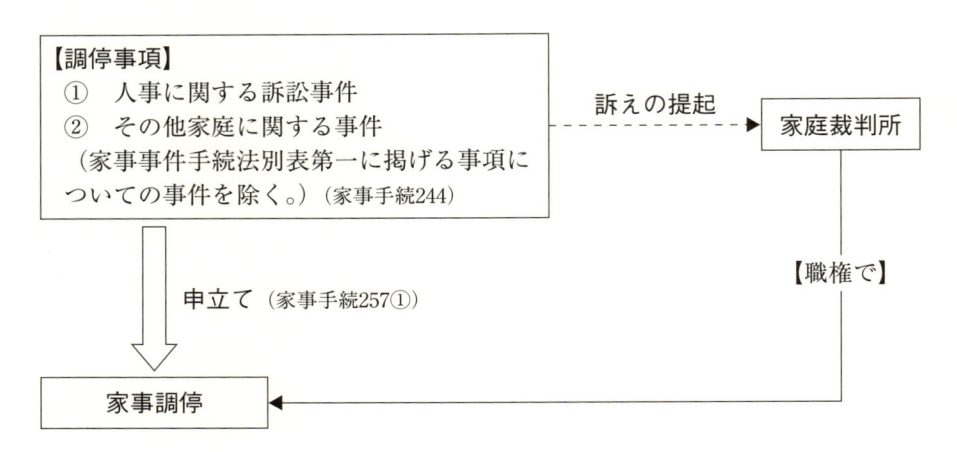

```
【調停事項】
① 人事に関する訴訟事件            ……訴えの提起……→ 家庭裁判所
② その他家庭に関する事件
  （家事事件手続法別表第一に掲げる事項
   についての事件を除く。）（家事手続244）
                                            【職権で】
      │申立て（家事手続257①）
      ▼
   家事調停 ←──────────────────────
```

申立ての方式　　　　　　　　　　　　　　　　　　　　▶家事手続255・256

　家事調停の申立ては、申立書を家庭裁判所に提出する（家事手続255）。その上で、家庭裁判所により相手方に申立書の写しが送付される（家事手続256①）。

＜原　則＞　相手方に申立書の写しが送付される（家事手続256①本文）。
＜例外1＞　次に掲げる場合は申立書の写しは送付されない（家事手続256①本文）。
　　　　　① 申立てが不適法であるとき
　　　　　② 家事調停の手続の期日を経ないで家事事件手続法271条（調停をしない場合）の規定により家事調停事件を終了させるとき
＜例外2＞　家事調停の手続の円滑な進行を妨げるおそれがあると認められるときは、申立てがあったことを通知することをもって、申立書の写しの送付に代えることができる（家事手続256①ただし書）。

第3章　家事調停に関する手続

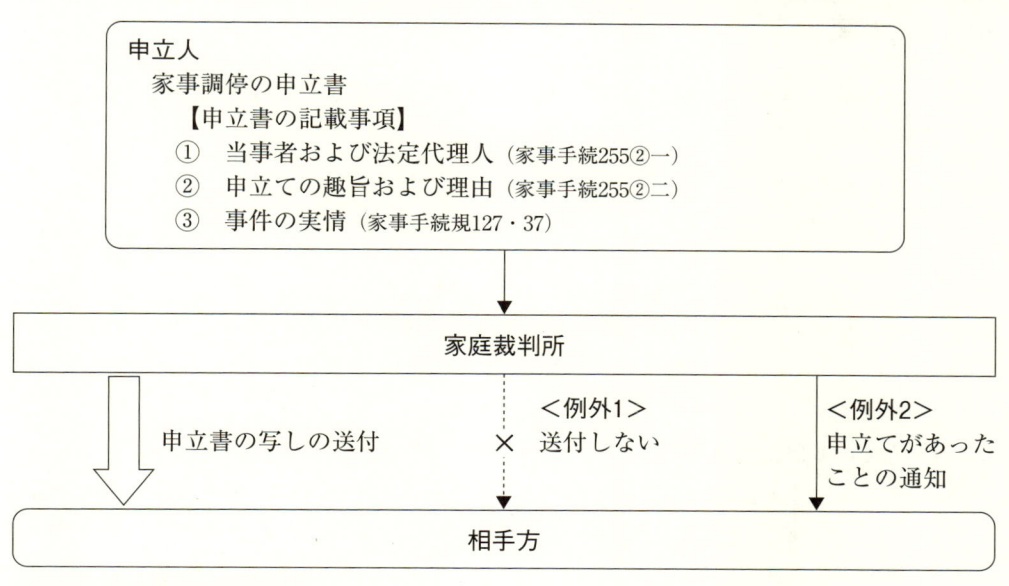

```
申立人
    家事調停の申立書
    【申立書の記載事項】
    ①　当事者および法定代理人（家事手続255②一）
    ②　申立ての趣旨および理由（家事手続255②二）
    ③　事件の実情（家事手続規127・37）
                    ↓
              家庭裁判所
   ↓                ┊              ↓
申立書の写しの送付   ＜例外1＞      ＜例外2＞
                 ×送付しない    申立てがあった
                                ことの通知
              相手方
```

【申立てが不適法な場合等】

申立てが不適法の場合		申立てを却下	即時抗告可（家事手続255③）
申立書の記載事項に不備がある場合	補正命令（家事手続255④・49④）	補正命令に応じない場合、申立書を命令で却下（家事手続255④・49⑤）	即時抗告可（家事手続255④・49⑥）
手数料を納付しない場合	同上	同上	同上

申立ての併合　　　　　　　　　　　　　　　▶家事手続255④・49③

　2つ以上の事項について調停を求める場合において、①調停を求める事項についての家事調停手続が同種であり、かつ、②調停を求める事項が同一の事実上および法律上の原因に基づくときは、申立ての併合が認められる（家事手続255④・49③）。

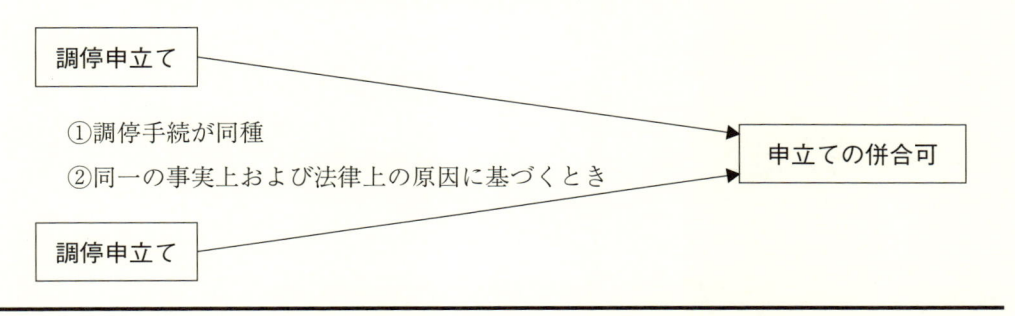

```
調停申立て ─┐
            ①調停手続が同種
            ②同一の事実上および法律上の原因に基づくとき
                                           → 申立ての併合可
調停申立て ─┘
```

第3章　家事調停に関する手続

申立ての変更　　　　　　　　　　　　　　　　　　　　　▶家事手続255④・50

　申立ての基礎に変更がない限り、申立人は、申立ての趣旨または理由を変更することができる（家事手続255④・50①）。

【調停申立ての変更】

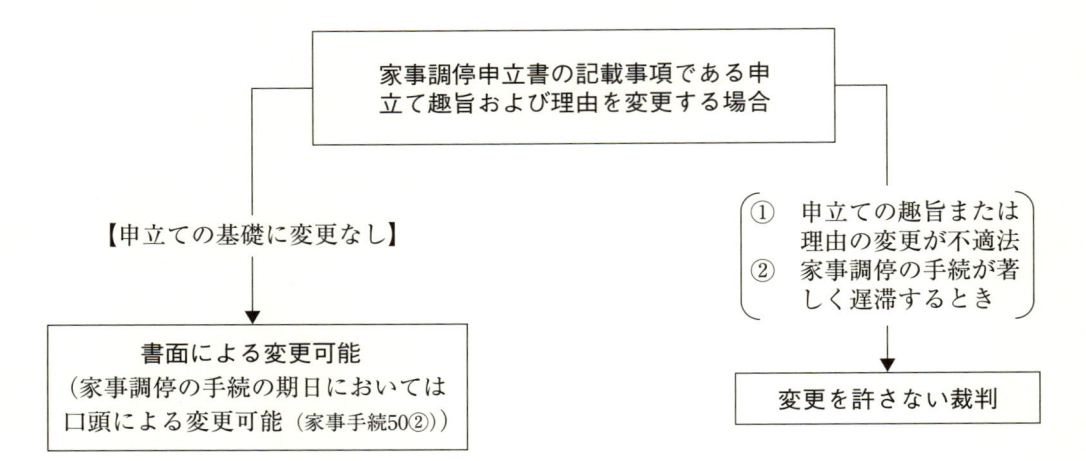

```
            ┌─────────────────────────────┐
            │ 家事調停申立書の記載事項である申 │
            │ 立て趣旨および理由を変更する場合 │
            └─────────────────────────────┘
              │                              │
              ▼                              ▼
  【申立ての基礎に変更なし】      ① 申立ての趣旨または
                                    理由の変更が不適法
                                  ② 家事調停の手続が著
                                    しく遅滞するとき
              │                              │
              ▼                              ▼
  ┌─────────────────────┐        ┌──────────────┐
  │ 書面による変更可能      │        │ 変更を許さない裁判 │
  │（家事調停の手続の期日においては│        └──────────────┘
  │ 口頭による変更可能（家事手続50②））│
  └─────────────────────┘
```

第3章　家事調停に関する手続

3-8-2　家事調停の手続

家事審判の手続規定の準用　▶家事手続258①

以下の家事審判に関する手続規定は、家事調停にも準用される（家事手続258①）。

① 参加および排除	当事者参加（家事手続41）、利害関係参加（家事手続42）、手続からの排除（家事手続43）
② 受継	手続の受継（家事手続44）
③ 期日	事件の関係人の呼出し（家事手続51）、裁判長の手続指揮権（家事手続52）、受命裁判官による手続（家事手続53）、音声の送受信による通話の方法による手続（家事手続54）、通訳人の立会い等その他の措置（家事手続55）
④ 事実の調査および証拠調べ	事実の調査および証拠調べ等（家事手続56）、疎明（家事手続57）、家庭裁判所調査官による事実の調査（家事手続58）、家庭裁判所調査官の期日への立会い等（家事手続59）、裁判所技官による診断等（家事手続60）、事実の調査の嘱託等（家事手続61）、調査の嘱託等（家事手続62）、証拠調べ（家事手続64）
⑤ 子の意思の把握	子の意思の把握等（家事手続65）
⑥ 審判	審判（家事手続73）、審判の告知および効力の発生等（家事手続74）、審判の方式および審判書（家事手続76）、更正決定（家事手続77）、民事訴訟法の準用（家事手続79、民訴247・256①・258（②後段を除く））
⑦ 裁判	審判以外の裁判（家事手続81）

調停委員会等の権限　▶家事手続259・260

1　調停委員会の権限（家事手続260①）

　家事調停においては、以下の裁判所の権限を調停委員会が行う（家事手続260）。

① 手続代理人の許可等（家事手続22）
② 補佐人の許可等（家事手続27、民訴60①②）
③ 傍聴の許可（家事手続33ただし書）
④ 手続の併合等（家事手続35）
⑤ 申立ての変更（家事手続255④・50③④）
⑥ 当事者参加（家事手続41①②）、利害関係参加（家事手続42①～③⑤）、手続からの排除（家事手続43①）、手続の受継（家事手続44①③）、事件の関係人の呼出し（家事手続51①）、音声の送受信による通話の方法による手続（家事手続54①）、事実の調査および証拠調べ（家事手続56①・59①②・61①・62・64①⑤）

第3章　家事調停に関する手続

2　調停委員会を組織する裁判官の権限

　家事調停を調停委員会が行う場合において、以下の権限を裁判官が行う。

① 　手続指揮権（家事手続259）
② 　調停委員会が家事調停を行う場合には、以下の裁判長の権限は調停委員会を組織する裁判官が行使する（家事手続260②）。
　㋐　手続代理人の選任等（家事手続23①②）
　㋑　期日の指定（家事手続34①）
　㋒　調書の作成（家事手続253ただし書）

3　調停の場所

　調停委員会は、事実の実情を考慮して、裁判所外の適当な場所で調停を行うことができる（家事手続265）。

第3章　家事調停に関する手続

3-9　事実の調査および証拠調べ

事実の調査－職権探知主義および当事者の主体的役割　▶家事手続258①・56・260①六

　家事事件においては、公益性が高いため、資料の収集に関し職権探知主義が採られているが、当事者にも主体的な役割を期待し、当事者には証拠調べに関する申立権が認められ（家事手続258①・56①）、さらに、調停委員会による事実の調査および証拠調べへの協力が求められている（家事手続258①・56②）。

【職権探知主義】
調停委員会は、職権で、事実の調査をし必要と認める証拠調べをしなければならない（家事手続258①・56①・260①六）

【当事者の主体的役割】
① 証拠調べに関する当事者の申立権（家事手続258①・56①）
② 事実の調査および証拠調べへの協力（家事手続258①・56②）

証拠調べ－家事事件の特色　▼家事手続258①・64①

1　家事事件の特色
　家事事件においては、公益的、後見的の見地から、通常の民事訴訟とは異なる特色を有している。家事事件は、証拠調べ手続に関して、原則として、民事訴訟法の規定を準用しているが、一部の民事訴訟法の規定は準用しないこととしている（家事手続258①・64①）。
　この一部の民事訴訟法の規定の準用を排除した点に、家事事件の特色がある。

2　家事事件の特色を表した規定
　①　手続の非公開（家事手続33）
　②　職権証拠調べ（家事手続56①・258①）

3　家事事件に準用されない主な民事訴訟法の規定
　準用を排除した民事訴訟法の主な規定は以下のとおりである（家事手続64①）。
　(1)　民事訴訟法179条
　　　家事事件においては、証明責任や自白という概念は当てはまらないため、不要証事実について規定した民事訴訟法179条の準用はない。
　(2)　民事訴訟法182条
　　　家事事件においては、事案を適切に解決するためには、必ずしも集中して証拠調べを行う必要はないと考えられるため、民事訴訟法182条は準用されない。
　(3)　民事訴訟法187条
　　　家事事件においては、職権により事実の調査をすることができるので（家事手続56①）、審尋について規定した民事訴訟法187条は準用されない。
　(4)　民事訴訟法207条2項
　　　家事事件においては、事情をよく知っている当事者の尋問結果が最も有効な証拠であ

第3章 家事調停に関する手続

ることが多く、当事者尋問の補充性は妥当しない。そこで、当事者尋問の補充性を規定した民事訴訟法207条2項は準用されない。

(5) 民事訴訟法208条、224条、229条4項

家事事件は、公益性が高く、実体的真実が求められるため、真実擬制を規定した民事訴訟法208条、224条、229条4項などは準用されない。

```
        家事手続法                      民事訴訟法

    ┌─────────┐          ┌─────────────────┐
   ╱  〔家事事件の特色〕 ╲  ╱   〔家事事件に主な準用されない規定〕 ╲
  │    を表した規定     │<原則>│                                │
  │                    │民訴法│    ・不要証事実                   │
  │   ・手続の非公開    │準用 │    ・集中証拠調べ                 │
  │   ・職権証拠調べ    │     │    ・当事者尋問                   │
   ╲                  ╱  ╲   ・真実擬制                     ╱
    └─────────┘          └─────────────────┘
```

第3章　家事調停に関する手続

3-10　調停前の処分

調停前の処分　　　　　　　　　　　　　　　　　　　　　　　　　　▶家事手続266

調停前の処分については、以下のとおりである。

意　義	調停委員会は、家事調停事件が係属している間、調停のために必要であると認める処分を命ずることができる（家事手続266①）。これを「調停前の処分」という。
処分権者	調停前の処分を命じることができるのは調停委員会であるが、急迫の事情があるときは、調停委員会を組織する裁判官が処分を命ずることもできる（家事手続266②）。
要　件	①　家事調停事件が係属している間であること 　　調停前の処分は、調停の申立て後、調停手続が終了するまで命ずることができる。 ②　調停のために必要であると認められること
効　力	①　調停前の処分は、執行力を有しないが（家事手続266③）、調停前の処分を命じられた当事者または利害関係参加人が正当な理由がなく、その命令に従わないときは、家庭裁判所により、10万円以下の過料に処せられる（家事手続266④）。その限度では、間接的な強制力がある。 ②　調停前の処分は、調停事件が係属中は効力を有し、調停事件の終了とともに当然効力を失う（家事手続266①）。
制裁の告知	調停委員会（裁判官のみで家事調停の手続を行う場合にあっては、その裁判官）または調停委員会を組織する裁判官が、調停前の処分を命ずる場合には、同時に、その違反に対する法律上の制裁を告知しなければならない（家事手続規129）。
不服申立て	調停前の処分に対しては、即時抗告などの不服申立ての手段は認められていない（東京高決昭33・6・21家月10・6・26、札幌高決昭37・7・17家月14・11・127）。

memo　具体例
①　夫婦関係調整調停事件において、子の監護紛争を一時落ち着かせるため、子の奪い合いを禁止し、あるいは暫定的な監護者を定め、申立人に事件本人の引渡しを命じた事例（静岡家命昭54・2・9家月31・10・97）
②　夫婦関係調整調停事件において、事件関係人に、調停終了まで生活費の仮払を命じた事例（東京高決昭33・6・21家月10・6・26）
③　夫婦関係調整調停事件において、調停前の処分として相手方（夫）に対し、勤務先会社から退職金を受領することを禁じ、勤務先会社に対し上記退職金の支払を禁じた事例（東京家命昭53・4・20家月31・3・108）
④　遺産分割調停事件において、相手方に畑の耕作を命じ、耕作者以外の当事者に対し、耕作を妨害してはならない旨を命じた事例（青森家命昭49・5・13家月27・3・97）
などがある。

第3章　家事調停に関する手続

3-11　調停の成立

調停の成立要件　　　　　　　　　　　　　　　　　　　　▶家事手続268

　家事調停において、当事者間に合意が成立し、これを調停調書に記載したときに、調停が成立したものとされる（家事手続268①）。

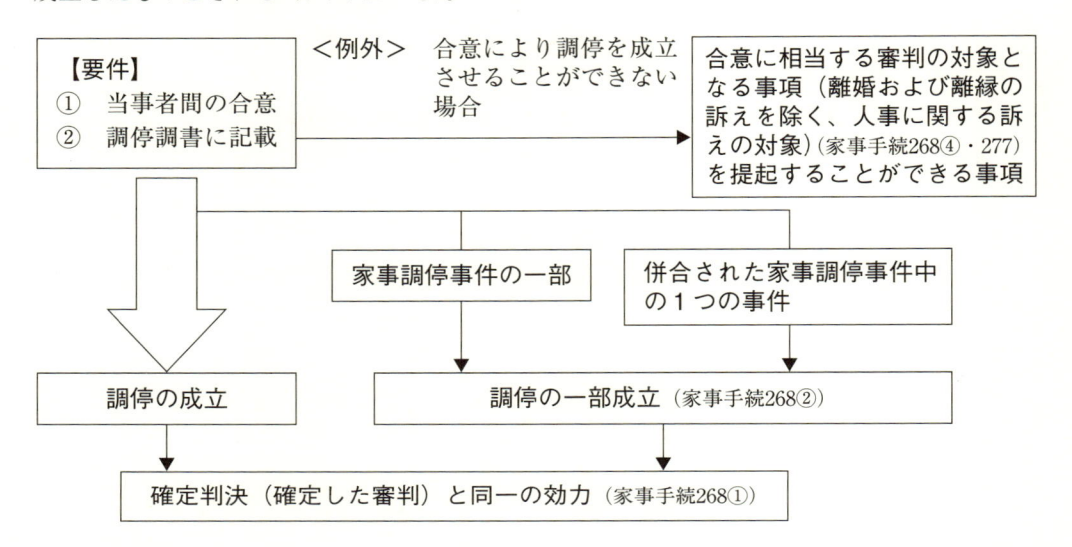

```
【要件】                ＜例外＞  合意により調停を成立    ┌─────────────────┐
① 当事者間の合意              させることができない    │合意に相当する審判の対象と│
② 調停調書に記載             場合                 │なる事項（離婚および離縁の│
                                          ───→│訴えを除く、人事に関する訴│
                                               │えの対象）(家事手続268④・277)│
                                               │を提起することができる事項│
                                               └─────────────────┘
         │              ┌─────────┐  ┌─────────────┐
         │              │家事調停事件の一部│  │併合された家事調停事件中│
         │              │          │  │の1つの事件       │
         │              └─────────┘  └─────────────┘
         ▼                    └──────┬──────┘
    ┌─────────┐                     ▼
    │調停の成立     │         ┌───────────────┐
    └─────────┘         │調停の一部成立（家事手続268②）│
         │              └───────────────┘
         └──────┬────────────┘
                ▼
    ┌─────────────────────────┐
    │確定判決（確定した審判）と同一の効力（家事手続268①）│
    └─────────────────────────┘
```

【合意の方法】
　離婚または離縁調停事件以外の事件は、音声の送受信による通話の方法により、調停を成立させることができる（家事手続258①・54①・268③）。

調停成立の効果　　　　　　　　　　　　　　　　　　　　▼家事手続268①

　成立した調停は、訴訟事項に関しては、確定判決と同一の効力を、家事事件手続法別表第二に掲げる事項にあっては、確定した審判と同一の効力を有する（家事手続268①）。

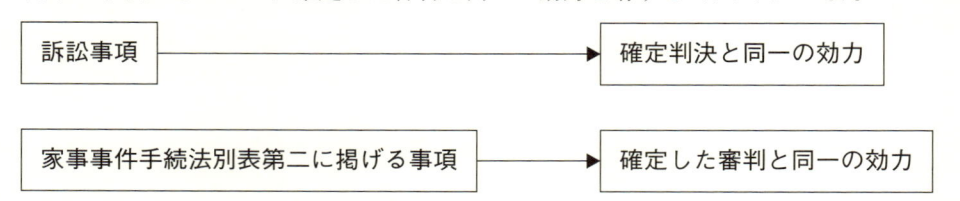

```
┌─────────┐             ┌───────────┐
│訴訟事項     │ ──────→ │確定判決と同一の効力│
└─────────┘             └───────────┘

┌───────────────┐       ┌─────────────┐
│家事事件手続法別表第二に掲げる事項│ ──→ │確定した審判と同一の効力│
└───────────────┘       └─────────────┘
```

　当事者が、遠隔地居住などの事由により出頭することが困難であると認められる場合は、あらかじめ調停委員会（裁判官のみで家事調停の手続を行う場合は、その裁判官）から提示された調停条項案を受諾する旨の書面を提出する。さらに、他の当事者が家事調停の手続の期日に出頭して当該調停条項案を受諾したときは、当事者間で合意が成立する（家事手続270①）。

第3章　家事調停に関する手続

調停条項案の書面による受諾　　　　　　　　　　　　　　▶家事手続270

【離婚または離縁以外の調停事件】

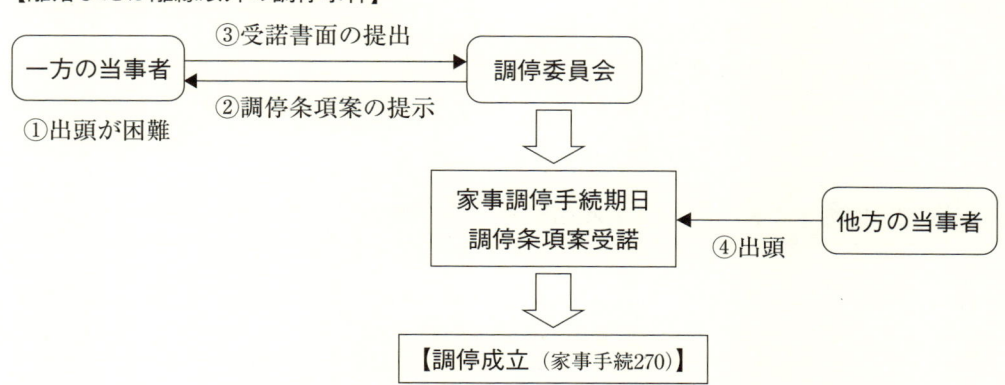

```
一方の当事者 ──③受諾書面の提出──→ 調停委員会
①出頭が困難  ←──②調停条項案の提示──
                      ↓
              家事調停手続期日      ←④出頭── 他方の当事者
              調停条項案受諾
                      ↓
              【調停成立（家事手続270）】
```

離婚または離縁調停事件の特則　　　　　　　　　　▶家事手続268③・270②

　離婚または離縁についての調停事件は、音声の送受信による通話の方法によっては、調停を成立させることができない（家事手続268③）。
　また、離婚または離縁調停事件では、調停条項案の書面による受諾の方法では、調停を成立させることができない（家事手続270②）。

memo　　調停成立時における真意の確認が必ずしも十分ではないことから、調停の成立により直接身分関係に変動が生じる離婚および離縁調停事件は例外とされた。

調停調書の更正決定　　　　　　　　　　　　　　　　　　▶家事手続269

　調停調書に計算違い、誤記その他これらに類する明白な誤りがあるときは、家庭裁判所は、申立てによりまたは職権で、いつでも更正決定をすることができる（家事手続269）。

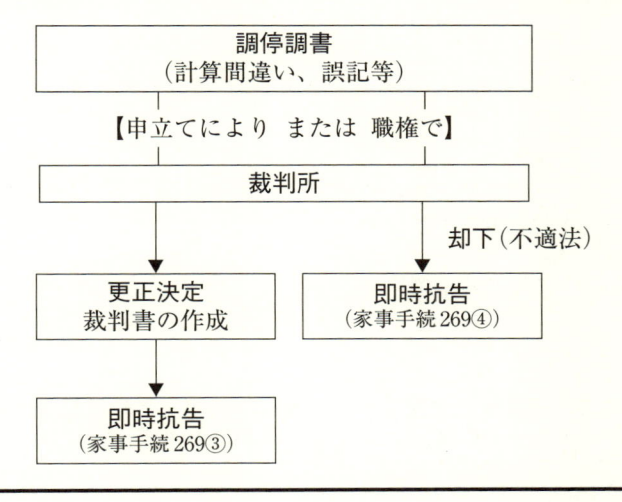

```
        調停調書
    （計算間違い、誤記等）
            ↓
    【申立てにより または 職権で】
            ↓
          裁判所
         ↓       ↘却下(不適法)
    更正決定       即時抗告
  裁判書の作成   （家事手続269④）
         ↓
      即時抗告
   （家事手続269③）
```

―79―

第3章　家事調停に関する手続

3-12　調停の成立によらない事件の終了

調停をしない場合　　　　　　　　　　　　　　　　　　　　　　▶家事手続271

　調停委員会は、事件が性質上調停を行うのに適当でないと認めるとき、または当事者により不当な目的でみだりに調停の申立てをしたと認めるときは、調停をしないものとして、家事調停事件を終了させる（家事手続271）。

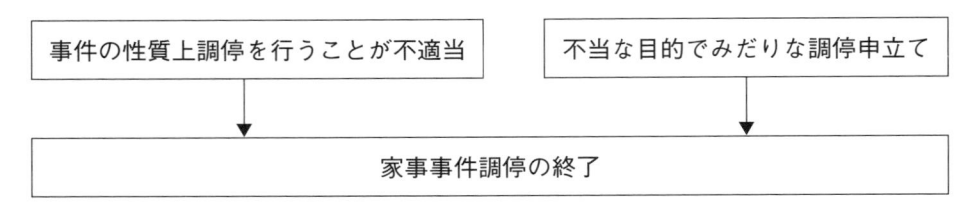

```
┌─────────────────────────┐    ┌─────────────────────────┐
│ 事件の性質上調停を行うことが不適当 │    │ 不当な目的でみだりな調停申立て │
└────────────┬────────────┘    └────────────┬────────────┘
             │                              │
             └──────────────┬───────────────┘
                            ▼
              ┌──────────────────────────┐
              │     家事事件調停の終了      │
              └──────────────────────────┘
```

memo 1　**事件の性質上調停を行うことが適当でないと認めるとき**（家事手続271）
　　事件の内容が公序良俗または法令に違反する場合などをいう。例えば、配偶者のある者が異性に同居を求める調停を申し立てた場合や、相手方が精神障害者であり調停行為能力を欠くことが明らかな場合などである（梶村太市＝徳田和幸編『家事事件手続法』73頁（有斐閣、第2版、2007））。

memo 2　**当事者が不当な目的でみだりに調停の申立てをしたと認めるとき**（家事手続271）
　　訴訟や審判を引き延ばすことだけを目的として調停を申し立てた場合などが考えられる。

調停の不成立　　　　　　　　　　　　　　　　　　　　　　　　▶家事手続272

　調停委員会は、当事者間に合意（申立ての趣旨のとおりの審判を受けることについて成立している合意を含む。）が成立する見込みがない場合、または成立した合意が相当でないと認める場合には、調停が成立しないものとして、家事調停事件を終了する。ただし、家庭裁判所が家事事件手続法284条1項の規定による調停に代わる審判をしたときは、この限りでない（家事手続272①）。

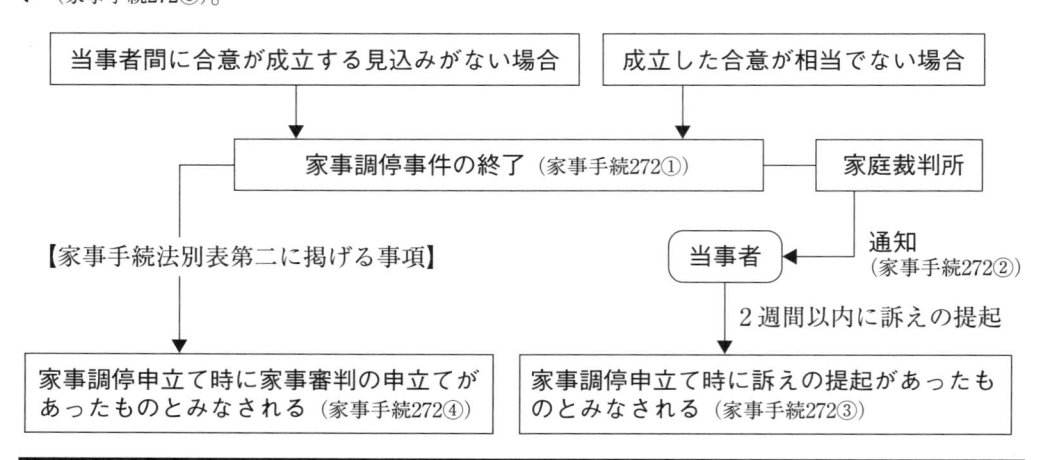

```
┌──────────────────────────┐    ┌──────────────────────────┐
│ 当事者間に合意が成立する見込みがない場合 │    │  成立した合意が相当でない場合  │
└────────────┬─────────────┘    └────────────┬─────────────┘
             │                               │
             └──────────────┬────────────────┘
                            ▼
              ┌──────────────────────────┐    ┌──────────────┐
              │ 家事調停事件の終了（家事手続272①）├───│   家庭裁判所   │
              └────────────┬─────────────┘    └──────┬───────┘
                            │                         │通知
                            │                         │（家事手続272②）
                            │                         ▼
                            │                  ┌──────────────┐
        【家事手続法別表第二に掲げる事項】        │    当事者     │
                            │                  └──────┬───────┘
                            │                         │ 2週間以内に訴えの提起
                            ▼                         ▼
       ┌────────────────────────────┐  ┌────────────────────────────┐
       │ 家事調停申立て時に家事審判の申立てが │  │ 家事調停申立て時に訴えの提起があった│
       │ あったものとみなされる（家事手続272④）│  │ ものとみなされる（家事手続272③）   │
       └────────────────────────────┘  └────────────────────────────┘
```

第3章　家事調停に関する手続

memo1 当事者間に合意（家事事件手続法277条1項1号の合意を含む。）が成立する見込みがない場合（家事手続272①）
　当事者間で話合いを継続しても合意することができない場合や、当事者の一方が出頭しないため話合いができない場合などをいう。

memo2 成立した合意が相当でないと認める場合（家事手続272①）
　当事者間の合意が正義衡平に反する場合などをいう。

調停申立ての取下げ　　　　　　　　　　　　　▶家事手続273、民訴261③・262①

　家事調停の申立ては、家事調停事件が終了するまで、その全部または一部を書面で取り下げることができる。ただし、家事調停の手続の期日においては口頭でも可能である（家事手続273、民訴261③）。

　家事調停事件が終了するまで、申立ての取下げに相手方の同意は不要であるが、合意に相当する審判がされた後は、相手方の同意が必要となる（家事手続278）。

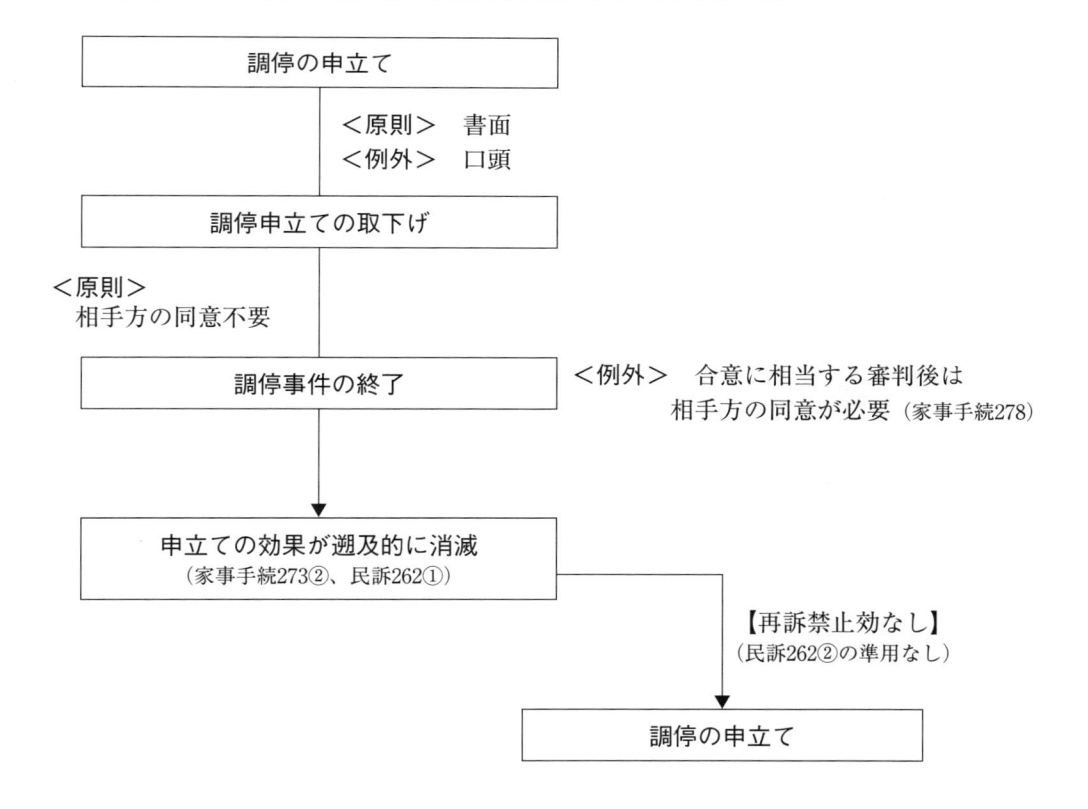

```
        ┌──────────────┐
        │  調停の申立て  │
        └──────┬───────┘
               │  <原則>　書面
               │  <例外>　口頭
        ┌──────┴───────┐
        │ 調停申立ての取下げ │
        └──────┬───────┘
  <原則>        │
  相手方の同意不要 │
               │
        ┌──────┴───────┐        <例外>　合意に相当する審判後は
        │  調停事件の終了  │                相手方の同意が必要（家事手続278）
        └──────┬───────┘
               │
        ┌──────┴──────────┐
        │ 申立ての効果が遡及的に消滅 │
        │ （家事手続273②、民訴262①） │
        └──────────┬─────────┘
                      │   【再訴禁止効なし】
                      │   （民訴262②の準用なし）
               ┌──────┴───────┐
               │  調停の申立て  │
               └──────────────┘
```

第3章　家事調停に関する手続

合意に相当する審判　　　　　　　　　　　　　　　　　　　　▶家事手続277①

　人事に関する訴え（離婚および離縁の訴えを除く。）を提起することができる事項でいずれの要件にも該当する場合は、家庭裁判所は、家事調停手続において必要な事実を調査した上で合意に相当する審判をする。ただし、当該事項に係る身分関係の当事者の一方が死亡した後は、この限りでない（家事手続277①）。

【人事に関する訴え（離縁および離婚の訴えを除く。）】

```
【要件】
①　当事者間に申立ての趣旨のとおりの審判を受
　けることについて合意が成立
②　当事者双方が申立てに係る無効もしくは取消
　の原因または身分関係の形成もしくは存否の原
　因について争わないこと
③　家庭裁判所が①の合意を正当と認めるとき
```
→ 家庭裁判所　合意に相当する審判

調停に代わる審判　　　　　　　　　　　　　　　　　　　　　▶家事手続284

　家庭裁判所は、調停が成立しない場合において相当と認めるときは、当事者双方のために衡平に考慮し、一切の事情を考慮して、職権で、調停に代わる審判をする。ただし、合意に相当する審判（家事手続277①）の対象となる事項についての家事調停手続は、この限りでない（家事手続284）。

【合意に相当する審判の対象となる事項についての家事調停手続を除く家事調停事件】

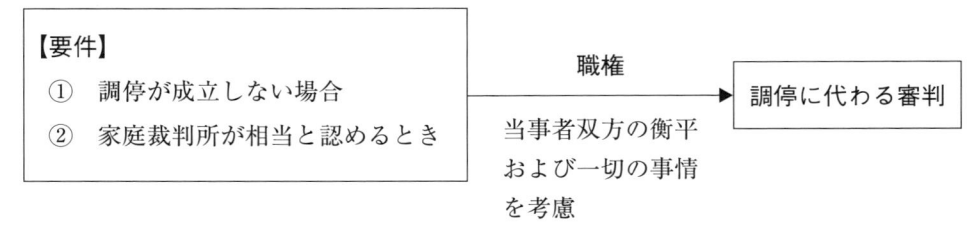

```
【要件】
①　調停が成立しない場合
②　家庭裁判所が相当と認めるとき
```
職権
当事者双方の衡平
および一切の事情
を考慮
→ 調停に代わる審判

　家庭裁判所は、調停に代わる審判において、当事者に対し、子の引渡しまたは金銭の支払その他の財産上の給付その他の給付を命ずることができる（家事手続284③）。

第3章　家事調停に関する手続

調停申立ての却下　▼家事手続255③・256②・67③

　家庭裁判所が家事調停の申立てを不適当として却下または裁判長が申立書を却下したとき、家事調停事件は終了する。ただし、いずれの場合も即時抗告が認められている（家事手続255③・256②・49④⑤⑥・67③④）。

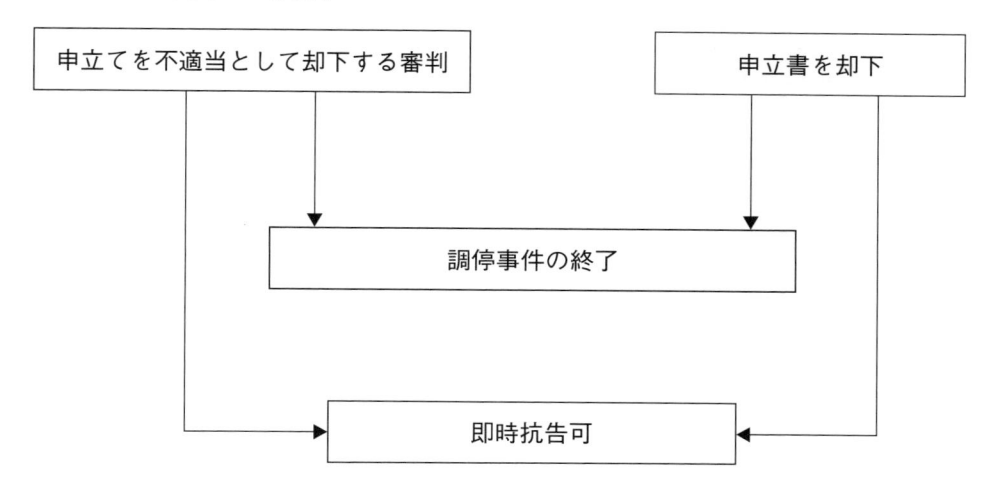

```
┌──────────────────────┐      ┌──────────────┐
│申立てを不適当として却下する審判│      │ 申立書を却下 │
└──────────┬───────────┘      └──────┬───────┘
           │                          │
           ▼                          ▼
      ┌──────────────────┐
      │  調停事件の終了  │
      └──────────────────┘
           │                          │
           ▼                          ▼
      ┌──────────────────┐
      │    即時抗告可    │
      └──────────────────┘
```

当然終了

　①当事者の一身専属的権利に関する家事調停事件で当事者が死亡したとき、②親権者の指定または変更、子の監護に関する処分などの家事調停事件で調停の対象となっていた未成年者が死亡したとき、家事調停は当然に終了する。

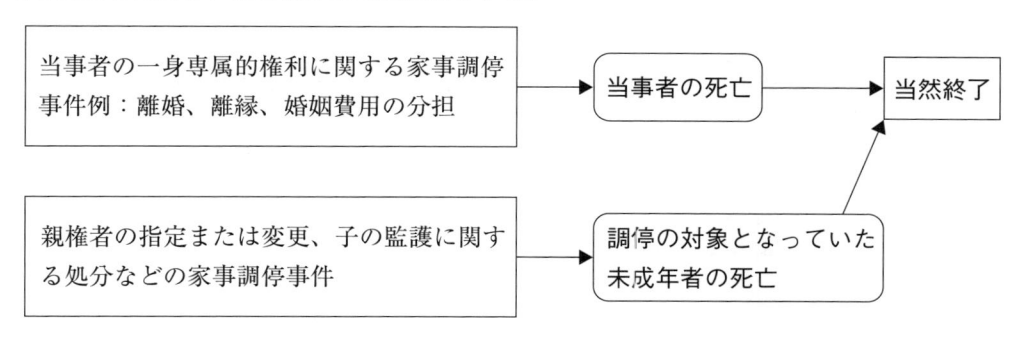

```
┌─────────────────────────────┐    ┌──────────────┐    ┌──────────┐
│当事者の一身専属的権利に関する家事調停│───▶│ 当事者の死亡 │───▶│ 当然終了 │
│事件例：離婚、離縁、婚姻費用の分担   │    └──────────────┘    └──────────┘
└─────────────────────────────┘                                ▲
                                                                │
┌─────────────────────────────┐    ┌──────────────────┐       │
│親権者の指定または変更、子の監護に関す│───▶│調停の対象となっていた│───────┘
│る処分などの家事調停事件           │    │  未成年者の死亡   │
└─────────────────────────────┘    └──────────────────┘
```

第3章　家事調停に関する手続

まとめ

調停申立て

→ 【調停をしない場合】（家事手続271）
① 事件の性質上、調停を行うことが適当でないと認めるとき
② 当事者が不当な目的でみだりに調停の申立てをしたと認めるとき

→ 【調停の不成立】（家事手続272①）
① 当事者間に合意（家事事件手続法277条1項1号の合意を含む。）が成立する見込みがない場合
② 成立した合意が相当でないと認める場合

→ 【調停申立ての取下げ】（家事手続273①）

→ 【合意に相当する審判】（家事手続277①）
＜人事に関する訴え（離縁および離婚の訴えを除く。）＞
① 当事者間に申立ての趣旨のとおりの審判を受けることについて合意が成立
② 当事者双方が申立てに係る無効もしくは取消しの原因または身分関係の形成もしくは存否の原因について争わないこと
③ 家庭裁判所が①の合意を正当と認めるとき

→ 【調停に代わる審判】（家事手続284）
＜合意に相当する審判の対象となる事項についての家事調停手続を除く家事調停事件＞
① 調停が成立しない場合
② 家庭裁判所が相当と認めるとき

→ 【調停申立ての却下】
① 家事調停申立てを不適法として却下する審判（家事手続255③）
② 家事調停の申立書が却下された場合（家事手続256②・67③）

→ 【当然終了】
① 当事者の一身専属的権利に関する家事調停事件における当事者の死亡
② 親権者の指定または変更、子の監護に関する処分などの家事調停事件において対象となっていた未成年者が死亡

第３章　家事調停に関する手続

3-13　付調停

必要的付調停　　　　　　　　　　　　　　　　　　　　　　　▶家事手続257

　調停を行うことができる事件について、家事調停の申立てをすることなく訴えを提起した場合には、裁判所は、職権で、事件を家事調停に付さなければならない（家事手続257②本文）。ただし、調停に付すことが相当でないと認めるときは、この限りでない（家事手続257②ただし書）。

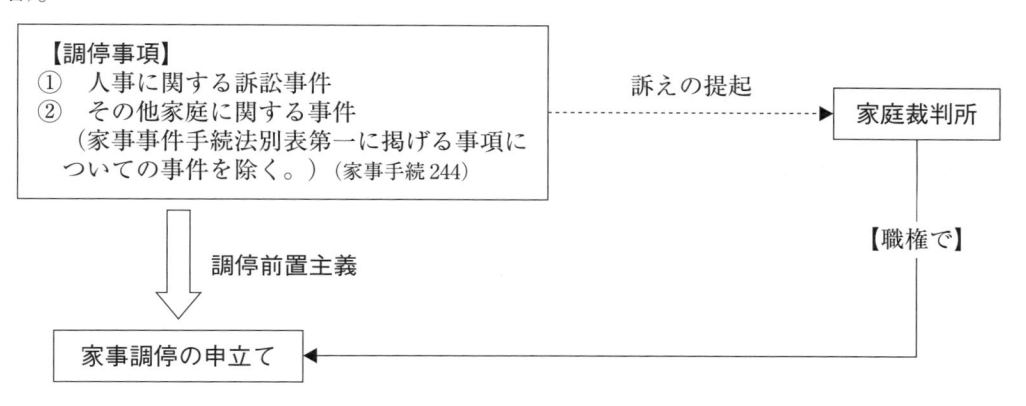

```
【調停事項】
①　人事に関する訴訟事件           訴えの提起
②　その他家庭に関する事件      ─ ─ ─ ─ ─ ─ ─▶  家庭裁判所
　　（家事事件手続法別表第一に掲げる事項に
　　ついての事件を除く。）（家事手続244）
                                                    【職権で】
          │ 調停前置主義
          ▼
    家事調停の申立て  ◀─────────────────
```

裁量的付調停　　　　　　　　　　　　　　　　　　　　　　　▶家事手続274

　人事に関する訴訟事件その他家庭に関する事件（家事事件手続法別表第一に掲げる事件を除く。）についての訴訟または家事審判事件が係属しているとき、裁判所は当事者の意見を聴いて、いつでも、職権で、事件を家事調停に付することができる（家事手続274③）。

　また、家庭裁判所および高等裁判所は、当該家事調停事件を自ら処理することもできる（家事手続274③）。もっとも、意見を聴く当事者は、本案について被告または相手方の陳述がされる前は、原告または申立人に限られる（家事手続274①）。

　裁判所は、事件を調停に付する場合においては、事件を管轄権を有する家庭裁判所に処理させなければならない。ただし、特に必要があると認めるときは管轄を有する家庭裁判所以外の家庭裁判所が処理する（家事手続274②）。

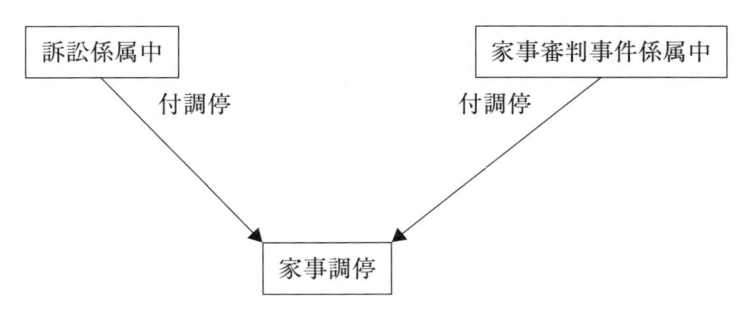

```
  訴訟係属中              家事審判事件係属中
      │ 付調停              付調停 │
      └──────▶ 家事調停 ◀──────┘
```

第3章　家事調停に関する手続

訴訟手続の中止　　　　　　　　　　　　　　　　　　　　　▶家事手続275①

　家事調停の申立てがあった事件について訴訟が係属しているとき、または訴訟が係属している裁判所が、その事件を調停に付したときは（家事手続257②・274①）、訴訟が係属している裁判所は、家事調停事件が終了するまで訴訟手続を中止することができる（家事手続275①）。

```
① 訴訟 → 必要的付調停（家事手続275①）
② 訴訟 → 裁量的付調停（家事手続257②・274①）
```
⇒ 訴訟手続の中止（家事手続275①）

家事審判手続の中止　　　　　　　　　　　　　　　　　　　▶家事手続275②

　家事調停の申立てがあった事件について家事審判事件が係属しているとき、または家事審判事件が係属している裁判所が、その事件を調停に付したとき（家事手続274①）、家事審判事件が係属している裁判所は、家事調停事件が終了するまで、家事審判の手続を中止することができる（家事手続275②）。

家事審判 → 裁量的付調停（家事手続274①）　⇒　家事審判の手続の中止（家事手続275②）

訴えの取下げの擬制　　　　　　　　　　　　　　　　　　　▶家事手続276①

　訴訟が係属している裁判所が、その事件を調停に付した場合において（家事手続257②・274①）、調停が成立し、または合意に相当する審判（家事手続277①）もしくは調停に代わる審判（家事手続284①）が確定したときは、その訴訟について訴えの取下げがあったものとみなす（家事手続276①）。

訴訟 → 付調停（家事手続257②・274①）
⇒
① 調停の成立（家事手続268①）
② 合意に相当する審判の確定（家事手続277①）
③ 調停に代わる審判の確定（家事手続284①）

↓
訴えの取下げ擬制（家事手続276①）

第3章　家事調停に関する手続

家事審判事件の終了　　　　　　　　　　　　　　　　　　　▶家事手続276②

　家事調停事件が係属している裁判所が、その事件を調停に付した場合において（家事手続274①）、調停が成立し、または調停に代わる審判（家事手続284①）が確定したときは、その家事審判事件は終了する（家事手続276②）。

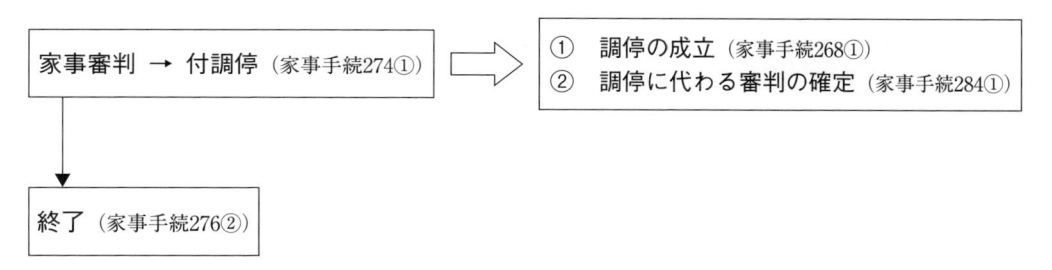

```
家事審判 → 付調停（家事手続274①）　⇒　① 調停の成立（家事手続268①）
　　│　　　　　　　　　　　　　　　　　② 調停に代わる審判の確定（家事手続284①）
　　↓
終了（家事手続276②）
```

第3章　家事調停に関する手続

3-14　合意に相当する審判

意　義　　　　　　　　　　　　　　　　　　　　　　　　　▶家事手続277

　人事に関する訴え（離婚および離縁の訴えを除く。）を提起することができる事項についての家事調停の手続において、当事者間に申立ての趣旨のとおりの審判を受けることについて合意が成立し、かつ、当事者双方が申立てに係る無効もしくは取消しの原因または身分関係の形成もしくは存否の原因について争わない場合には、家庭裁判所は、必要な事実の調査をした上、当事者間の合意を正当と認めるときは、合意に相当する審判をすることができる（家事手続277①）。

　なお、当事者間の合意は、音声の送受信による通話の方法（家事手続258①・54①）および調停条項案の書面による受諾の方法（家事手続270①）により、成立させることができない（家事手続277②）。

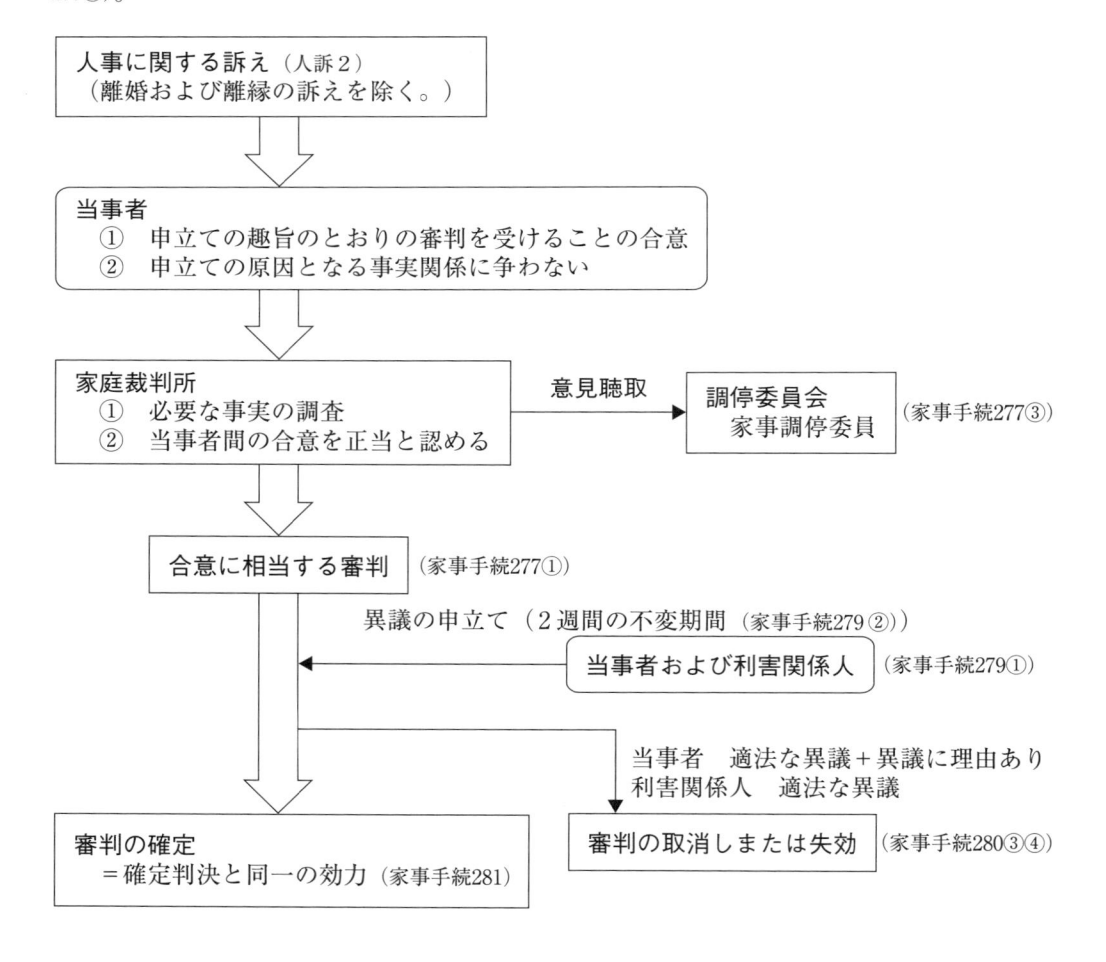

```
┌─────────────────────────────┐
│ 人事に関する訴え（人訴2）       │
│ （離婚および離縁の訴えを除く。）  │
└──────────────┬──────────────┘
               ↓
┌─────────────────────────────┐
│ 当事者                          │
│  ① 申立ての趣旨のとおりの審判を受けることの合意 │
│  ② 申立ての原因となる事実関係に争わない │
└──────────────┬──────────────┘
               ↓
┌─────────────────────────────┐    意見聴取   ┌─────────────┐
│ 家庭裁判所                      │ ──────→ │ 調停委員会    │ （家事手続277③）
│  ① 必要な事実の調査            │           │ 家事調停委員  │
│  ② 当事者間の合意を正当と認める │           └─────────────┘
└──────────────┬──────────────┘
               ↓
┌─────────────────────────────┐
│ 合意に相当する審判 │（家事手続277①）
└──────────────┬──────────────┘
        異議の申立て（2週間の不変期間（家事手続279②））
               ←──────── ┌─────────────────┐
                          │ 当事者および利害関係人 │ （家事手続279①）
                          └─────────────────┘
                                   │
                  当事者　適法な異議＋異議に理由あり
                  利害関係人　適法な異議
                                   ↓
┌─────────────────────────────┐    ┌─────────────────┐
│ 審判の確定                     │    │ 審判の取消しまたは失効 │ （家事手続280③④）
│ ＝確定判決と同一の効力（家事手続281）│   └─────────────────┘
└─────────────────────────────┘
```

第3章　家事調停に関する手続

審判の対象　　　　　　　　　　　　　　　　　　　　　▶家事手続252①五

　対象となる人事に関する訴えとは、離婚および離縁の訴えを除く、人事訴訟法2条に規定する人事に関する訴えをいう（家事手続252①五・277①）。
　その中には、人事訴訟法2条の「その他の身分関係の形成又は存否の確認を目的とする訴え」も含まれる。

当事者の一方が死亡した場合　　　　　　　　　　　　　　　▶277①ただし書

　合意に相当する審判の対象となる事項の身分関係の当事者の一方が死亡した後は、合意に相当する審判をすることができない（家事手続277①ただし書）。

主　体　　　　　　　　　　　　　　　　　　　　　　　▶家事手続277③

　合意に相当する審判を行うのは家庭裁判所である。
　家事調停手続が調停委員会において行われている場合には、家庭裁判所は、調停委員会を組織する家事調停委員の意見を聴かなければならないとされている（家事手続277③）。

家事調停の申立て取下げの制限　　　　　　　　　　　　　　▶家事手続278

　合意に相当する審判がされた後は、家事調停の申立ての取下げは、相手方の同意がなければ、その効力を生じない（家事手続278）。

異議の申立て　　　　　　　　　　　　　　　　　　　▶家事手続279・280

　当事者および利害関係人は、合意に相当する審判に対し、書面により家庭裁判所に異議を申し立てることができる（家事手続279①・家事手続規135①）。異議の申立ては、審判を告知された日から2週間の不変期間内に行わなければならない（家事手続279②）。

第3章　家事調停に関する手続

【異議の申立ての方式】

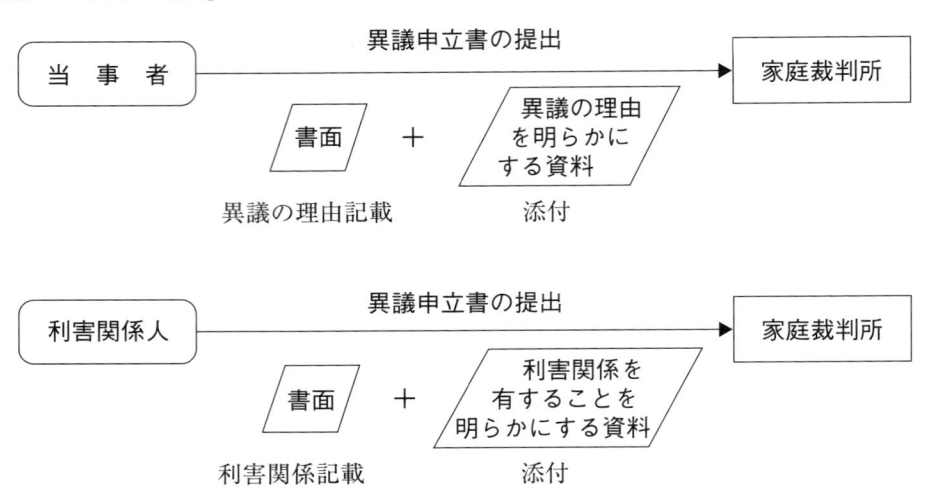

```
当事者 ──異議申立書の提出──→ 家庭裁判所
        書面 ＋ 異議の理由を明らかにする資料
     異議の理由記載    添付

利害関係人 ──異議申立書の提出──→ 家庭裁判所
        書面 ＋ 利害関係を有することを明らかにする資料
     利害関係記載    添付
```

　当事者からの適法な異議の申立てに理由があると認めるときには、家庭裁判所は、合意に相当する審判を取り消さなければならない（家事手続280③）。利害関係人からの適法な異議の申立てがあったときは、合意に相当する審判は、その効力を失う（家事手続280④）。
　なお、異議の申立権は放棄することができる（家事手続279④）。

審判の効力　　　　　　　　　　　　　　　　　　　　　　▶家事手続281

　当事者および利害関係人から異議の申立てがないか、または異議の申立てを却下する審判が確定したときは、合意に相当する審判は確定し、確定判決と同一の効力を有する（家事手続281）。
　審判について、異議の申立てがないときは、裁判所書記官は、遅滞なく、当該審判に係る身分関係の当事者の本籍地の戸籍事務を管掌する者に対し、その旨を通知しなければならない。当該審判について、異議の申立てを却下する審判が確定したときも、同様とする（家事手続規134）。

【審判の確定の通知】

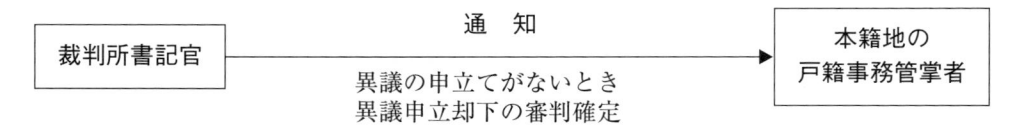

```
裁判所書記官 ──通知──→ 本籍地の戸籍事務管掌者
        異議の申立てがないとき
        異議申立却下の審判確定
```

第3章　家事調停に関する手続

特則　　　　　　　　　　　　　　　　　　　　　　　▶家事手続282・283

【婚姻の取消しについての合意に相当する審判の特則】

婚姻の取消しについての合意に相当する審判をするときは、当事者間の合意に基づき、子の親権者を指定しなければならず（家事手続282①）、その合意ができないとき、またはその合意が相当でないと認めるときは、合意に相当する審判をすることができない（家事手続282②）。

> **memo**　婚姻の取消しと親権者の指定をどのように扱うかについては、旧法では、解釈上明確ではなかったので、簡易な手続で迅速に処理する趣旨で、子の親権者の指定について当事者間に合意が成立しなければ、婚姻の取消しについて合意に相当する審判をすることができないものとされた。

【申立人の死亡により事件が終了した場合の特則】

夫が嫡出否認について調停の申立てをした後に死亡した場合において、当該申立てに係る子のために相続権を害される者その他夫の三親等内の血族が、夫の死亡の日から1年以内に嫡出否認の訴えを提起したときは、夫がした調停の申立て時に、嫡出否認の訴えの提起があったものとみなされる（家事手続283）。

> **memo**　例えば、夫が子の出生を知ったときから1年以内に子の嫡出否認の家事調停の申立てをしたが、調停係属中に夫が死亡し、それが子の出生を知ってから1年を経過した後であった場合には、民法の規定（民777）によれば、嫡出否認の訴えを提起することができなくなる。そこで、こうした不都合を回避するため、人事訴訟法41条2項と同様の規定が設けられた。

第3章　家事調停に関する手続

3-15　調停に代わる審判

意　義　　　　　　　　　　　　　　　　　　　　　　　　　　▶家事手続284

　家庭裁判所は、調停が成立しない場合において相当と認めるときは、当事者双方のために衡平に考慮し、一切の事情を考慮して、職権で、事件の解決のため必要な審判をすることができる（家事手続284①本文）。これを調停に代わる審判という。
　家庭裁判所が、調停に代わる審判において、当事者に対し、子の引渡しまたは金銭の支払その他の財産上の給付その他の給付を命ずることができる（家事手続284③）。

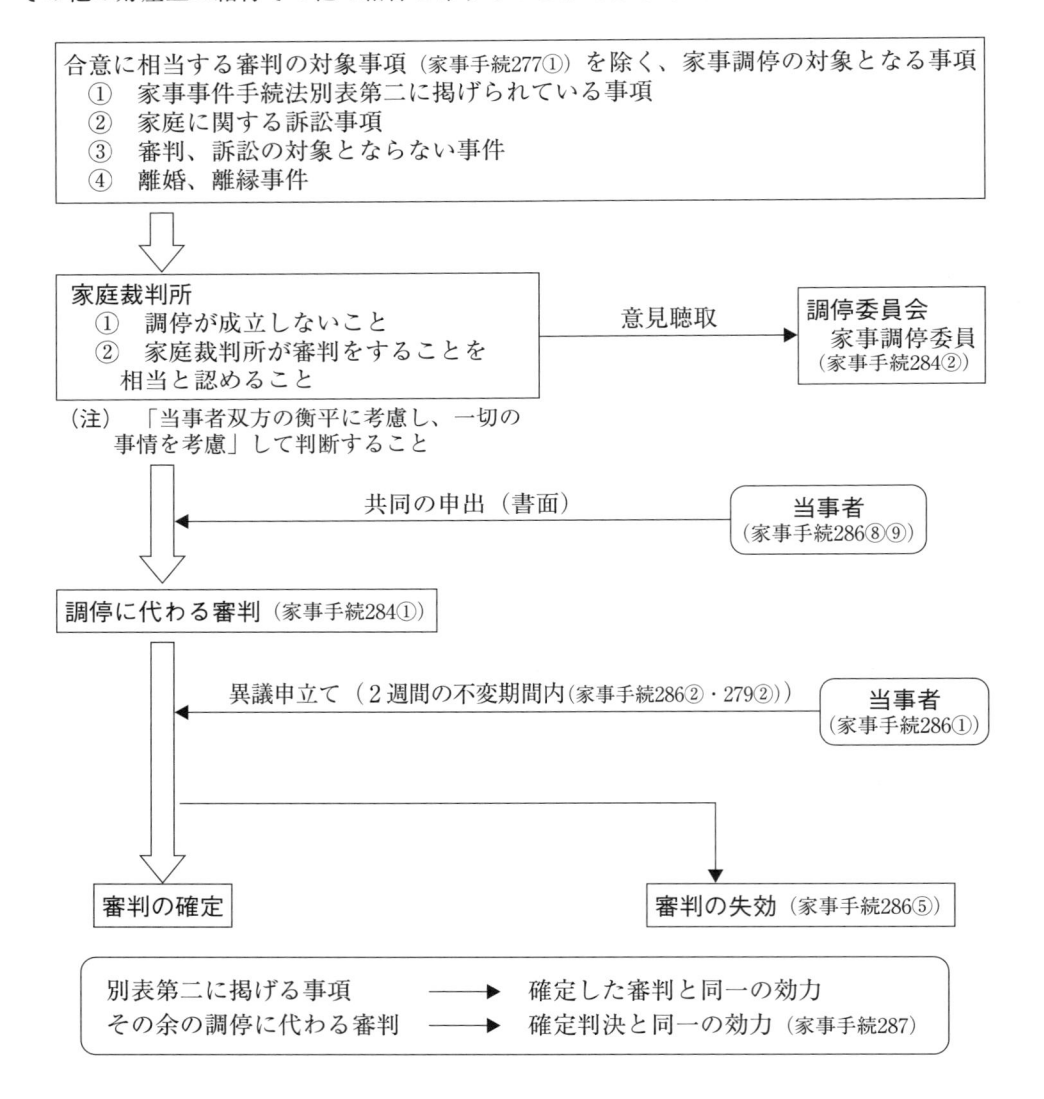

```
合意に相当する審判の対象事項（家事手続277①）を除く、家事調停の対象となる事項
　① 家事事件手続法別表第二に掲げられている事項
　② 家庭に関する訴訟事項
　③ 審判、訴訟の対象とならない事件
　④ 離婚、離縁事件
                ↓
家庭裁判所                                         調停委員会
　① 調停が成立しないこと         意見聴取         家事調停委員
　② 家庭裁判所が審判をすることを  ──────→      （家事手続284②）
　　 相当と認めること
　（注）「当事者双方の衡平に考慮し、一切の
　　 事情を考慮」して判断すること

                ←─── 共同の申出（書面） ─── 当事者
                                           （家事手続286⑧⑨）
                ↓
調停に代わる審判（家事手続284①）

                ←─── 異議申立て（2週間の不変期間内（家事手続286②・279②））─── 当事者
                                                                         （家事手続286①）
                ↓                                          ↓
         審判の確定                                   審判の失効（家事手続286⑤）

別表第二に掲げる事項      ──→   確定した審判と同一の効力
その余の調停に代わる審判  ──→   確定判決と同一の効力（家事手続287）
```

第3章　家事調停に関する手続

審判の対象　　　　　　　　　　　　　　　　　　　　▶家事手続284①

　合意に相当する審判の対象となる事項（家事手続277①）を除く、その他の家事調停の対象となる事項について、家庭裁判所は、調停に代わる審判を行うことができる（家事手続284①）。

> **memo**　調停に代わる審判の対象
> 　　従前、乙類審判事項は、調停に代わる審判の対象にならないとされていたが（旧家審24②）、別表第二に掲げられている事項を特に除外する理由もないことから、新法では、調停に代わる審判の対象に含まれることになった。

主　体　　　　　　　　　　　　　　　　　　　　　　▶家事手続284②

　調停に代わる審判を行うのは家庭裁判所である。
　家事調停手続が調停委員会において行われている場合には、家庭裁判所は、調停委員会を組織する家事調停委員の意見を聴かなければならない（家事手続284②）。

家事調停の申立ての取下げの制限　　　　　　　　　　▶家事手続285①

　調停に代わる審判がされた後は、申立人は、家事調停の申立ての取下げをすることができない（家事手続285①）。
　申立人が、調停に代わる審判を受け入れたくない場合には、後述の異議の申立てを行う（家事手続286）。

調停に代わる審判の告知　　　　　　　　　　　　　　▶家事手続285②③

　調停に代わる審判の告知は、公示送達の方法によっては、することができない（家事手続285②）。
　当事者に告知することができないときは、家庭裁判所は、調停に代わる審判を取り消さなければならない（家事手続285③）。

異議の申立て　　　　　　　　　　　　　　　　　　　▶家事手続286①②⑥

　当事者は、調停に代わる審判に対し、家庭裁判所に異議を申し立てることができる（家事手続286①）。異議の申立ては、審判を告知された日から2週間の不変期間内に行わなければならない（家事手続286②・279②③）。
　当事者から適法な異議の申立てがあったときには、調停に代わる審判は、その効力を失う（家事手続286⑤）。
　なお、異議の申立権は、放棄することができる（家事手続286②・279④）。

第3章　家事調停に関する手続

調停に代わる審判に服する旨の共同の申出　　　　　　　　▶家事手続286⑧⑨

　離婚または離縁についての家事調停を除き、当事者が、書面により、調停に代わる審判に服する旨の共同の申出をしたときは、当事者は異議の申立てを行うことができない（家事手続286⑧⑨）。

> **memo**　離婚・離縁事件について
> 　離婚および離縁事件については、当事者の意思確認をより慎重に行う必要があることから、人事訴訟法において民事訴訟法265条の適用が除外されている（人訴37②・44）のと同様に、調停に代わる審判においても、共同の申出の対象から外されている。

審判の効力　　　　　　　　　　　　　　　　　　　　　　　▶家事手続287

　当事者から異議の申立てがないとき、または異議の申立てを却下する審判が確定したときは、別表第二に掲げる事項についての調停に代わる審判は確定した審判と同一の効力を、その余の調停に代わる審判は確定判決と同一の効力を有する（家事手続287）。

第3章　家事調停に関する手続

3-16　不服申立て

家事審判の手続規定の準用　　　　　　　　　　　　　　　▶家事手続288

　家事調停の手続においてされた裁判に対する不服申立ておよび再審は、特別の定めがある場合を除き、家事事件手続法第2編（家事審判に関する手続）第1章（総則）第2節（不服申立て）の規定を準用する（家事手続288）。

家事調停に関する審判に対する不服申立て　　　　　　　　　▶家事手続288

即時抗告	家事調停に関する審判に対しては、特別の定めがある場合に限り、即時抗告をすることができる（家事手続288・85①）。
期　間	家事調停に関する審判に対する即時抗告は、特別の定めがある場合を除き、審判の告知を受けた日から2週間の不変期間内にしなければならない（家事手続288・86）。
提起の方式	即時抗告は、抗告状を原裁判所に提出する（家事手続288・87①）。
裁　判	抗告裁判所は、即時抗告について決定で裁判をする（家事手続288・91①）。抗告裁判所は、即時抗告を理由があると認める場合には、自ら審判に代わる裁判をしなければならない（家事手続288・91②本文）。
効　力	即時抗告の提起により、審判の確定は遮断される（家事手続288・74⑤）。
対　象	家事調停手続において、審判に対する即時抗告は、以下の場合などに認められている。 ①　調停申立てを不適法として却下する審判（家事手続255③） ②　合意に相当する審判に対する異議を却下する審判（家事手続280②） ③　調停に代わる審判に対する異議を却下する審判（家事手続286④） ④　審判に対する即時抗告を不適法として却下する審判（家事手続288・87④）
特別抗告	家庭裁判所の審判で不服を申し立てることができないものおよび高等裁判所の決定に対しては、その裁判に憲法の解釈に誤りがあることその他憲法の違反があることを理由とするときに、最高裁判所に特別抗告をすることができる（家事手続288・94①）。
期　間	特別抗告は、裁判の告知を受けた日から5日の不変期間内にしなければならない（家事手続288・96・86②、民訴336②）。
効　力	特別抗告は、執行停止の効力を有しない（家事手続288・95①）。

第3章　家事調停に関する手続

許可抗告	高等裁判所の決定に対しては、最高裁判所の判例（これがない場合にあっては、大審院または上告裁判所もしくは抗告裁判所である高等裁判所の判例）と相反する判断がある場合その他の法令の解釈に関する重要な事項を含むと認められ、その高等裁判所が許可したときに限り、最高裁判所に特に抗告をすることができる（家事手続288・97①②）。
期　　間	許可抗告の申立ては、裁判の告知を受けたときから5日の不変期間内にしなければならない（家事手続288・98②、民訴336②）。
効　　力	許可抗告は執行停止の効力を有しない（家事手続288・98①・95①）。
再　　審	確定した審判に対しては、民事訴訟法338条1項各号に定める再審事由がある場合に、再審を申し立てることができる（家事手続288・103①③）。
期　　間	再審の申立ては、原則として、再審の事由を知った日から30日の不変期間内に、当該審判をした裁判所にしなければならない（家事手続288・103③、民訴342①・340①）。

家事調停に関する審判以外の裁判に対する不服申立て　　▶家事手続288

即時抗告	家事調停に関する審判以外の裁判に対しては、特に定めがある場合に限り、即時抗告をすることができる（家事手続288・99）。
期　　間	家事調停に関する審判以外の裁判に対する即時抗告は、1週間の不変期間内にしなければならない（家事手続288・101①）。
効　　力	家事調停に関する審判以外の裁判に対する即時抗告は、特別の定めがある場合を除き、執行停止の効力を有しない（家事手続288・101②）。
対　　象	家事調停手続において、家事調停に関する審判以外の裁判に対する即時抗告は、以下の場合などに認められている。 ①　移送の裁判および移送申立てを却下する裁判（家事手続246④・9③） ②　記録の閲覧等の許可の申立てを却下する裁判（家事手続254⑥・47⑧） ③　記録の閲覧等の許可の申立てを却下する裁判に対する即時抗告を却下する裁判（家事手続254⑥・47⑨⑩） ④　補正命令に応じない場合の家事調停申立書を却下する命令（記載内容の不備、手数料の予納）（家事手続255④・49⑥） ⑤　補正命令に応じない場合の家事調停申立書を却下する命令（申立書の写しの送付または通知の不備等）（家事手続256②・49⑥） ⑥　申立書の写しの送付または通知の費用の予納命令に応じない場合の家事調

第3章　家事調停に関する手続

	停申立書を却下する命令（家事手続256②・67④） ⑦　当事者参加の申出を却下する裁判（家事手続258①・41④） ⑧　利害関係参加の申出を却下する裁判（家事手続258①・42⑥） ⑨　手続からの排除の裁判（家事手続258①・43②） ⑩　受継申立てを却下する裁判（家事手続258①・44②） ⑪　証拠調べについて準用される民事訴訟法の規定による即時抗告の対象となる裁判（家事手続258①・64①） ⑫　受命裁判官または受託裁判官の裁判に対する異議申立てについての裁判（家事手続288・100②） ⑬　調停調書の更正決定（家事手続269③） ⑭　調停調書の更正の申立てを不適法として却下する決定（家事手続269④）
異　議	家事調停手続において、受訴裁判所に対する異議は以下の場合に認められている。 ①　裁判長の指揮に関する命令（家事手続258①・52③） ②　受命裁判官または受託裁判官の裁判（家事手続288・100①） ③　合意に相当する審判（家事手続279①） ④　調停に代わる審判（家事手続286①）

第4章　履行の確保

4-1　履行状況の調査および履行の勧告

義務の履行状況の調査および履行の勧告　▶家事手続289

　義務を定める審判をした家庭裁判所は、権利者の申出があるときは、その審判で定められた義務の履行状況を調査し、義務者に対し、その義務の履行を勧告することができる（家事手続289①）。
　義務を定める審判をした家庭裁判所は、調査および勧告を他の家庭裁判所に嘱託することができる（家事手続289②）。
　調停において定められた義務、調停に代わる審判において定められた義務（高等裁判所において定められたものを含む。）の履行および調停前の処分として命じられた事項の履行にも準用される（家事手続289⑦）。

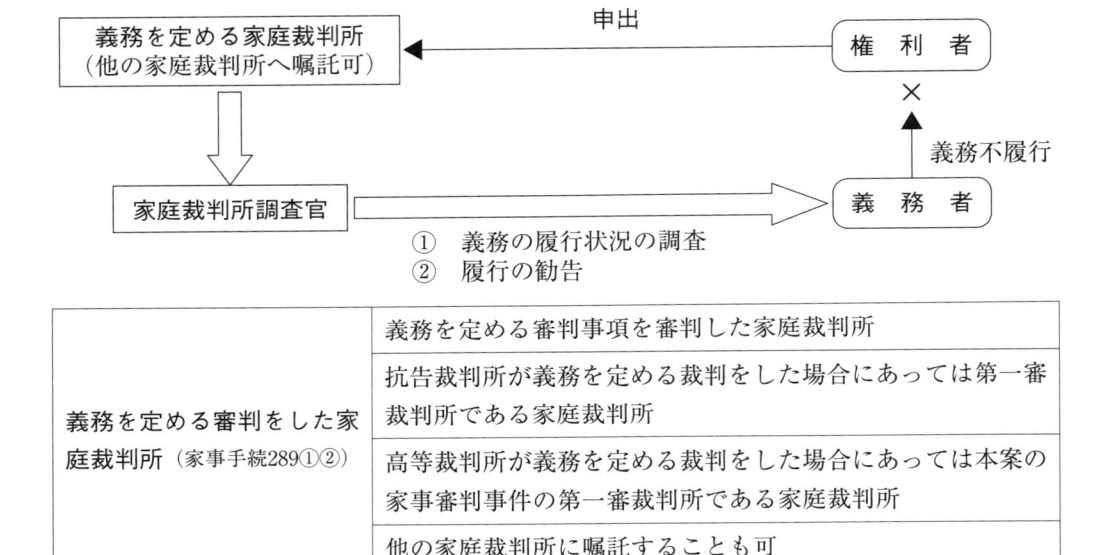

義務を定める審判をした家庭裁判所（家事手続289①②）	義務を定める審判事項を審判した家庭裁判所
	抗告裁判所が義務を定める裁判をした場合にあっては第一審裁判所である家庭裁判所
	高等裁判所が義務を定める裁判をした場合にあっては本案の家事審判事件の第一審裁判所である家庭裁判所
	他の家庭裁判所に嘱託することも可

義務の履行状況の調査および勧告に関する措置等　▶家事手続289④⑤

　調査および勧告をする家庭裁判所は、調査および勧告に関し、関係各所に対し必要な措置をとり、または報告を求めることができる（家事手続289④⑤、家事手続規139①）。
①　調整（事件の関係人の家庭環境その他の環境の調整を行うために必要があると認めるとき）

第4章　履行の確保

② 嘱託（裁判所書記官の手続）

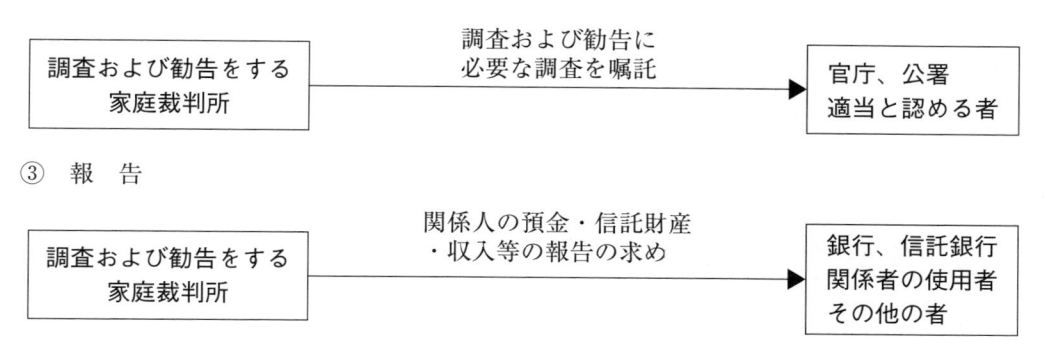

```
┌──────────────┐   調査および勧告に    ┌──────────────┐
│ 調査および勧告をする │ ─ 必要な調査を嘱託 → │ 官庁、公署    │
│ 家庭裁判所     │                    │ 適当と認める者 │
└──────────────┘                    └──────────────┘
```

③ 報　告

```
┌──────────────┐  関係人の預金・信託財産  ┌──────────────┐
│ 調査および勧告をする │ ─・収入等の報告の求め → │ 銀行、信託銀行 │
│ 家庭裁判所     │                      │ 関係者の使用者 │
└──────────────┘                      │ その他の者    │
                                     └──────────────┘
```

memo　社会福祉機関との連絡の措置等

　　旧法では、義務の履行状況の調査および履行の勧告の手続に、社会福祉機関との連絡等の措置（旧家審規7の5）や調査の嘱託等（旧家審規8）の、審判の手続について定められた調査の方法に相当する規定が置かれていなかったが、これらの調査方法は義務の履行状況の調査および履行の勧告の手続においても有用であることから、類推適用する解釈が一般であった。新法は、従来の解釈を明文化したものである（家事手続289④⑤）。

当該事件の記録の閲覧等の請求　　　　　　　　　　　▶家事手続289⑥

　事件の関係人から当該事件の記録の閲覧等またはその複製の請求があった場合、家庭裁判所は、相当と認めるときは、これを許可することができる。

```
┌──────────────┐   事件記録の閲覧・複製の請求   ┌──────────┐
│ 調査および勧告をする │ ←──────────────── │ 事件関係人 │
│ 家庭裁判所     │                            └──────────┘
└──────────────┘
```

第4章　履行の確保

4-2　履行命令

義務履行の命令　　　　　　　　　　　　　　　　　　　　　▶家事手続290

　義務を定める審判をした家庭裁判所は、その審判で定められた金銭の支払その他の財産上の給付を目的とする義務の履行を怠った者がある場合において、相当と認めるときは、権利者の申立てにより、義務者に対し相当の期限を定めて、命令をする時までに義務者が履行を怠った義務の全部または一部についての履行をすべきことを命ずる審判をすることができる（家事手続290①）。なお、義務の履行を命ずるには、義務者の陳述を聴かなければならない（家事手続290②）。

　調停において定められた義務、調停に代わる審判において定められた義務にも準用される（家事手続290③）。

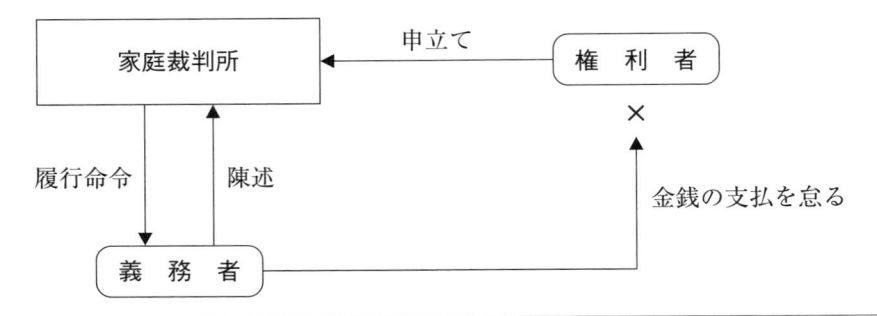

義務を定める審判をした家庭裁判所（家事手続289①）	義務を定める審判事項を審判した家庭裁判所
	抗告裁判所が義務を定める裁判をした場合にあっては第一審裁判所である家庭裁判所
	高等裁判所が義務を定める裁判をした場合にあっては本案の家事審判事件の第一審裁判所である家庭裁判所

制裁の告知　　　　　　　　　　　　　　　　　　　　　　▶家事手続規140

　家庭裁判所は、義務の履行をすべきことを命ずる審判をする場合には、同時に、義務者に対し、その違反に対する法律上の制裁を告知しなければならない。

命令に従わない場合　　　　　　　　　　　　　　　　　　▶家事手続290⑤

　義務の履行を命じられた者が正当な理由なくその命令に従わないときは、家庭裁判所は、10万円以下の過料に処する。

第5章 罰　則

5-1　罰　則

過料の裁判の執行　　　　　　　　　　　　　　　　　　　▶家事手続291

　過料の裁判は、裁判官の命令で執行する。この命令は、執行力のある債務名義と同一の効力を有する（家事手続291）。

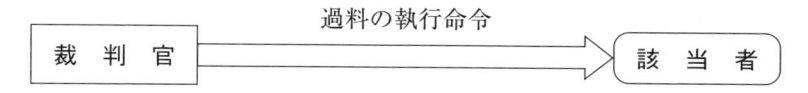

```
裁判官 ──過料の執行命令──▶ 該当者
```

【過料の裁判】

裁判の種類		過料額
家事審判の手続の期日における出頭命令違反に対する過料（家事手続51③）		5万円以下
家事審判の手続における証拠調べにおける過料（家事手続64③④）	文書の不提出	20万円以下
	書証を妨げる目的による提出義務ある文書の滅失	
	検証を妨げる目的で検証目的の滅失	
	筆跡等の対照の用に供すべき筆跡または印影を備える文書の不提出	10万円以下
	対照の用に供することを妨げる目的で対照の用に供すべき筆跡または印影を備える文書の滅失	
	筆記の決定に正当な理由なく従わないとき、文字の書体を変えて筆記したとき	
調停前の処分の命令違反に対する過料（家事手続266④）		10万円以下
義務履行命令違反に対する過料（家事手続290⑤）		10万円以下

第5章 罰　則

人に秘密を漏らす罪　　　　　　　　　　　　　　　　　　　　　▶家事手続292

　参与員、家事調停委員またはこれらの職にあった者が正当な理由なくその職務上取り扱ったことについて知り得た人の秘密を漏らしたときは、1年以下の懲役または50万円以下の罰金に処する（家事手続292）。

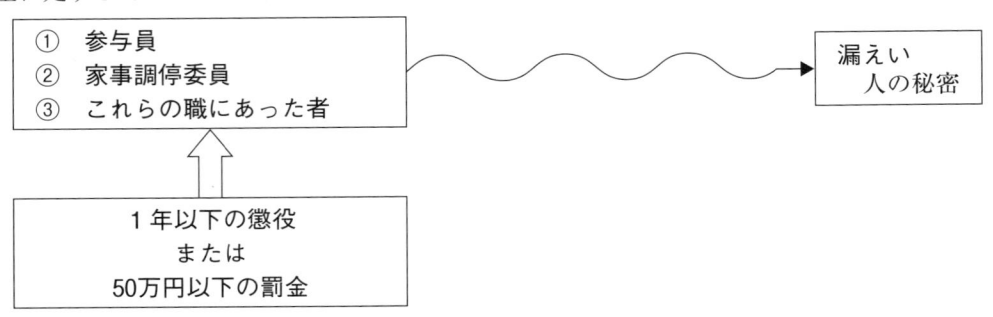

```
┌─────────────────────────┐                    ┌──────────────┐
│ ①　参与員               │  ～～～～～～～＞  │ 漏えい       │
│ ②　家事調停委員         │                    │   人の秘密   │
│ ③　これらの職にあった者 │                    └──────────────┘
└─────────────────────────┘
           ↑
┌─────────────────────────┐
│     1年以下の懲役       │
│         または          │
│    50万円以下の罰金     │
└─────────────────────────┘
```

評議の秘密を漏らす罪　　　　　　　　　　　　　　　　　　　　▶家事手続293

　家事調停委員または家事調停委員であった者が正当な理由なく評議の経過、または裁判官、家事調停官もしくは家事調停委員の意見、もしくはその多少の数を漏らしたときは、30万円以下の罰金に処する。参与員または参与員であった者が正当な理由なく裁判官または参与員の意見を漏らしたときも、同様とする（家事手続293）。

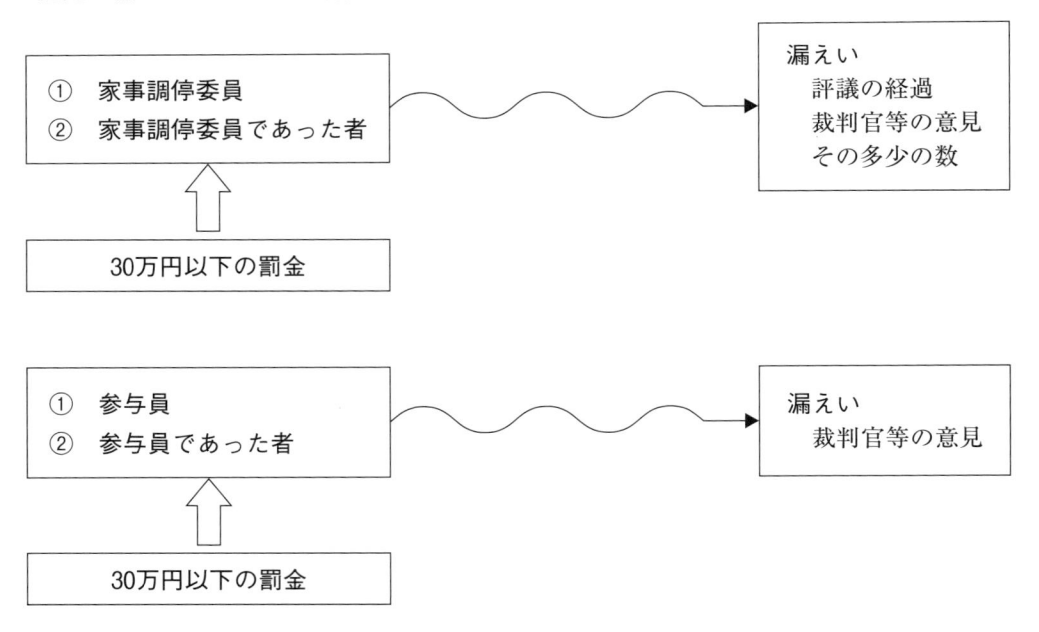

```
┌─────────────────────────┐                    ┌────────────────┐
│ ①　家事調停委員         │  ～～～～～～～＞  │ 漏えい         │
│ ②　家事調停委員であった者│                   │   評議の経過   │
└─────────────────────────┘                    │   裁判官等の意見│
           ↑                                   │   その多少の数 │
┌─────────────────────────┐                    └────────────────┘
│    30万円以下の罰金     │
└─────────────────────────┘

┌─────────────────────────┐                    ┌────────────────┐
│ ①　参与員               │  ～～～～～～～＞  │ 漏えい         │
│ ②　参与員であった者     │                    │   裁判官等の意見│
└─────────────────────────┘                    └────────────────┘
           ↑
┌─────────────────────────┐
│    30万円以下の罰金     │
└─────────────────────────┘
```

第6章　成年後見

6-1	法定後見（後見・保佐・補助）
6-1-1	後見開始
6-1-1-1	後見開始

あらまし	精神上の障害により事理を弁識する能力を欠く常況にある者については、家庭裁判所は、本人、配偶者、4親等内の親族、未成年後見人、未成年後見監督人、保佐人、保佐監督人、補助人、補助監督人または検察官の請求により、後見開始の審判をすることができる（家事手続別表1①、民7）。
提 出 書 類	後見開始審判申立書
添 付 書 類	**本　人**　戸籍謄本（全部事項証明書）、住民票または戸籍附票、登記されていないことの証明書、診断書、財産に関する資料 **成年後見人候補者**　住民票または戸籍附票、法人の場合は法人登記事項証明書
管　　　轄	成年被後見人となるべき者の住所地を管轄する家庭裁判所（家事手続117①）
申 立 権 者	本人、配偶者、4親等内の親族、未成年後見人、未成年後見監督人、保佐人、保佐監督人、補助人、補助監督人、検察官（民7） **memo**　市区町村長（精神51の11の2、知障28、老福32）のほか、任意後見契約が登記されている場合には、任意後見受任者、任意後見人、任意後見監督人（任意後見10②）も申立てをすることができる。
解　　　説	**手続行為能力** 　後見開始の審判事件（後見開始の審判事件を本案とする保全処分についての審判事件を含む。）においては、成年被後見人となるべき者は、一般的に手続行為能力の制限を受けていても、自ら有効に手続行為をすることができる。 　その者が被保佐人または被補助人（手続行為をすることにつきその補助人の同意を得ることを要するものに限る。）であって、保佐人もしくは保佐監督人または補助人もしくは補助監督人の同意がない場合も同様とする（家事手続118一）。 **精神の状況に関する鑑定** 　家庭裁判所は、成年被後見人となるべき者の精神の状況につき鑑定をしなければ、後見開始の審判をすることができない。ただし、明らかにその必要がないと認めるときは、この限りでない（家事手続119①）。

第6章　成年後見

陳述の聴取
　家庭裁判所は、後見開始の審判をする場合には、成年被後見人となるべき者（申立人を除く。）の陳述を聴かなければならない。ただし、心身の障害によりその者の陳述を聴くことができないときは、この限りではない（家事手続120①一）。

申立ての取下げの制限
　後見開始の申立ては、審判がされる前であっても、家庭裁判所の許可を得なければ、取り下げることができない（家事手続121一）。

審判の告知
　後見開始の審判は、成年被後見人となるべき者に通知しなければならない（家事手続122①前段）。この場合においては、成年被後見人となるべき者については、家事事件手続法74条1項の告知はなされない（家事手続122①後段）。
　また、後見開始の審判は、当事者および利害関係参加人ならびにこれらの者以外の審判を受ける者のほか、成年後見人に選任される者、ならびに後見開始の審判を受けたことにより終了する任意後見契約に係る任意後見人および任意後見監督人に告知しなければならない（家事手続122②一）。

即時抗告
　後見開始の審判に対しては、申立人を除く、本人、配偶者、4親等内の親族、未成年後見人、未成年後見監督人、保佐人、保佐監督人、補助人、補助監督人、検察官、任意後見受任者、任意後見人および任意後見監督人が即時抗告をすることができる（家事手続123①一）。
　審判の告知を受ける者でない者による後見開始の審判に対する即時抗告の期間は、成年後見人に選任される者が審判の告知を受けた日（二以上あるときは、当該日のうち最も遅い日）から進行する（家事手続123②）。
　後見開始の申立てを却下する審判に対しては、申立人が即時抗告をすることができる（家事手続123①二）。

後見開始の審判事件を本案とする保全処分
　家庭裁判所（本案の家事審判事件が高等裁判所に係属する場合にあっては、高等裁判所）は、後見開始の申立てがあった場合において、成年被後見人となるべき者の生活、療養看護または財産の管理のため必要があるときは、申立てによりまたは職権で、担保を立てさせないで、後見開始の申立てについての審判が効力を生ずるまでの間、財産の管理者を選任し、または事件の関係人に対し、成年被後見人となるべき者の生活、療養看護もしくは財産の管理に関する事項を指示することができる（家事手続126①）。
　また、家庭裁判所は、後見開始の申立てがあった場合において、成年被後見人となるべき者の財産の保全のため特に必要があるときは、当該

第6章　成年後見

申立てをした者の申立てにより、後見開始の申立てについての審判が効力を生ずるまでの間、成年被後見人となるべき者の財産上の行為（民法9条ただし書に規定する日用品の購入その他日常生活に関する行為を除く。）につき、財産の管理者の後見を受けることを命ずることができる（家事手続126②）。

家庭裁判所は、成年被後見人となるべき者の心身の障害によりその者の陳述を聴くことができないときは、その者の陳述を聴く手続を経ずに、家事事件手続法126条2項の規定による審判（後見命令の審判）をすることができる（家事手続126③）。

後見命令の審判は、財産の管理者（数人あるときは、そのうちの1人）に告知することによって、その効力を生ずる（家事手続126④）。

後見命令の審判は、成年被後見人となるべき者に通知しなければならない。この場合においては、成年被後見人となるべき者については、家事事件手続法74条1項の告知はなされない（家事手続126⑤）。

審判の告知を受ける者でない者による後見命令の審判に対する即時抗告の期間は、財産の管理者が告知を受けた日（二以上あるときは、当該日のうち最も遅い日）から進行する（家事手続126⑥）。

後見命令の審判があったときは、成年被後見人となるべき者および財産の管理者は、成年被後見人となるべき者がした財産上の行為を取り消すことができる（家事手続126⑦本文）。

第6章　成年後見

6-1-1-2	後見開始の審判の取消し
あらまし	精神上の障害により事理を弁識する能力を欠く常況にある者は、家庭裁判所によって後見開始の審判がされるが（民7）、その原因が消滅したときは、家庭裁判所は、本人、配偶者、4親等内の親族、後見人、後見監督人または検察官の請求により、後見開始の審判を取り消さなければならない（家事手続別表1②、民10）。
提出書類	後見開始審判取消審判申立書
添付書類	後見登記事項証明書 申立人　申立理由（原因消滅）を証する資料（診断書等）、戸籍謄本（全部事項証明書）
管　轄	後見開始の審判をした家庭裁判所（抗告裁判所が後見開始の裁判をした場合にあっては、その第一審裁判所である家庭裁判所） ただし、後見開始の審判事件が家庭裁判所に係属しているときは、その家庭裁判所（家事手続117②）
申立権者	本人、配偶者、4親等内の親族、後見人、後見監督人、検察官（民10）
解　説	**手続行為能力** 　後見開始の審判の取消しの審判事件においては、成年被後見人は、一般的に手続行為能力の制限を受けていても、自ら有効に手続行為をすることができる（家事手続118二）。 **精神の状況に関する意見の聴取** 　家庭裁判所は、成年被後見人の精神の状況につき医師の意見を聴かなければ、後見開始の審判の取消しの審判（民10）をすることができない。ただし、明らかにその必要がないと認めるときは、この限りでない（家事手続119②）。 **陳述の聴取** 　家庭裁判所は、後見開始の審判の取消しの審判（民10）をする場合には、成年被後見人および成年後見人（申立人を除く。）の陳述を聴かなければならない。ただし、成年被後見人については、心身の障害によりその者の陳述を聴くことができないときは、この限りでない（家事手続120①二）。 **審判の告知** 　後見開始の審判の取消しの審判は、成年後見人および成年後見監督人にも告知しなければならない（家事手続122②二）。 **即時抗告** 　後見開始の審判の取消しの申立てを却下する審判に対しては、本人、配偶者、4親等内の親族、後見人、後見監督人および検察官が即時抗告をすることができる（家事手続123①三）。

第6章　成年後見

6-1-1-3	成年後見人の選任
あらまし	成年後見人が欠けたとき、または成年後見人が選任されている場合においても、必要があるときは、成年後見人の選任の審判を申し立てることができる（家事手続別表1③、民843②③）。
提出書類	成年後見人選任の審判申立書
添付書類	後見登記事項証明書 申立人　申立理由を証する資料、戸籍謄本（全部事項証明書）、利害関係を証する資料 成年後見人候補者　住民票または戸籍附票
管轄	後見開始の審判をした家庭裁判所（抗告裁判所が後見開始の裁判をした場合にあっては、その第一審裁判所である家庭裁判所） ただし、後見開始の審判事件が家庭裁判所に係属しているときは、その家庭裁判所（家事手続117②）
申立権者	（成年後見人が欠けたとき） 　成年被後見人、その親族その他の利害関係人（民843②） （成年後見人が選任されている場合において、必要があるとき） 　成年被後見人、その親族その他の利害関係人、成年後見人（民843③）
解説	手続行為能力 　成年後見人の選任の審判事件においては、成年被後見人は、一般的に手続行為能力の制限を受けていても、自ら有効に手続行為をすることができる（家事手続118三）。 陳述の聴取 　家庭裁判所は、成年後見人の選任の審判をする場合には、成年被後見人となるべき者および成年被後見人（申立人を除く。）の陳述を聴かなければならない。ただし、心身の障害によりその者の陳述を聴くことができないときは、この限りでない（家事手続120①三）。 意見の聴取 　家庭裁判所は、成年後見人の選任の審判をする場合には、成年後見人となるべき者の意見を聴かなければならない（家事手続120②一）。 申立ての取下げの制限 　成年後見人が欠けたときにおける成年後見人の選任の申立ては、審判がされる前であっても、家庭裁判所の許可を得なければ、取り下げることができない（家事手続121二）。 即時抗告 　成年後見人を選任する審判および申立てを却下する審判に対しては、不服申立てをすることができない。

第6章　成年後見

6-1-1-4	成年後見人の辞任についての許可
あらまし	成年後見人は、正当な事由があるときは、家庭裁判所の許可を得て、その任務を辞することができる（家事手続別表1④、民844）。 **memo** 　正当な事由とは、今後の成年後見人の任務の遂行に支障が生じるようなやむを得ない事情がある場合、例えば、職業上の必要からの遠隔地への転居、老齢、疾病、成年後見人の任務が既に長期にわたること等による負担過重などである。
提出書類	成年後見人の辞任許可審判申立書
添付書類	後見登記事項証明書、申立理由（正当の事由）を証する資料
管　　轄	後見開始の審判をした家庭裁判所（抗告裁判所が後見開始の裁判をした場合にあっては、その第一審裁判所である家庭裁判所） ただし、後見開始の審判事件が家庭裁判所に係属しているときは、その家庭裁判所（家事手続117②）
申立権者	成年後見人（民844）
解　　説	審判の告知 　辞任を許可する審判および申立てを却下する審判は、申立人（成年後見人）に告知をし、これによってその効力を生ずる（家事手続74②③）。 即時抗告 　辞任を許可する審判および申立てを却下する審判に対しては、不服申立てをすることができない。 新たな後見人の選任の請求 　成年後見人がその任務を辞したことによって新たな成年後見人を選任する必要が生じたときは、その成年後見人は、遅滞なく新たな成年後見人の選任を家庭裁判所に請求しなければならない（民845）。

第6章　成年後見

6-1-1-5	成年後見人の解任
あ ら ま し	成年後見人に不正な行為、著しい不行跡その他後見の事務に適しない事由があるときは、家庭裁判所は、成年後見監督人、成年被後見人もしくはその親族もしくは検察官の請求により、または職権で、これを解任することができる（家事手続別表1⑤、民846）。
提 出 書 類	成年後見人解任審判申立書
添 付 書 類	後見登記事項証明書 申立人　戸籍謄本（全部事項証明書）、申立理由を証する資料
管　　　轄	後見開始の審判をした家庭裁判所（抗告裁判所が後見開始の裁判をした場合にあっては、その第一審裁判所である家庭裁判所）（家事手続117②）
申 立 権 者	成年後見監督人、成年被後見人、その親族、検察官（民846）
解　　　説	手続行為能力 　　成年後見人の解任の審判事件においては、成年被後見人は、一般的に手続行為能力の制限を受けていても、自ら有効に手続行為をすることができる（家事手続118四）。 陳述の聴取 　　家庭裁判所は、成年後見人の解任の審判をする場合には、成年後見人の陳述を聴かなければならない（家事手続120①四）。 即時抗告 　　成年後見人の解任の審判に対しては、成年後見人が、成年後見人の解任の申立てを却下する審判に対しては、申立人、成年後見監督人ならびに成年被後見人およびその親族が、それぞれ即時抗告をすることができる（家事手続123①四・五）。 　　**memo**　旧法の下では、成年後見人の解任の審判に対し、成年後見監督人、成年被後見人およびその親族も即時抗告をすることができたが（旧家審規87①）、解任される成年後見人自身が即時抗告をしない場合に、他の者がその判断を争うことは相当でなく、また、そのような場合には、当該成年後見人に職務を継続させることは適切ではないので、当該審判に対しては、解任される成年後見人のみが即時抗告をすることができるものと改められた。 成年後見人の解任の審判事件を本案とする保全処分 　　家庭裁判所は、成年後見人の解任の審判事件が係属している場合にお

第6章　成年後見

いて、成年被後見人の利益のため必要があるときは、成年後見人の解任の申立てをした者の申立てにより、または職権で、成年後見人の解任についての審判が効力を生ずるまでの間、成年後見人の職務の執行を停止し、またはその職務代行者を選任することができる（家事手続127①）。

　成年後見人の職務の執行を停止する審判は、職務の執行を停止される成年後見人、他の成年後見人または職務代行者に告知することによって、その効力を生ずる（家事手続127②）。

　家庭裁判所は、いつでも職務代行者を改任することができる（家事手続127③）。

　家庭裁判所は、職務代行者に対し、成年後見人の財産の中から、相当な報酬を与えることができる（家事手続127④）。

第6章　成年後見

6-1-1-6	成年後見監督人の選任
あらまし	家庭裁判所は、必要があると認めるときは、成年被後見人、その親族もしくは成年後見人の請求により、または職権で、成年後見監督人を選任することができる（家事手続別表1⑥、民849）。
提出書類	成年後見監督人選任審判申立書
添付書類	後見登記事項証明書 申立人　申立理由を証する資料、戸籍謄本（全部事項証明書） 成年後見監督人候補者　住民票または戸籍附票
管轄	後見開始の審判をした家庭裁判所（抗告裁判所が後見開始の裁判をした場合にあっては、その第一審裁判所である家庭裁判所） ただし、後見開始の審判事件が家庭裁判所に係属しているときは、その家庭裁判所（家事手続117②）
申立権者	成年被後見人、その親族、成年後見人（民849）
解説	**手続行為能力** 　　成年後見監督人の選任の審判事件においては、成年被後見人は、一般的に手続行為能力の制限を受けていても、自ら有効に手続行為をすることができる（家事手続118五）。 **陳述の聴取** 　　家庭裁判所は、成年後見監督人の選任の審判をする場合には、成年被後見人（申立人を除く。）の陳述を聴かなければならない。ただし、心身の障害によりその者の陳述を聴くことができないときは、この限りでない（家事手続120①三）。 **意見の聴取** 　　家庭裁判所は、成年後見監督人の選任の審判をする場合には、成年後見監督人となるべき者の意見を聴かなければならない（家事手続120②二）。 **即時抗告** 　　成年後見監督人を選任する審判および申立てを却下する審判に対しては、不服申立てをすることができない。

第6章　成年後見

6-1-1-7	成年後見監督人の辞任についての許可
あらまし	成年後見監督人は、正当な事由があるときは、家庭裁判所の許可を得て、その任務を辞することができる（家事手続別表1⑦、民852・844）。 memo　正当な事由とは、今後の成年後見監督人の任務の遂行に支障が生じるようなやむを得ない事情がある場合、例えば、職業上の必要からの遠隔地への転居、老齢、疾病、成年後見監督人の任務が既に長期にわたること等による負担過重などである。
提出書類	成年後見監督人の辞任許可審判申立書
添付書類	後見登記事項証明書、申立理由（正当の事由）を証する資料
管　　轄	後見開始の審判をした家庭裁判所（抗告裁判所が後見開始の裁判をした場合にあっては、その第一審裁判所である家庭裁判所） ただし、後見開始の審判事件が家庭裁判所に係属しているときは、その家庭裁判所（家事手続117②）
申立権者	成年後見監督人（民852・844）
解　　説	審判の告知 　　辞任を許可する審判および申立てを却下する審判は、申立人（成年後見監督人）に告知をし、これによってその効力を生ずる（家事手続74②③）。 即時抗告 　　辞任を許可する審判および申立てを却下する審判に対しては、不服申立てをすることができない。

第6章　成年後見

6-1-1-8	成年後見監督人の解任
あらまし	成年後見監督人に不正な行為、著しい不行跡その他後見の任務に適しない事由があるときは、家庭裁判所は、成年後見監督人、成年被後見人もしくはその親族もしくは検察官の請求によりまたは職権で、これを解任することができる（家事手続別表1⑧、民852・846）。
提出書類	成年後見監督人解任審判申立書
添付書類	後見登記事項証明書 申立人　戸籍謄本（全部事項証明書）、申立理由を証する資料
管　　轄	後見開始の審判をした家庭裁判所（抗告裁判所が後見開始の裁判をした場合にあっては、その第一審裁判所である家庭裁判所）（家事手続117②）
申立権者	成年後見監督人、成年被後見人、その親族、検察官（民852・846） 　memo　成年後見人が申立権者であるかについては、争いがある。この点については、監督を受ける立場にある者に監督機関の解任請求権を付与することは、事柄の性質上、後見監督人の監督機能を著しく減殺することなどの理由で、消極に解する判例がある（広島高岡山支決昭36・7・14判タ122・61）。 　なお、成年後見監督人が申立権者となるのは、成年後見監督人が複数選任されている場合である。
解　　説	手続行為能力 　成年後見監督人の解任の審判事件においては、成年被後見人は、一般的に手続行為能力の制限を受けていても、自ら有効に手続行為をすることができる（家事手続118六）。 陳述の聴取 　家庭裁判所は、成年後見監督人の解任の審判をする場合には、成年後見監督人の陳述を聴かなければならない（家事手続120①五）。 即時抗告 　成年後見監督人の解任の審判に対しては、成年後見監督人が、成年後見監督人の解任の申立てを却下する審判に対しては、申立人ならびに成年被後見人およびその親族が、それぞれ即時抗告をすることができる（家事手続123①六・七）。 　memo　旧法の下では、成年後見監督人の解任の審判に対し、成年後見人、成年被後見人およびその親族も即時抗告をすることができたが（旧家審規92・87①）、解任される成年後見監督人自身が即時抗告をしない場

第6章　成年後見

合に、他の者がその判断を争うことは相当でなく、また、そのような場合には、当該成年後見監督人に職務を継続させても実効的な監督を期待することができないので、当該審判に対しては、解任される成年後見監督人のみが即時抗告をすることができるものと改められた。

成年後見監督人の解任の審判事件を本案とする保全処分

家庭裁判所は、成年後見監督人の解任の審判事件が係属している場合において、成年被後見人の利益のため必要があるときは、成年後見監督人の解任の申立てをした者の申立てにより、または職権で、成年後見監督人の解任についての審判が効力を生ずるまでの間、成年後見監督人の職務の執行を停止し、またはその職務代行者を選任することができる（家事手続127⑤①）。成年後見監督人の職務の執行を停止する審判は、職務の執行を停止される成年後見監督人、他の成年後見監督人または職務代行者に告知することによって、その効力を生ずる（家事手続127⑤②）。

家庭裁判所は、いつでも職務代行者を改任することができる（家事手続127⑤③）。

家庭裁判所は、職務代行者に対し、成年被後見人の財産の中から、相当な報酬を与えることができる（家事手続127⑤④）。

第6章　成年後見

6-1-1-9	居住用不動産の処分の許可
あらまし	成年後見人は、成年被後見人に代わって、その居住の用に供する建物またはその敷地について、売却、賃貸、賃貸借の解除または抵当権の設定その他これらに準ずる処分をするには、家庭裁判所の許可を得なければならない（家事手続別表1⑪、民859の3）。 **memo**　居住用不動産の処分に家庭裁判所の許可が必要とされた理由は、居住用不動産の処分は、成年被後見人の生活、身上に大きな影響を与えるからである。
提出書類	成年被後見人の居住用不動産処分許可審判申立書
添付書類	後見登記事項証明書、申立理由を証する資料 **memo**　申立理由を証する資料は、売買であれば、不動産登記事項証明書、不動産の価格を示す資料、売買契約書案、買主の住民票（法人の場合は登記事項証明書）などである。
管轄	後見開始の審判をした家庭裁判所（抗告裁判所が後見開始の裁判をした場合にあっては、その第一審裁判所である家庭裁判所）（家事手続117②）
申立権者	成年後見人（民859の3）
解説	**審判の告知** 　処分を許可する審判および申立てを却下する審判は、申立人に告知をし、これによってその効力を生ずる（家事手続74②③）。 **即時抗告** 　処分を許可する審判および申立てを却下する審判に対しては、不服申立てをすることができない。

第6章　成年後見

6-1-1-10	特別代理人の選任
あらまし	成年後見人と成年被後見人との利益が相反する行為については、成年後見人は、成年被後見人のために特別代理人を選任することを家庭裁判所に請求しなければならない（家事手続別表1⑫、民860・826①）。 また、成年後見人が数人の成年被後見人に対して職務を行う場合において、その1人と他の成年被後見人との利益が相反する行為については、成年後見人は、その一方のために特別代理人を選任することを家庭裁判所に請求しなければならない（家事手続別表1⑫、民860・826②）。 ただし、後見監督人がある場合は、この限りでない（民860）。
提出書類	特別代理人選任審判申立書
添付書類	後見登記事項証明書、申立理由を証する資料
管　　轄	後見開始の審判をした家庭裁判所（抗告裁判所が後見開始の裁判をした場合にあっては、その第一審裁判所である家庭裁判所） ただし、後見開始の審判事件が家庭裁判所に係属しているときは、その家庭裁判所（家事手続117②）
申立権者	成年後見人（民860・826）
解　　説	**手続行為能力** 　成年被後見人に関する特別代理人の選任の審判事件においては、成年被後見人は、一般的に手続行為能力の制限を受けていても、自ら有効に手続行為をすることができる（家事手続118七）。 **即時抗告** 　特別代理人を選任する審判および申立てを却下する審判に対しては、不服申立てをすることができない。

第6章　成年後見

6-1-1-11	成年後見人に対する報酬の付与
あらまし	家庭裁判所は、成年後見人および成年被後見人の資力その他の事情によって、成年被後見人の財産の中から、相当な報酬を成年後見人に与えることができる（家事手続別表1⑬、民862）。
提出書類	成年後見人に対する報酬付与審判申立書
添付書類	報酬付与申立事情説明書、後見等事務報告書、財産目録
管　　轄	後見開始の審判をした家庭裁判所（抗告裁判所が後見開始の裁判をした場合にあっては、その第一審裁判所である家庭裁判所）（家事手続117②）
申立権者	成年後見人（民862） **memo**　次に掲げる者も、成年後見人と同様に、報酬付与の審判を家庭裁判所に申し立てることができる。 ①　成年後見監督人（家事手続別表1⑬、民852・862） ②　保佐人・臨時保佐人（家事手続別表1㉛、民876の5②・862） ③　保佐監督人（家事手続別表1㉛、民876の3②・862） ④　補助人・臨時補助人（家事手続別表1㊿、民876の10①・862） ⑤　補助監督人（家事手続別表1㊿、民876の8②・862） ⑥　任意後見監督人（家事手続別表1⑲、任意後見7④・862） ⑦　未成年後見人（家事手続別表1⑳、民867②・862） ⑧　未成年後見監督人（家事手続別表1⑳、民852・862）
解　　説	**審判の告知** 　報酬を付与する審判および申立てを却下する審判は、申立人に告知をし、これによってその効力を生ずる（家事手続74②③）。 **即時抗告** 　報酬を付与する審判および申立てを却下する審判に対しては、不服申立てをすることができない。

第6章　成年後見

6-1-1-12	成年後見の事務の監督
あらまし	成年後見監督人または家庭裁判所は、いつでも、成年後見人に対し、後見の事務の報告もしくは財産の目録の提出を求め、または後見の事務もしくは成年被後見人の財産の状況を調査することができる。また、家庭裁判所は、成年後見監督人、成年被後見人もしくはその親族その他の利害関係人の請求により、または職権で、成年被後見人の財産の管理その他後見の事務について必要な処分を命ずることができる（家事手続別表1⑭、民863）。
提出書類	成年後見人の職務に関する処分審判申立書
添付書類	後見登記事項証明書 申立人　利害関係を証する資料、申立理由を証する資料
管　轄	後見開始の審判をした家庭裁判所（抗告裁判所が後見開始の裁判をした場合にあっては、その第一審裁判所である家庭裁判所） ただし、後見開始の審判事件が家庭裁判所に係属しているときは、その家庭裁判所（家事手続117②）
申立権者	成年後見監督人、成年被後見人、その親族その他の利害関係人（民863②）
解　説	**手続行為能力** 　成年後見の事務の監督の審判事件においては、成年被後見人は、一般的に手続行為能力の制限を受けていても、自ら有効に手続行為をすることができる（家事手続118八）。 **成年後見の事務の監督** 　家庭裁判所は、適当な者に、成年後見の事務もしくは成年被後見人の財産の状況を調査させ、または臨時に財産の管理をさせることができる（家事手続124①）。家庭裁判所は、その調査または管理をした者に対し、成年被後見人の財産の中から、相当な報酬を与えることができる（家事手続124②）。 　家庭裁判所は、家庭裁判所調査官にその調査をさせることができる（家事手続124③）。家庭裁判所調査官は、民法863条の規定による成年後見の事務に関する処分の必要があると認めるときは、その旨を家庭裁判所に報告しなければならない（家事手続規80①）。 　家庭裁判所は、いつでも、成年後見人に対し、成年被後見人の療養看護および財産の管理その他の成年後見の事務に関し相当と認める事項を指示することができる（家事手続規81①）。

第6章　成年後見

6-1-1-13	**第三者が成年被後見人に与えた財産の管理に関する処分**
あらまし	無償で成年被後見人に財産を与える第三者が、成年後見人にこれを管理させない意思を表示したときは、その財産は、成年後見人に属しないものとするが（民869・830①）、第三者が管理者を指定しなかったときは、家庭裁判所は、成年被後見人、その親族または検察官の請求によって、その管理者を選任する（家事手続別表1⑮、民869・830②）。 第三者が管理者を指定したときであっても、その管理者の権限が消滅し、またはこれを改任する必要がある場合において、第三者が更に管理者を指定しないときも同様とする（家事手続別表1⑮、民869・830③）。
提出書類	財産管理者選任審判申立書
添付書類	後見登記事項証明書 **申立人**　戸籍謄本（全部事項証明書）、申立理由を証する資料
管　　轄	後見開始の審判をした家庭裁判所（抗告裁判所が後見開始の裁判をした場合にあっては、その第一審裁判所である家庭裁判所） ただし、後見開始の審判事件が家庭裁判所に係属しているときは、その家庭裁判所（家事手続117②）
申立権者	成年被後見人、その親族、検察官（民869・830）
解　　説	**手続行為能力** 　　第三者が成年被後見人に与えた財産の管理に関する処分の審判事件においては、成年被後見人は、一般的に手続行為能力の制限を受けていても、自ら有効に手続行為をすることができる（家事手続118九）。 **即時抗告** 　　第三者が成年被後見人に与えた財産の管理に関する処分の審判および申立てを却下する審判に対しては、不服申立てをすることができない。 **管理者の改任等** 　　家庭裁判所は、いつでも、財産の管理者を改任することができる（家事手続125①）。 　　家庭裁判所は、財産の管理者に対し、財産の状況の報告および管理の計算を命ずることができる（家事手続125②）。その報告および計算に要する費用は、成年被後見人の財産の中から支弁する（家事手続125③）。

第 6 章　成年後見

財産の管理に関する処分の取消し
　家庭裁判所は、成年被後見人が財産を管理することができるようになったとき、管理すべき財産がなくなったときその他財産の管理を継続することが相当でなくなったときは、成年被後見人、財産の管理者もしくは利害関係人の申立てにより、または職権で、財産の管理者の選任その他の財産の管理に関する処分の取消しの審判をしなければならない（家事手続125⑦）。

第6章　成年後見

6-1-2	保佐開始
6-1-2-1	保佐開始

あらまし	精神上の障害により事理を弁識する能力が著しく不十分である者（後見開始の原因がある者を除く。）については、家庭裁判所は、本人、配偶者、4親等内の親族、後見人、後見監督人、補助人、補助監督人または検察官の請求により、保佐開始の審判をすることができる（家事手続別表1⑰、民11）。
提出書類	保佐開始審判申立書
添付書類	本　人　戸籍謄本（全部事項証明書）、住民票または戸籍附票、登記されていないことの証明書、診断書、財産に関する資料、同意権または代理権付与を求める場合は、同意権または代理権を要する行為に関する資料 保佐人候補者　住民票または戸籍附票、法人の場合は法人登記事項証明書
管　轄	被保佐人となるべき者の住所地を管轄する家庭裁判所（家事手続128①）
申立権者	本人、配偶者、4親等内の親族、後見人、後見監督人、補助人、補助監督人、検察官（民11） **memo**　市区町村長（精神51の11の2、知障28、老福32）のほか、任意後見契約が登記されている場合には、任意後見受任者、任意後見人、任意後見監督人（任意後見10②）も申立てをすることができる。
解　説	**手続行為能力** 　保佐開始の審判事件（保佐開始の審判事件を本案とする保全処分についての審判事件を含む。）においては、被保佐人となるべき者は、一般的に手続行為能力の制限を受けていても、自ら有効に手続行為をすることができる（家事手続129一・118）。 **精神の状況に関する鑑定** 　家庭裁判所は、被保佐人となるべき者の精神の状況につき鑑定をしなければ、保佐開始の審判をすることができない。ただし、明らかにその必要がないと認めるときは、この限りでない（家事手続133・119①）。 **陳述の聴取** 　家庭裁判所は、保佐開始の審判をする場合には、被保佐人となるべき者（申立人を除く。）の陳述を聴かなければならない（家事手続130①一）。 **申立ての取下げの制限** 　保佐開始の申立ては、審判がされる前であっても、家庭裁判所の許可を得なければ、取り下げることができない（家事手続133・121）。

第6章　成年後見

審判の告知
　保佐開始の審判は、当事者および利害関係参加人ならびにこれらの者以外の審判を受ける者のほか、保佐人に選任される者、ならびに保佐開始の審判を受けたことにより終了する任意後見契約に係る任意後見人および任意後見監督人に告知しなければならない（家事手続131一）。

即時抗告
　保佐開始の審判に対しては、申立人を除く、本人、配偶者、4親等内の親族、後見人、後見監督人、補助人、補助監督人、検察官、任意後見受任者、任意後見人、任意後見監督人が即時抗告をすることができる（家事手続132①一）。
　審判の告知を受ける者でない者および被保佐人となるべき者による保佐開始の審判に対する即時抗告の期間は、被保佐人となるべき者が審判の告知を受けた日および保佐人に選任される者が審判の告知を受けた日のうち最も遅い日から進行する（家事手続132②）。
　保佐開始の申立てを却下する審判に対しては、申立人が即時抗告をすることができる（家事手続132①二）。

保佐開始の審判事件を本案とする保全処分
　家庭裁判所（本案の家事審判事件が高等裁判所に係属する場合にあっては、高等裁判所）は、保佐開始の申立てがあった場合において、被保佐人となるべき者の生活、療養看護または財産の管理のため必要があるときは、申立てによりまたは職権で、担保を立てさせないで、保佐開始の申立てについての審判が効力を生ずるまでの間、財産の管理者を選任し、または事件の関係人に対し、被保佐人となるべき者の生活、療養看護もしくは財産の管理に関する事項を指示することができる（家事手続134・126①）。
　また、家庭裁判所は、保佐開始の申立てがあった場合において、被保佐人となるべき者の財産の保全のため特に必要があるときは、当該申立てをした者の申立てにより、保佐開始の申立てについての審判が効力を生ずるまでの間、被保佐人となるべき者の財産上の行為（民法13条1項に規定する行為に限る。）につき、財産の管理者の保佐を受けることを命ずること（保佐命令の審判）ができる（家事手続134②）。
　保佐命令の審判は、当事者および利害関係参加人ならびにこれらの者以外の審判を受ける者のほか、財産の管理者に告知しなければならない（家事手続134③）。
　審判の告知を受ける者でない者および被保佐人となるべき者による保佐命令の審判に対する即時抗告の期間は、被保佐人となるべき者が審判の告知を受けた日および財産の管理者が審判の告知を受けた日のうち最も遅い日から進行する（家事手続134④）。
　保佐命令の審判があったときは、被保佐人となるべき者および財産の管理者は、被保佐人となるべき者が財産の管理者の同意を得ないでした財産上の行為を取り消すことができる（家事手続134⑤本文）。

第6章　成年後見

6-1-2-2	保佐人の同意を得なければならない行為の定め
あらまし	家庭裁判所は、本人、配偶者、4親等内の親族、後見人、後見監督人、補助人、補助監督人、検察官、保佐人または保佐監督人の請求により、被保佐人が民法13条1項本文に掲げる行為以外の行為をする場合であっても、その保佐人の同意を得なければならない旨の審判をすることができる。ただし、日用品の購入その他日常生活に関する行為（民9ただし書）については、この限りでない（家事手続別表1⑱、民13②）。
提出書類	保佐人の同意を得なければならない行為の定め審判申立書
添付書類	後見登記事項証明書 申立人　戸籍謄本（全部事項証明書）、対象行為を証する資料
管轄	保佐開始の審判をした家庭裁判所（抗告裁判所が保佐開始の裁判をした場合にあっては、その第一審裁判所である家庭裁判所） ただし、保佐開始の審判事件が家庭裁判所に係属しているときは、その家庭裁判所（家事手続128②）
申立権者	本人、配偶者、4親等内の親族、後見人、後見監督人、補助人、補助監督人、検察官、保佐人、保佐監督人（民13②） **memo**　市区町村長（精神51の11の2、知障28、老福32）も申立てをすることができる。
解説	**手続行為能力** 　保佐人の同意を得なければならない行為の定めの審判事件においては、被保佐人となるべき者および被保佐人は、一般的に手続行為能力の制限を受けていても、自ら有効に手続行為をすることができる（家事手続129二・118）。 **陳述の聴取** 　家庭裁判所は、保佐人の同意を得なければならない行為の定めの審判をする場合には、被保佐人となるべき者または被保佐人（申立人を除く。）の陳述を聴かなければならない（家事手続130①二）。 **審判の告知** 　保佐人の同意を得なければならない行為の定めの審判は、当事者および利害関係参加人ならびにこれらの者以外の審判を受ける者のほか、保佐人および保佐監督人（当該審判が保佐人または保佐監督人の選任の審

第6章　成年後見

判と同時にされる場合にあっては、保佐人となるべき者または保佐監督人となるべき者）に告知しなければならない（家事手続131二）。

即時抗告
　　保佐人の同意を得なければならない行為の定めの審判に対しては、被保佐人（申立人を除く。）が即時抗告をすることができる（家事手続132①四）。

第6章　成年後見

6-1-2-3	保佐人の同意に代わる許可
あらまし	保佐人の同意を得なければならない行為について、保佐人が被保佐人の利益を害するおそれがないにもかかわらず同意をしないときは、家庭裁判所は、被保佐人の請求により、保佐人の同意に代わる許可を与えることができる（家事手続別表1⑲、民13③）。
提出書類	保佐人の同意に代わる許可審判申立書
添付書類	後見登記事項証明書、申立理由を証する資料
管　　轄	保佐開始の審判をした家庭裁判所（抗告裁判所が保佐開始の裁判をした場合にあっては、その第一審裁判所である家庭裁判所） ただし、保佐開始の審判事件が家庭裁判所に係属しているときは、その家庭裁判所（家事手続128②）
申立権者	被保佐人（民13③）
解　　説	**手続行為能力** 　　保佐人の同意に代わる許可の審判事件においては、被保佐人は、一般的に手続行為能力の制限を受けていても、自ら有効に手続行為をすることができる（家事手続129三・118）。 **陳述の聴取** 　　家庭裁判所は、保佐人の同意に代わる許可の審判をする場合には、保佐人の陳述を聴かなければならない（家事手続130①三）。 **審判の告知** 　　保佐人の同意に代わる許可の審判は、当事者および利害関係参加人ならびにこれらの者以外の審判を受ける者のほか、保佐人および保佐監督人に告知しなければならない（家事手続131三）。 **即時抗告** 　　保佐人の同意に代わる許可の申立てを却下する審判に対しては、申立人が即時抗告をすることができる（家事手続132①五）。

第6章　成年後見

6-1-2-4	保佐開始の審判の取消し
あらまし	精神上の障害により事理を弁識するが能力が著しく不十分である者は、家庭裁判所によって保佐開始の審判がされるが（民11）、その原因が消滅したときは、保佐開始の審判の取消しの審判を申し立てることができる（家事手続別表1⑳、民14①）。
提出書類	保佐開始審判取消審判申立書
添付書類	後見登記事項証明書、申立理由を証する資料（診断書等）
管　　轄	保佐開始の審判をした家庭裁判所（抗告裁判所が保佐開始の裁判をした場合にあっては、その第一審裁判所である家庭裁判所）（家事手続128②）
申立権者	本人、配偶者、4親等内の親族、未成年後見人、未成年後見監督人、保佐人、保佐監督人、検察官（民14①）
解　　説	**手続行為能力** 　保佐開始の審判の取消しの審判事件においては、被保佐人は、一般的に手続行為能力の制限を受けていても、自ら有効に手続行為をすることができる（家事手続129四・118）。 **精神の状況に関する意見の聴取** 　家庭裁判所は、被保佐人の精神の状況につき医師の意見を聴かなければ、保佐開始の審判の取消しの審判（民14①）をすることができない。ただし、明らかにその必要がないと認めるときは、この限りでない（家事手続133・119②）。 **陳述の聴取** 　家庭裁判所は、保佐開始の審判の取消しの審判（民14①）をする場合には、被保佐人および保佐人（申立人を除く。）の陳述を聴かなければならない（家事手続130①四）。 **審判の告知** 　保佐開始の審判の取消しの審判は、当事者および利害関係参加人ならびにこれらの者以外の審判を受ける者のほか、保佐人および保佐監督人にも告知しなければならない（家事手続131四）。 **即時抗告** 　保佐開始の審判の取消しの申立てを却下する審判に対しては、本人、配偶者、4親等内の親族、未成年後見人、未成年後見監督人、保佐人、保佐監督人、検察官が即時抗告をすることができる（家事手続132①三）。

第6章　成年後見

6-1-2-5	保佐人の同意を得なければならない行為の定めの審判の取消し
あらまし	家庭裁判所は、本人、配偶者、4親等内の親族、未成年後見人、未成年後見監督人、保佐人、保佐監督人または検察官の請求により、被保佐人が民法13条1項本文に掲げる行為以外の行為をする場合であっても、その保佐人の同意を得なければならない旨の審判をすることができるが、それらの者の請求により、その審判の全部または一部を取り消すことができる（家事手続別表1㉑、民14②）。
提出書類	保佐人の同意を得なければならない行為の定めの審判取消審判申立書
添付書類	後見登記事項証明書 申立人　戸籍謄本（全部事項証明書）、申立理由を証する資料
管　轄	保佐開始の審判をした家庭裁判所（抗告裁判所が保佐開始の裁判をした場合にあっては、その第一審裁判所である家庭裁判所） ただし、保佐開始の審判事件が家庭裁判所に係属しているときは、その家庭裁判所（家事手続128②）
申立権者	本人、配偶者、4親等内の親族、未成年後見人、未成年後見監督人、保佐人、保佐監督人、検察官（民14②）
解　説	**手続行為能力** 　　保佐人の同意を得なければならない行為の定めの審判の取消しの審判事件においては、被保佐人は、一般的に手続行為能力の制限を受けていても、自ら有効に手続行為をすることができる（家事手続129五・118）。 **審判の告知** 　　保佐人の同意を得なければならない行為の定めの審判の取消しの審判は、当事者および利害関係参加人ならびにこれらの者以外の審判を受ける者のほか、保佐人および保佐監督人に告知しなければならない（家事手続131五）。 **即時抗告** 　　保佐人の同意を得なければならない行為の定めの審判の取消しの審判および申立てを却下する審判に対しては、不服申立てをすることができない。

第6章　成年後見

6-1-2-6	保佐人の選任
あらまし	保佐人が欠けたとき、または保佐人が選任されている場合においても、必要があるときは、保佐人の選任の審判を申し立てることができる（家事手続別表1㉒、民876の2②・843②③）。
提出書類	保佐人選任審判申立書
添付書類	後見登記事項証明書 申立人　申立理由を証する資料、戸籍謄本（全部事項証明書）、利害関係を証する資料 保佐人候補者　住民票または戸籍附票
管　轄	保佐開始の審判をした家庭裁判所（抗告裁判所が保佐開始の裁判をした場合にあっては、その第一審裁判所である家庭裁判所） ただし、保佐開始の審判事件が家庭裁判所に係属しているときは、その家庭裁判所（家事手続128②）
申立権者	（保佐人が欠けたとき） 　　被保佐人、その親族その他の利害関係人（民876の2②・843②） （保佐人が選任されている場合において、必要があるとき） 　　被保佐人、その親族その他の利害関係人、保佐人（民876の2②・843③）
解　説	手続行為能力 　　保佐人の選任の審判事件においては、被保佐人は、一般的に手続行為能力の制限を受けていても、自ら有効に手続行為をすることができる（家事手続129六・118）。 陳述の聴取 　　家庭裁判所は、保佐人の選任の審判をする場合には、被保佐人となるべき者または被保佐人（申立人を除く。）の陳述を聴かなければならない（家事手続130①五）。 意見の聴取 　　家庭裁判所は、保佐人の選任の審判をする場合には、保佐人となるべき者の意見を聴かなければならない（家事手続130②一）。 申立ての取下げの制限 　　保佐人が欠けたときにおける保佐人の選任の申立ては、審判がされる前であっても、家庭裁判所の許可を得なければ、取り下げることができない（家事手続133・121二）。 即時抗告 　　保佐人を選任する審判および申立てを却下する審判に対しては、不服申立てをすることができない。

第6章　成年後見

6-1-2-7	保佐人の辞任についての許可
あらまし	保佐人は、正当な事由があるときは、家庭裁判所の許可を得て、その任務を辞することができる（家事手続別表1㉓、民876の2②・844）。 **memo**　正当な事由とは、今後の保佐人の任務の遂行に支障が生じるようなやむを得ない事情がある場合、例えば、職業上の必要からの遠隔地への転居、老齢、疾病、保佐人の任務が既に長期にわたること等による負担過重などである。
提出書類	保佐人の辞任許可審判申立書
添付書類	後見登記事項証明書、申立理由（正当の事由）を証する資料
管　　轄	保佐開始の審判をした家庭裁判所（抗告裁判所が保佐開始の裁判をした場合にあっては、その第一審裁判所である家庭裁判所） ただし、保佐開始の審判事件が家庭裁判所に係属しているときは、その家庭裁判所（家事手続128②）
申立権者	保佐人（民876の2②・844）
解　　説	審判の告知 　辞任を許可する審判および申立てを却下する審判は、申立人（保佐人）に告知をし、これによりその効力を生ずる（家事手続74②③）。 即時抗告 　辞任を許可する審判および申立てを却下する審判に対しては、不服申立てをすることができない。 新たな保佐人の選任の請求 　保佐人がその任務を辞したことによって新たな保佐人を選任する必要が生じたときは、その保佐人は、遅滞なく新たな保佐人の選任を家庭裁判所に請求しなければならない（民876の2②・845）。

第6章 成年後見

6-1-2-8 保佐人の解任

あらまし	保佐人に不正な行為、著しい不行跡その他後見の任務に適しない事由があるときは、家庭裁判所は、保佐監督人、被保佐人もしくはその親族もしくは検察官の請求によりまたは職権で、これを解任することができる（家事手続別表1㉔、民876の2②・846）。
提出書類	保佐人解任審判申立書
添付書類	後見登記事項証明書 申立人　戸籍謄本（全部事項証明書）、申立理由を証する資料
管　轄	保佐開始の審判をした家庭裁判所（抗告裁判所が保佐開始の裁判をした場合にあっては、その第一審裁判所である家庭裁判所）（家事手続128②）
申立権者	保佐監督人、被保佐人、その親族、検察官（民876の2②・846）
解　説	**手続行為能力** 　保佐人の解任の審判事件においては、被保佐人は、一般的に手続行為能力の制限を受けていても、自ら有効に手続行為をすることができる（家事手続129七・118）。 **陳述の聴取** 　家庭裁判所は、保佐人の解任の審判をする場合には、保佐人の陳述を聴かなければならない（家事手続130①六）。 **即時抗告** 　保佐人の解任の審判に対しては、保佐人が、保佐人の解任の申立てを却下する審判に対しては、申立人、保佐監督人、被保佐人およびその親族が、それぞれ即時抗告をすることができる（家事手続132①六・七）。 **memo**　旧法の下では、保佐人の解任の審判に対し、保佐監督人、被保佐人およびその親族も即時抗告をすることができたが（旧家審規93③・87①）、解任される保佐人自身が即時抗告をしない場合に、他の者がその判断を争うことは相当でなく、また、そのような場合には、当該保佐人に職務を継続させることは適切ではないので、当該審判に対しては、解任される保佐人のみが即時抗告をすることができるものと改められた。 **保佐人の解任の審判事件を本案とする保全処分** 　家庭裁判所は、保佐人の解任の審判事件が係属している場合において、被保佐人の利益のため必要があるときは、保佐人の解任の申立てをした

第 6 章　成年後見

者の申立てにより、または職権で、保佐人の解任についての審判が効力を生ずるまでの間、保佐人の職務の執行を停止し、またはその職務代行者を選任することができる（家事手続135・127①）。保佐人の職務の執行を停止する審判は、職務の執行を停止される保佐人、他の保佐人または職務代行者に告知することによって、その効力を生ずる（家事手続135・127②）。家庭裁判所は、いつでも職務代行者を改任することができる（家事手続135・127③）。家庭裁判所は、職務代行者に対し、被保佐人の財産の中から、相当な報酬を与えることができる（家事手続135・127④）。

第6章　成年後見

6-1-2-9	臨時保佐人の選任
あらまし	保佐人またはその代表する者と被保佐人との利益が相反する行為については、保佐人は、臨時保佐人の選任を家庭裁判所に請求しなければならない。ただし、保佐監督人がある場合は、この限りでない（家事手続別表1㉕、民876の2③）。
提出書類	臨時保佐人選任審判申立書
添付書類	後見登記事項証明書 申立人　利益相反に関する資料 臨時保佐人候補者　住民票または戸籍附票
管　　轄	保佐開始の審判をした家庭裁判所（抗告裁判所が保佐開始の裁判をした場合にあっては、その第一審裁判所である家庭裁判所） ただし、保佐開始の審判事件が家庭裁判所に係属しているときは、その家庭裁判所（家事手続128②）
申立権者	保佐人（民876の2③）
解　　説	**審判の告知** 　　臨時保佐人を選任する審判は、臨時保佐人に告知することにより、その効力を生ずる（家事手続74②）。 　　臨時保佐人の選任の申立てを却下する審判は、申立人に告知することにより、その効力を生ずる（家事手続74③）。 **即時抗告** 　　臨時保佐人を選任する審判および申立てを却下する審判に対しては、不服申立てをすることができない。

第6章　成年後見

6-1-2-10	**保佐監督人の選任**
あらまし	家庭裁判所は、必要があると認めるときは、被保佐人、その親族もしくは保佐人の請求により、または職権で、保佐監督人を選任することができる（家事手続別表1㉖、民876の3①）。
提出書類	保佐監督人選任審判申立書
添付書類	後見登記事項証明書 **申立人**　戸籍謄本（全部事項証明書）、申立理由を証する資料 **保佐監督人候補者**　住民票または戸籍附票
管轄	保佐開始の審判をした家庭裁判所（抗告裁判所が保佐開始の裁判をした場合にあっては、その第一審裁判所である家庭裁判所） ただし、保佐開始の審判事件が家庭裁判所に係属しているときは、その家庭裁判所（家事手続128②）
申立権者	被保佐人、その親族、保佐人（民876の3①）
解説	**手続行為能力** 　　保佐監督人の選任の審判事件においては、被保佐人は、一般的に手続行為能力の制限を受けていても、自ら有効に手続行為をすることができる（家事手続129八・118）。 **陳述の聴取** 　　家庭裁判所は、保佐人の選任の審判をする場合には、被保佐人となるべき者または被保佐人（申立人を除く。）の陳述を聴かなければならない（家事手続130①五）。 **意見の聴取** 　　家庭裁判所は、保佐監督人の選任の審判をする場合には、保佐監督人となるべき者の意見を聴かなければならない（家事手続130②二）。 **即時抗告** 　　保佐監督人を選任する審判および申立てを却下する審判に対しては、不服申立てをすることができない。

第6章　成年後見

6-1-2-11	保佐監督人の辞任についての許可
あらまし	保佐監督人は、正当な事由があるときは、家庭裁判所の許可を得て、その任務を辞することができる（家事手続別表1㉗、民876の3②・844）。 **memo**　正当な事由とは、今後の保佐監督人の任務の遂行に支障が生じるようなやむを得ない事情がある場合、例えば、職業上の必要からの遠隔地への転居、老齢、疾病、保佐監督人の任務が既に長期にわたること等による負担過重などである。
提出書類	保佐監督人の辞任許可審判申立書
添付書類	後見登記事項証明書、申立理由（正当の事由）を証する資料
管　　轄	保佐開始の審判をした家庭裁判所（抗告裁判所が保佐開始の裁判をした場合にあっては、その第一審裁判所である家庭裁判所） ただし、保佐開始の審判事件が家庭裁判所に係属しているときは、その家庭裁判所（家事手続128②）
申立権者	保佐監督人（民876の3②・844）
解　　説	審判の告知 　　辞任を許可する審判および申立てを却下する審判は、申立人（保佐監督人）に告知をし、これによりその効力を生ずる（家事手続74②③）。 即時抗告 　　辞任を許可する審判および申立てを却下する審判に対しては、不服申立てをすることができない。

第6章 成年後見

6-1-2-12	保佐監督人の解任
あらまし	保佐監督人に不正な行為、著しい不行跡その他保佐の任務に適しない事由があるときは、家庭裁判所は、保佐監督人、被保佐人もしくはその親族もしくは検察官の請求によりまたは職権で、これを解任することができる（家事手続別表1㉘、民876の3②・846）。
提 出 書 類	保佐監督人解任審判申立書
添 付 書 類	後見登記事項証明書 申立人　戸籍謄本（全部事項証明書）、申立理由を証する資料
管　　　轄	保佐開始の審判をした家庭裁判所（抗告裁判所が保佐開始の裁判をした場合にあっては、その第一審裁判所である家庭裁判所）（家事手続128②）
申 立 権 者	保佐監督人、被保佐人、その親族、検察官（民876の3②・846）
解　　　説	手続行為能力 　　保佐監督人の解任の審判事件においては、被保佐人は、一般的に手続行為能力の制限を受けていても、自ら有効に手続行為をすることができる（家事手続129九・118）。 陳述の聴取 　　家庭裁判所は、保佐監督人の解任の審判をする場合には、保佐監督人の陳述を聴かなければならない（家事手続130①七）。 即時抗告 　　保佐監督人の解任の審判に対しては、保佐監督人が、保佐監督人の解任の申立てを却下する審判に対しては、申立人ならびに被保佐人およびその親族が、それぞれ即時抗告をすることができる（家事手続132①八・九）。 **memo**　　旧法の下では、保佐監督人の解任の審判に対し、保佐人、被保佐人およびその親族も即時抗告をすることができたが（旧家審規93③・87①）、解任される保佐監督人自身が即時抗告をしない場合に、他の者がその判断を争うことは相当でなく、また、そのような場合には、当該保佐監督人に職務を継続させても実効的な監督を期待することができないので、当該審判に対しては、解任される保佐監督人のみが即時抗告をすることができるものと改められた。 保佐監督人の解任の審判事件を本案とする保全処分 　　家庭裁判所は、保佐監督人の解任の審判事件が係属している場合において、被保佐人の利益のため必要があるときは、保佐監督人の解任の申

第6章　成年後見

立てをした者の申立てにより、または職権で、保佐監督人の解任についての審判が効力を生ずるまでの間、保佐監督人の職務の執行を停止し、またはその職務代行者を選任することができる（家事手続135・127①）。保佐監督人の職務の執行を停止する審判は、職務の執行を停止される保佐監督人、保佐人または職務代行者に告知することによって、その効力を生ずる（家事手続135・127②）。家庭裁判所は、いつでも職務代行者を改任することができる（家事手続135・127③）。家庭裁判所は、職務代行者に対し、被保佐人の財産の中から、相当な報酬を与えることができる（家事手続135・127④）。

第6章　成年後見

6-1-2-13　保佐人に対する代理権の付与

あらまし	家庭裁判所は、本人、配偶者、4親等内の親族、後見人、後見監督人、補助人、補助監督人、検察官、保佐人または保佐監督人の請求により、被保佐人のために特定の法律行為について保佐人に代理権を付与する旨の審判をすることができる（家事手続別表1㉜、民876の4①）。 本人以外の者の請求によってその審判をするには、本人の同意がなければならない（民876の4②）。
提出書類	保佐人に対する代理権付与審判申立書
添付書類	後見登記事項証明書 申立人　戸籍謄本（全部事項証明書）、対象行為を証する資料
管轄	保佐開始の審判をした家庭裁判所（抗告裁判所が保佐開始の裁判をした場合にあっては、その第一審裁判所である家庭裁判所） ただし、保佐開始の審判事件が家庭裁判所に係属しているときは、その家庭裁判所（家事手続128②）
申立権者	本人、配偶者、4親等内の親族、後見人、後見監督人、補助人、補助監督人、検察官、保佐人、保佐監督人（民876の4①） **memo**　市区町村長（精神51の11の2、知障28、老福32）も申立てをすることができる。また、任意後見受任者、任意後見人および任意後見監督人にも申立権があると解されている。
解説	**手続行為能力** 　　保佐人に対する代理権の付与の審判事件においては、被保佐人となるべき者および被保佐人は、一般的に手続行為能力の制限を受けていても、自ら有効に手続行為をすることができる（家事手続129十・118）。 **審判の告知** 　　保佐人に対する代理権の付与の審判は、当事者および利害関係参加人ならびにこれらの者以外の審判を受ける者のほか、被保佐人および保佐監督人（当該審判が保佐監督人の選任の審判と同時にされる場合にあっては、保佐監督人となるべき者）に告知しなければならない（家事手続131六）。 **即時抗告** 　　保佐人に対する代理権の付与の審判および申立てを却下する審判に対しては、不服申立てをすることができない。

第6章　成年後見

6-1-2-14	保佐人に対する代理権の付与の審判の取消し
あらまし	家庭裁判所は、本人、配偶者、4親等内の親族、未成年後見人、未成年後見監督人、検察官、保佐人または保佐監督人の請求により、被保佐人のために特定の法律行為について保佐人に代理権を付与する旨の審判をすることができるが、それらの者の請求により、その審判の全部または一部を取り消すことができる（家事手続別表1㉝、民876の4③）。
提出書類	保佐人に対する代理権付与審判取消審判申立書
添付書類	後見登記事項証明書 申立人　戸籍謄本（全部事項証明書）、申立理由を証する資料
管　　轄	保佐開始の審判をした家庭裁判所（抗告裁判所が保佐開始の裁判をした場合にあっては、その第一審裁判所である家庭裁判所） ただし、保佐開始の審判事件が家庭裁判所に係属しているときは、その家庭裁判所（家事手続128②）
申立権者	本人、配偶者、4親等内の親族、未成年後見人、未成年後見監督人、検察官、保佐人、保佐監督人（民876の4③）
解　　説	**手続行為能力** 　　保佐人に対する代理権の付与の審判の取消しの審判事件においては、被保佐人は、一般的に手続行為能力の制限を受けていても、自ら有効に手続行為をすることができる（家事手続129十一・118）。 **審判の告知** 　　保佐人に対する代理権の付与の審判の取消しの審判は、当事者および利害関係参加人ならびにこれらの者以外の審判を受ける者のほか、被保佐人および保佐監督人に告知しなければならない（家事手続131七）。 **即時抗告** 　　保佐人に対する代理権の付与の審判の取消しの審判および申立てを却下する審判に対しては、不服申立てをすることができない。

第6章　成年後見

6-1-2-15	保佐の事務の監督
あらまし	保佐監督人または家庭裁判所は、いつでも、保佐人に対し、保佐の事務の報告もしくは財産の目録の提出を求め、または保佐の事務もしくは被保佐人の財産の状況を調査することができる。また、家庭裁判所は、保佐監督人、被保佐人もしくはその親族その他の利害関係人の請求により、または職権で、被保佐人の財産の管理その他保佐の事務について必要な処分を命ずることができる（家事手続別表1㉞、民876の5②・863）。
提出書類	保佐人の職務に関する処分審判申立書
添付書類	後見登記事項証明書 申立人　利害関係を証する資料、申立理由を証する資料
管　轄	保佐開始の審判をした家庭裁判所（抗告裁判所が保佐開始の裁判をした場合にあっては、その第一審裁判所である家庭裁判所） ただし、保佐開始の審判事件が家庭裁判所に係属しているときは、その家庭裁判所（家事手続128②）
申立権者	保佐監督人、被保佐人、その親族その他の利害関係人（民876の5②・863②）
解　説	**手続行為能力** 　　保佐の事務の監督の審判事件においては、被保佐人は、一般的に手続行為能力の制限を受けていても、自ら有効に手続行為をすることができる（家事手続129十二・118）。 **保佐の事務の監督** 　　家庭裁判所は、適当な者に、保佐の事務もしくは被保佐人の財産の状況を調査させ、または臨時に財産の管理をさせることができる（家事手続133・124①）。家庭裁判所は、その調査または管理をした者に対し、被保佐人の財産の中から、相当な報酬を与えることができる（家事手続133・124②）。 　　家庭裁判所は、家庭裁判所調査官にその調査をさせることができる（家事手続133・124③）。家庭裁判所調査官は、民法876条の5第2項、863条の規定による保佐の事務に関する処分の必要があると認めるときは、その旨を家庭裁判所に報告しなければならない（家事手続規85・80①）。 　　家庭裁判所は、いつでも、保佐人に対し、被保佐人の療養看護および財産の管理その他の保佐の事務に関し相当と認める事項を指示することができる（家事手続規85・81①）。

第6章　成年後見

6-1-3	補助開始
6-1-3-1	補助開始

あらまし	精神上の障害により事理を弁識する能力が不十分である者（後見開始または保佐開始の原因がある者を除く。）について、補助開始の審判を申し立てることができる（家事手続別表1㊱、民15①）。
提出書類	補助開始審判申立書
添付書類	本人　戸籍謄本（全部事項証明書）、住民票または戸籍附票、登記されていないことの証明書、診断書、財産に関する資料、同意権または代理権付与を求める場合は、同意権または代理権を要する行為に関する資料 補助人候補者　住民票または戸籍附票、法人の場合は法人登記事項証明書
管轄	被補助人となるべき者の住所地を管轄する家庭裁判所（家事手続136①）
申立権者	本人、配偶者、4親等内の親族、後見人、後見監督人、保佐人、保佐監督人、検察官（民15①） memo　市区町村長（精神51の11の2、知障28、老福32）のほか、任意後見契約が登記されている場合には、任意後見受任者、任意後見人、任意後見監督人（任意後見10②）も申立てをすることができる。
解説	**手続行為能力** 　補助開始の審判事件（補助開始の審判事件を本案とする保全処分についての審判事件を含む。）においては、被補助人となるべき者は、一般的に手続行為能力の制限を受けていても、自ら有効に手続行為をすることができる（家事手続137一・118）。 **精神の状況に関する意見の聴取** 　家庭裁判所は、被補助人となるべき者の精神の状況につき医師その他適当な者の意見を聴かなければ、補助開始の審判をすることができない（家事手続138）。 **陳述の聴取** 　家庭裁判所は、補助開始の審判をする場合には、被補助人となるべき者（申立人を除く。）の陳述を聴かなければならない（家事手続139①一）。 **申立ての取下げの制限** 　補助開始の申立ては、審判がされる前であっても、家庭裁判所の許可を得なければ、取り下げることができない（家事手続142・121）。

第6章　成年後見

審判の告知
　補助開始の審判は、当事者および利害関係参加人ならびにこれらの者以外の審判を受ける者のほか、補助人に選任される者、ならびに補助開始の審判を受けたことにより終了する任意後見契約に係る任意後見人および任意後見監督人に告知しなければならない（家事手続140一）。

即時抗告
　補助開始の審判に対しては、申立人を除く、本人、配偶者、4親等内の親族、後見人、後見監督人、保佐人、保佐監督人、検察官、任意後見受任者、任意後見人、任意後見監督人が即時抗告をすることができる（家事手続141①一）。

　審判の告知を受ける者でない者および被補助人となるべき者による補助開始の審判に対する即時抗告の期間は、被補助人となるべき者が審判の告知を受けた日および補助人に選任される者が審判の告知を受けた日のうち最も遅い日から進行する（家事手続141②）。

　補助開始の申立てを却下する審判に対しては、申立人が即時抗告をすることができる（家事手続141①二）。

補助開始の審判事件を本案とする保全処分
　家庭裁判所（本案の家事審判事件が高等裁判所に係属する場合にあっては、高等裁判所）は、補助開始の申立てがあった場合において、被補助人となるべき者の生活、療養看護または財産の管理のため必要があるときは、申立てによりまたは職権で、担保を立てさせないで、補助開始の申立てについての審判が効力を生ずるまでの間、財産の管理者を選任し、または事件の関係人に対し、被補助人となるべき者の生活、療養看護もしくは財産の管理に関する事項を指示することができる（家事手続143①・126①）。

　また、家庭裁判所は、補助開始および補助人の同意を得なければならない行為の定めの申立てがあった場合において、被補助人となるべき者の財産の保全のため特に必要があるときは、当該申立てをした者の申立てにより、補助開始の申立てについての審判が効力を生ずるまでの間、被補助人となるべき者の財産上の行為（民法13条1項に規定する行為であって、当該補助人の同意を得なければならない行為の定めの申立てに係るものに限る。）につき、財産の管理者の補助を受けることを命ずること（補助命令の審判）ができる（家事手続143②）。

　補助命令の審判は、当事者および利害関係参加人ならびにこれらの者以外の審判を受ける者のほか、財産の管理者に告知しなければならない（家事手続143③）。

　審判の告知を受ける者でない者および被補助人となるべき者による補

第6章　成年後見

助命令の審判に対する即時抗告の期間は、被補助人となるべき者が審判の告知を受けた日および財産の管理者が審判の告知を受けた日のうち最も遅い日から進行する（家事手続143④）。

　補助命令の審判があったときは、被補助人となるべき者および財産の管理者は、被補助人となるべき者が財産の管理者の同意を得ないでした財産上の行為を取り消すことができる（家事手続143⑤本文）。

第6章　成年後見

6-1-3-2	**補助人の同意を得なければならない行為の定め**
あらまし	家庭裁判所は、本人、配偶者、4親等内の親族、後見人、後見監督人、保佐人、保佐監督人、検察官、補助人および補助監督人の請求により、被補助人が特定の法律行為をするには、その補助人の同意を得なければならない旨の審判をすることができる。ただし、その審判によりその同意を得なければならないものとすることができる行為は、民法13条1項に規定する行為の一部に限る（家事手続別表1㊲、民17①）。 本人以外の者の請求により審判をするには、本人の同意がなければならない（民17②）。
提出書類	補助人の同意を得なければならない行為の定め審判申立書
添付書類	後見登記事項証明書 申立人　戸籍謄本（全部事項証明書）、対象行為を証する資料
管　轄	補助開始の審判をした家庭裁判所（抗告裁判所が補助開始の裁判をした場合にあっては、その第一審裁判所である家庭裁判所） ただし、補助開始の審判事件が家庭裁判所に係属しているときは、その家庭裁判所（家事手続136②）
申立権者	本人、配偶者、4親等内の親族、後見人、後見監督人、保佐人、保佐監督人、検察官、補助人および補助監督人（民17①） 　memo　市区町村長（精神51の11の2、知障28、老福32）も申立てをすることができる。
解　説	**手続行為能力** 　補助人の同意を得なければならない行為の定めの審判事件においては、被補助人となるべき者および被補助人は、一般的に手続行為能力の制限を受けていても、自ら有効に手続行為をすることができる（家事手続137二・118）。 **審判の告知** 　補助人の同意を得なければならない行為の定めの審判は、当事者および利害関係参加人ならびにこれらの者以外の審判を受ける者のほか、補助人および補助監督人（当該審判が補助人または補助監督人の選任の審判と同時にされる場合にあっては、補助人となるべき者または補助監督人となるべき者）に告知しなければならない（家事手続140二）。 **即時抗告** 　補助人の同意を得なければならない行為の定めの審判および申立てを却下する審判に対しては、不服申立てをすることができない。

第6章　成年後見

6-1-3-3	補助人の同意に代わる許可
あ ら ま し	補助人の同意を得なければならない行為について、補助人が被補助人の利益を害するおそれがないにもかかわらず同意をしないときは、家庭裁判所は、被補助人の請求により、補助人の同意に代わる許可を与えることができる（家事手続別表1㊳、民17③）。
提 出 書 類	補助人の同意に代わる許可審判申立書
添 付 書 類	後見登記事項証明書、申立理由を証する資料
管　　　轄	補助開始の審判をした家庭裁判所（抗告裁判所が補助開始の裁判をした場合にあっては、その第一審裁判所である家庭裁判所） ただし、補助開始の審判事件が家庭裁判所に係属しているときは、その家庭裁判所（家事手続136②）
申 立 権 者	被補助人（民17③）
解　　　説	**手続行為能力** 　　補助人の同意に代わる許可の審判事件においては、被補助人は、一般的に手続行為能力の制限を受けていても、自ら有効に手続行為をすることができる（家事手続137三・118）。 **陳述の聴取** 　　家庭裁判所は、補助人の同意に代わる許可の審判をする場合には、補助人の陳述を聴かなければならない（家事手続139①二）。 **審判の告知** 　　補助人の同意に代わる許可の審判は、当事者および利害関係参加人ならびにこれらの者以外の審判を受ける者のほか、補助人および補助監督人に告知しなければならない（家事手続140三）。 **即時抗告** 　　補助人の同意に代わる許可の申立てを却下する審判に対しては、申立人が即時抗告をすることができる（家事手続141①四）。

第6章　成年後見

6-1-3-4	補助開始の審判の取消し
あらまし	精神上の障害により事理を弁識するが能力が不十分である者は、家庭裁判所によって補助開始の審判がされるが（民15①）、その原因が消滅したときは、補助開始の審判の取消しの審判を申し立てることができる（家事手続別表1㊴、民18①）。
提出書類	補助開始審判取消審判申立書
添付書類	後見登記事項証明書、申立理由（原因消滅）を証する資料（診断書）
管　轄	補助開始の審判をした家庭裁判所（抗告裁判所が補助開始の裁判をした場合にあっては、その第一審裁判所である家庭裁判所） ただし、補助開始の審判事件が家庭裁判所に係属しているときは、その家庭裁判所（家事手続136②）
申立権者	本人、配偶者、4親等内の親族、未成年後見人、未成年後見監督人、補助人、補助監督人、検察官（民18①）
解　説	**手続行為能力** 　補助開始の審判の取消しの審判事件においては、被補助人は、一般的に手続行為能力の制限を受けていても、自ら有効に手続行為をすることができる（家事手続137四）。 **陳述の聴取** 　家庭裁判所は、補助開始の審判の取消しの審判（民18①）をする場合には、被補助人および補助人（申立人を除く。）の陳述を聴かなければならない（家事手続139①三）。 **審判の告知** 　補助開始の審判の取消しの審判は、当事者および利害関係参加人ならびにこれらの者以外の審判を受ける者のほか、補助人および補助監督人にも告知しなければならない（家事手続140四）。 **即時抗告** 　補助開始の審判の取消しの申立てを却下する審判に対しては、本人、配偶者、4親等内の親族、未成年後見人、未成年後見監督人、補助人、補助監督人、検察官が即時抗告をすることができる（家事手続141①三）。

第6章　成年後見

6-1-3-5	補助人の同意を得なければならない行為の定めの審判の取消し
あらまし	家庭裁判所は、本人、配偶者、4親等内の親族、未成年後見人、未成年後見監督人、補助人、補助監督人または検察官の請求により、被補助人が特定の法律行為をするには、その補助人の同意を得なければならない旨の審判をすることができるが、本人、配偶者、4親等内の親族、未成年後見人、未成年後見監督人、補助人、補助監督人または検察官の請求により、その審判の全部または一部を取り消すことができる（家事手続別表1㊵、民18②）。審判の全部を取り消す場合には、家庭裁判所は、補助開始の審判を取り消さなければならない（民18③）。
提出書類	補助人の同意を得なければならない行為の定めの審判取消審判申立書
添付書類	後見登記事項証明書 申立人　戸籍謄本（全部事項証明書）、対象行為を証する資料
管　　轄	補助開始の審判をした家庭裁判所（抗告裁判所が補助開始の裁判をした場合にあっては、その第一審裁判所である家庭裁判所） ただし、補助開始の審判事件が家庭裁判所に係属しているときは、その家庭裁判所（家事手続136②）
申立権者	本人、配偶者、4親等内の親族、未成年後見人、未成年後見監督人、補助人、補助監督人または検察官（民18②）
解　　説	**手続行為能力** 　補助人の同意を得なければならない行為の定めの審判の取消しの審判事件においては、被補助人は、一般的に手続行為能力の制限を受けていても、自ら有効に手続行為をすることができる（家事手続137五・118）。 **審判の告知** 　補助人の同意を得なければならない行為の定めの審判の取消しの審判は、当事者および利害関係参加人ならびにこれらの者以外の審判を受ける者のほか、補助人および補助監督人に告知しなければならない（家事手続140五）。 **即時抗告** 　補助人の同意を得なければならない行為の定めの審判の取消しの審判および申立てを却下する審判に対しては、不服申立てをすることができない。

第6章　成年後見

6-1-3-6	補助人の選任
あ ら ま し	補助人が欠けたとき、または補助人が選任されている場合においても、必要があるときは、補助人の選任の審判を申し立てることができる（家事手続別表1㊶、民876の7②・843②③）。
提 出 書 類	補助人選任審判申立書
添 付 書 類	後見登記事項証明書 申立人　申立理由を証する資料、戸籍謄本（全部事項証明書）、利害関係を証する資料 補助人候補者　住民票または戸籍附票
管　　　轄	補助開始の審判をした家庭裁判所（抗告裁判所が補助開始の裁判をした場合にあっては、その第一審裁判所である家庭裁判所） ただし、補助開始の審判事件が家庭裁判所に係属しているときは、その家庭裁判所（家事手続136②）
申 立 権 者	（補助人が欠けたとき） 　被補助人、その親族その他の利害関係人（民876の7②・843②） （補助人が選任されている場合において、必要があるとき） 　被補助人、その親族その他の利害関係人、補助人（民876の7②・843③）
解　　　説	**手続行為能力** 　補助人の選任の審判事件においては、被補助人は、一般的に手続行為能力の制限を受けていても、自ら有効に手続行為をすることができる（家事手続137六・118）。 **陳述の聴取** 　家庭裁判所は、補助人の選任の審判をする場合には、被補助人となるべき者または被補助人（申立人を除く。）の陳述を聴かなければならない（家事手続139①四）。 **意見の聴取** 　家庭裁判所は、補助人の選任の審判をする場合には、補助人となるべき者の意見を聴かなければならない（家事手続139②一）。 **申立ての取下げの制限** 　補助人が欠けたときにおける補助人の選任の申立ては、審判がされる前であっても、家庭裁判所の許可を得なければ、取り下げることができない（家事手続142・121二）。 **即時抗告** 　補助人を選任する審判および申立てを却下する審判に対しては、不服申立てをすることができない。

第6章　成年後見

6-1-3-7	補助人の辞任についての許可
あらまし	補助人は、正当な事由があるときは、家庭裁判所の許可を得て、その任務を辞することができる（家事手続別表1㊷、民876の7②・844）。 **memo**　正当な事由とは、今後の補助人の任務の遂行に支障が生じるようなやむを得ない事情がある場合、例えば、職業上の必要からの遠隔地への転居、老齢、疾病、補助人の任務が既に長期にわたること等による負担過重などである。
提出書類	補助人辞任許可審判申立書
添付書類	後見登記事項証明書、申立理由（正当の事由）を証する資料
管　轄	補助開始の審判をした家庭裁判所（抗告裁判所が補助開始の裁判をした場合にあっては、その第一審裁判所である家庭裁判所） ただし、補助開始の審判事件が家庭裁判所に係属しているときは、その家庭裁判所（家事手続136②）
申立権者	補助人（民876の7②・844）
解　説	審判の告知 　辞任を許可する審判および申立てを却下する審判は、申立人（補助人）に告知をし、これによりその効力を生ずる（家事手続74②③）。 即時抗告 　辞任を許可する審判および申立てを却下する審判に対しては、不服申立てをすることができない。 新たな補助人の選任の請求 　補助人がその任務を辞したことによって新たな補助人を選任する必要が生じたときは、その補助人は、遅滞なく新たな補助人の選任を家庭裁判所に請求しなければならない（民876の7②・845）。

第6章 成年後見

6-1-3-8	補助人の解任
あらまし	補助人に不正な行為、著しい不行跡その他補助の任務に適しない事由があるときは、家庭裁判所は、補助監督人、被補助人もしくはその親族もしくは検察官の請求により、または職権で、これを解任することができる（家事手続別表1㊸、民876の7②・846）。
提 出 書 類	補助人解任審判申立書
添 付 書 類	後見登記事項証明書 申立人　戸籍謄本（全部事項証明書）、申立理由を証する資料
管　　　轄	補助開始の審判をした家庭裁判所（抗告裁判所が補助開始の裁判をした場合にあっては、その第一審裁判所である家庭裁判所）（家事手続136②）
申 立 権 者	補助監督人、被補助人、その親族、検察官（民876の7②・846）
解　　　説	**手続行為能力** 　補助人の解任の審判事件においては、被補助人は、一般的に手続行為能力の制限を受けていても、自ら有効に手続行為をすることができる（家事手続137七・118）。 **陳述の聴取** 　家庭裁判所は、補助人の解任の審判をする場合には、補助人の陳述を聴かなければならない（家事手続139①五）。 **即時抗告** 　補助人の解任の審判に対しては、補助人が、補助人の解任の申立てを却下する審判に対しては、申立人、補助監督人、被補助人およびその親族が、それぞれ即時抗告をすることができる（家事手続141①五六）。 **memo**　旧法の下では、補助人の解任の審判に対し、補助監督人、被補助人およびその親族も即時抗告をすることができたが(旧家審規93③・87①)、解任される補助人自身が即時抗告をしない場合に、他の者がその判断を争うことは相当でなく、また、そのような場合には、当該補助人に職務を継続させることは適切ではないので、当該審判に対しては、解任される補助人のみが即時抗告をすることができるものと改められた。 **補助人の解任の審判事件を本案とする保全処分** 　家庭裁判所は、補助人の解任の審判事件が係属している場合において、被補助人の利益のため必要があるときは、補助人の解任の申立てをした

第6章　成年後見

者の申立てにより、または職権で、補助人の解任についての審判が効力を生ずるまでの間、補助人の職務の執行を停止し、またはその職務代行者を選任することができる（家事手続144・127①）。補助人の職務の執行を停止する審判は、職務の執行を停止される補助人、他の補助人または職務代行者に告知することによって、その効力を生ずる（家事手続144・127②）。家庭裁判所は、いつでも職務代行者を改任することができる（家事手続144・127③）。家庭裁判所は、職務代行者に対し、被補助人の財産の中から、相当な報酬を与えることができる（家事手続144・127④）。

第6章　成年後見

6-1-3-9	臨時補助人の選任
あらまし	補助人またはその代表する者と被補助人との利益が相反する行為については、補助人は、臨時保佐人の選任を家庭裁判所に請求しなければならない。ただし、補助監督人がある場合は、この限りでない（家事手続別表1㊹、民876の7③）。
提出書類	臨時補助人選任審判申立書
添付書類	後見登記事項証明書 **申立人**　利益相反に関する資料 **臨時補助人候補者**　住民票または戸籍附票
管轄	補助開始の審判をした家庭裁判所（抗告裁判所が補助開始の裁判をした場合にあっては、その第一審裁判所である家庭裁判所）（家事手続136②）
申立権者	補助人（民876の7③）
解説	審判の告知 　　臨時補助人を選任する審判は、臨時補助人に告知することにより、その効力を生ずる（家事手続74②）。 　　臨時補助人の選任の申立てを却下する審判は、申立人に告知することにより、その効力を生ずる（家事手続74③）。 即時抗告 　　臨時補助人を選任する審判および申立てを却下する審判に対しては、不服申立てをすることができない。

第6章　成年後見

6-1-3-10	補助監督人の選任
あらまし	家庭裁判所は、必要があると認めるときは、被補助人、その親族もしくは補助人の請求により、または職権で、補助監督人を選任することができる（家事手続別表1㊺、民876の8①）。
提出書類	補助監督人選任審判申立書
添付書類	後見登記事項証明書 申立人　戸籍謄本（全部事項証明書）、申立理由を証する資料 補助監督人候補者　住民票または戸籍附票
管　轄	補助開始の審判をした家庭裁判所（抗告裁判所が補助開始の裁判をした場合にあっては、その第一審裁判所である家庭裁判所） ただし、補助開始の審判事件が家庭裁判所に係属しているときは、その家庭裁判所（家事手続136②）
申立権者	被補助人、その親族、補助人（民876の8①）
解　説	手続行為能力 　補助監督人の選任の審判事件においては、被補助人となるべき者および被補助人は、一般的に手続行為能力の制限を受けていても、自ら有効に手続行為をすることができる（家事手続137八・118）。 陳述の聴取 　家庭裁判所は、補助監督人の選任の審判をする場合には、被補助人となるべき者または被補助人（申立人を除く。）の陳述を聴かなければならない（家事手続139①四）。 意見の聴取 　家庭裁判所は、補助監督人の選任の審判をする場合には、補助監督人となるべき者の意見を聴かなければならない（家事手続139②二）。 即時抗告 　補助監督人を選任する審判および申立てを却下する審判に対しては、不服申立てをすることができない。

第6章　成年後見

6-1-3-11	補助監督人の辞任についての許可
あらまし	補助監督人は、正当な事由があるときは、家庭裁判所の許可を得て、その任務を辞することができる（家事手続別表1㊻、民876の8②・844）。 **memo**　正当な事由とは、今後の補助監督人の任務の遂行に支障が生じるようなやむを得ない事情がある場合、例えば、職業上の必要からの遠隔地への転居、老齢、疾病、補助監督人の任務が既に長期にわたること等による負担過重などである。
提出書類	補助監督人辞任許可審判申立書
添付書類	後見登記事項証明書、申立理由（正当の事由）を証する資料
管　　轄	補助開始の審判をした家庭裁判所（抗告裁判所が補助開始の裁判をした場合にあっては、その第一審裁判所である家庭裁判所） ただし、補助開始の審判事件が家庭裁判所に係属しているときは、その家庭裁判所（家事手続136②）
申立権者	補助監督人（民876の8②・844）
解　　説	審判の告知 　　辞任を許可する審判および申立てを却下する審判は、申立人（補助監督人）に告知をし、これによりその効力を生ずる（家事手続74②③）。 即時抗告 　　辞任を許可する審判および申立てを却下する審判に対しては、不服申立てをすることができない。

第6章　成年後見

6-1-3-12	補助監督人の解任
あ ら ま し	補助監督人に不正な行為、著しい不行跡その他後見の任務に適しない事由があるときは、家庭裁判所は、補助監督人、被補助人もしくはその親族もしくは検察官の請求によりまたは職権で、これを解任することができる（家事手続別表1㊼、民876の8②・846）。
提 出 書 類	補助監督人解任審判申立書
添 付 書 類	後見登記事項証明書 申立人　戸籍謄本（全部事項証明書）、申立理由を証する資料
管　　　轄	補助開始の審判をした家庭裁判所（抗告裁判所が補助開始の裁判をした場合にあっては、その第一審裁判所である家庭裁判所）（家事手続136②）
申 立 権 者	補助監督人、被補助人、その親族、検察官（民876の8②・846）
解　　　説	**手続行為能力** 　補助監督人の解任の審判事件においては、被補助人は、一般的に手続行為能力の制限を受けていても、自ら有効に手続行為をすることができる（家事手続137九・118）。 **陳述の聴取** 　家庭裁判所は、補助監督人の解任の審判をする場合には、補助監督人の陳述を聴かなければならない（家事手続139①六）。 **即時抗告** 　補助監督人の解任の審判に対しては、補助監督人が、補助監督人の解任の申立てを却下する審判に対しては、申立人ならびに被補助人およびその親族が、それぞれ即時抗告をすることができる（家事手続141①七・八）。 　**memo**　旧法の下では、補助監督人の解任の審判に対し、補助人、被補助人およびその親族も即時抗告をすることができたが（旧家審規93③・87①）、解任される補助監督人自身が即時抗告をしない場合に、他の者がその判断を争うことは相当でなく、また、そのような場合には、当該補助監督人に職務を継続させても実効的な監督を期待することができないので、当該審判に対しては、解任される補助監督人のみが即時抗告をすることができるものと改められた。 **補助監督人の解任の審判事件を本案とする保全処分** 　家庭裁判所は、補助監督人の解任の審判事件が係属している場合において、被補助人の利益のため必要があるときは、補助監督人の解任の申

第6章　成年後見

立てをした者の申立てにより、または職権で、補助監督人の解任についての審判が効力を生ずるまでの間、補助監督人の職務の執行を停止し、またはその職務代行者を選任することができる（家事手続144・127①）。補助監督人の職務の執行を停止する審判は、職務の執行を停止される補助監督人、他の補助監督人または職務代行者に告知することによって、その効力を生ずる（家事手続144・127②）。

家庭裁判所は、いつでも職務代行者を改任することができる（家事手続144・127③）。

家庭裁判所は、職務代行者に対し、被補助人の財産の中から、相当な報酬を与えることができる（家事手続144・127④）。

第6章　成年後見

6-1-3-13	補助人に対する代理権の付与
あらまし	家庭裁判所は、本人、配偶者、4親等内の親族、後見人、後見監督人、保佐人、保佐監督人、検察官、補助人または補助監督人の請求により、被補助人のために特定の法律行為について補助人に代理権を付与する旨の審判をすることができる（家事手続別表1�51、民876の9①）。 本人以外の者の請求によってその審判をするには、本人の同意がなければならない（民876の9②・876の4②）。
提出書類	補助人に対する代理権付与審判申立書
添付書類	後見登記事項証明書 申立人　戸籍謄本（全部事項証明書）、対象行為を証する資料
管　　轄	補助開始の審判をした家庭裁判所（抗告裁判所が補助開始の裁判をした場合にあっては、その第一審裁判所である家庭裁判所） ただし、補助開始の審判事件が家庭裁判所に係属しているときは、その家庭裁判所（家事手続136②）
申立権者	本人、配偶者、4親等内の親族、後見人、後見監督人、保佐人、保佐監督人、検察官、補助人、補助監督人（民876の9①） **memo**　市区町村長（精神51の11の2、知障28、老福32）も申立てをすることができる。また、任意後見受任者、任意後見人および任意後見監督人にも申立権があると解されている。
解　　説	**手続行為能力** 　　補助人に対する代理権の付与の審判事件においては、被補助人は、一般的に手続行為能力の制限を受けていても、自ら有効に手続行為をすることができる（家事手続137十・118）。 **審判の告知** 　　補助人に対する代理権の付与の審判は、当事者および利害関係参加人ならびにこれらの者以外の審判を受ける者のほか、被補助人および補助監督人（当該審判が補助監督人の選任の審判と同時にされる場合にあっては、補助監督人となるべき者）に告知しなければならない（家事手続140六）。 **即時抗告** 　　補助人に対する代理権の付与の審判および申立てを却下する審判に対しては、不服申立てをすることができない。

第6章　成年後見

6-1-3-14	補助人に対する代理権の付与審判の取消し
あらまし	家庭裁判所は、本人、配偶者、4親等内の親族、未成年後見人、未成年後見監督人、検察官、補助人または補助監督人の請求により、被補助人のために特定の法律行為について補助人に代理権を付与する旨の審判をすることができるが、それらの者の請求により、その審判の全部または一部を取り消すことができる（家事手続別表1㊾、民876の9②・876の4③）。
提出書類	補助人に対する代理権付与審判取消審判申立書
添付書類	後見登記事項証明書 申立人　戸籍謄本（全部事項証明書）、申立理由を証する資料
管　轄	補助開始の審判をした家庭裁判所（抗告裁判所が補助開始の裁判をした場合にあっては、その第一審裁判所である家庭裁判所） ただし、補助開始の審判事件が家庭裁判所に係属しているときは、その家庭裁判所（家事手続136②）
申立権者	本人、配偶者、4親等内の親族、未成年後見人、未成年後見監督人、検察官、補助人、補助監督人（民876の9②・876の4③）
解　説	**手続行為能力** 　補助人に対する代理権の付与の審判の取消しの審判事件においては、被補助人は、一般的に手続行為能力の制限を受けていても、自ら有効に手続行為をすることができる（家事手続137十一・118）。 **審判の告知** 　補助人に対する代理権の付与の審判の取消しの審判は、当事者および利害関係参加人ならびにこれらの者以外の審判を受ける者のほか、被補助人および補助監督人に告知しなければならない（家事手続140七）。 **即時抗告** 　補助人に対する代理権の付与の審判の取消しの審判および申立てを却下する審判に対しては、不服申立てをすることができない。

第6章　成年後見

6-1-3-15	補助の事務の監督
あらまし	補助監督人または家庭裁判所は、いつでも、補助人に対し、補助の事務の報告もしくは財産の目録の提出を求め、または補助の事務もしくは被補助人の財産の状況を調査することができる。 また、家庭裁判所は、補助監督人、被補助人もしくはその親族その他の利害関係人の請求により、または職権で、被補助人の財産の管理その他補助の事務について必要な処分を命ずることができる（家事手続別表1㊺、民876の10①・863）。
提出書類	補助人の職務に関する処分審判申立書
添付書類	後見登記事項証明書 申立人　利害関係を証する資料、申立理由を証する資料
管　　轄	補助開始の審判をした家庭裁判所（抗告裁判所が補助開始の裁判をした場合にあっては、その第一審裁判所である家庭裁判所） ただし、補助開始の審判事件が家庭裁判所に係属しているときは、その家庭裁判所（家事手続136②）
申立権者	補助監督人、被補助人、その親族その他の利害関係人（民876の10①・863②）
解　　説	**手続行為能力** 　　補助の事務の監督の審判事件においては、被補助人は、一般的に手続行為能力の制限を受けていても、自ら有効に手続行為をすることができる（家事手続137十二・118）。 **補助の事務の監督** 　　家庭裁判所は、適当な者に、補助の事務もしくは被補助人の財産の状況を調査させ、または臨時に財産の管理をさせることができる（家事手続142・124①）。 　　家庭裁判所は、その調査または管理をした者に対し、被補助人の財産の中から、相当な報酬を与えることができる（家事手続142・124②）。 　　家庭裁判所は、家庭裁判所調査官にその調査をさせることができる（家事手続142・124③）。家庭裁判所調査官は、民法876条の10第1項、863条の規定による補助の事務に関する処分の必要があると認めるときは、その旨を家庭裁判所に報告しなければならない（家事手続規86・80①）。 　　家庭裁判所は、いつでも、補助人に対し、被補助人の療養看護および財産の管理その他の補助の事務に関し相当と認める事項を指示することができる（家事手続規86・81①）。

第6章　成年後見

6-2	任意後見
6-2-1	任意後見契約の効力を発生させるための任意後見監督人の選任

あらまし	任意後見契約が登記されている場合において、精神上の障害により本人の事理を弁識する能力が不十分な状況にあるときは、家庭裁判所は、本人、配偶者、4親等内の親族または任意後見受任者の請求により、任意後見監督人を選任する（家事手続別表1⑪、任意後見4①）。ただし、次に掲げる場合は、この限りでない。 ① 本人が未成年者であるとき ② 本人が成年被後見人、被保佐人または被補助人である場合において、当該本人に係る後見、保佐または補助を継続することが本人の利益のために特に必要であると認めるとき ③ 任意後見受任者が次に掲げる者であるとき 　㋐ 未成年者、家庭裁判所で免ぜられた法定代理人、保佐人または補助人、破産者、行方知れない者（後見人の欠格事由） 　㋑ 本人に対して訴訟をし、またはした者およびその配偶者ならびに直系血族 　㋒ 不正な行為、著しい不行跡その他任意後見人の任務に適しない事由があるとき **memo**　任意後見契約は、委任者が、受任者に対し、精神上の障害により事理を弁識する能力が不十分な状況における自己の生活、療養看護および財産の管理に関する事務の全部または一部を委託し、その委託に係る事務について代理権を付与する委任契約であって、任意後見監督人が選任された時からその効力を生ずる旨の定めのあるものをいう（任意後見2一）。任意後見契約は、公正証書によってしなければならない（任意後見3）。 　任意後見受任者とは、任意後見監督人が選任される前における任意後見契約の受任者であり（任意後見2三）、任意後見監督人が選任された後における任意後見契約の受任者を任意後見人という（任意後見2四）。
提出書類	任意後見監督人選任審判申立書
添付書類	**本　人**　戸籍謄本（全部事項証明書）、後見登記事項証明書、任意後見契約公正証書の写し、財産に関する資料、診断書 **任意後見監督人の候補者**　住民票または戸籍附票、法人の場合は法人登記事項証明書

第6章　成年後見

管　　轄	本人の住所地を管轄する家庭裁判所（家事手続217①）
申立権者	本人、配偶者、4親等内の親族、任意後見受任者（任意後見4①）
解　　説	**手続行為能力** 　　任意後見契約の効力を発生させるための任意後見監督人の選任の審判事件においては、本人は、一般的に手続行為能力の制限を受けていても、自ら有効に手続行為をすることができる（家事手続218・118）。 **精神の状況に関する意見の聴取** 　　家庭裁判所は、本人の精神の状況につき医師その他適当な者の意見を聴かなければ、任意後見契約の効力を発生させるための任意後見監督人の選任の審判をすることができない（家事手続219）。 **陳述の聴取** 　　家庭裁判所は、任意後見契約の効力を発生させるための任意後見監督人の選任の審判をする場合には、本人の陳述を聴かなければならない。ただし、本人の心身の障害により本人の者の陳述を聴くことができないときは、この限りでない（家事手続220①一）。 **意見の聴取** 　　家庭裁判所は、任意後見契約の効力を発生させるための任意後見監督人の選任の審判をする場合には、任意後見監督人となるべき者の意見を聴かなければならない（家事手続220②）。 　　また、家庭裁判所は、任意後見契約の効力を発生させるための任意後見監督人の選任の審判をする場合には、任意後見契約の効力が生ずることについて、任意後見受任者の意見を聴かなければならない（家事手続220③）。 **申立ての取下げの制限** 　　任意後見契約の効力を発生させるための任意後見監督人の選任の申立ては、審判がされる前であっても、家庭裁判所の許可を得なければ、取り下げることができない（家事手続221）。 　　`memo`　任意後見契約の効力を発生させるための任意後見監督人の選任の審判事件においては、申立人が自ら希望する者が任意後見監督人に選任されそうにないことを知ると、申立てを取り下げてしまう事態があり得る。このことは、公益性の見地からも、本人保護の見地からも相当でないことから、申立ての取下げをするには、家庭裁判所の許可を要するものとされた。 **審判の告知** 　　任意後見契約の効力を発生させるための任意後見監督人の選任の審判

第 6 章　成年後見

は、当事者および利害関係参加人ならびにこれらの者以外の審判を受ける者のほか、本人および任意後見受任者に告知しなければならない（家事手続222一）。

即時抗告

　任意後見契約の効力を発生させるための任意後見監督人の選任の申立てを却下する審判に対しては、申立人が即時抗告をすることができる（家事手続223一）。

後見開始の審判等の取消し

　任意後見契約の効力を発生させるために任意後見監督人を選任する場合において、本人が成年被後見人、被保佐人または被補助人であるときは、家庭裁判所は、当該本人に係る後見開始、保佐開始または補助開始の審判を取り消さなければならない（家事手続別表1⑭、任意後見4②）。後見開始の審判等の取消しの審判は、当事者および利害関係参加人ならびにこれらの者以外の審判を受ける者のほか、後見開始の審判の取消しの審判にあっては成年後見人および成年後見監督人、保佐開始の審判の取消しの審判にあっては保佐人および保佐監督人、補助開始の審判の取消しの審判にあっては補助人および補助監督人に告知しなければならない（家事手続222二）。

> **memo**　本人の自己決定の尊重の理念に照らし、任意後見制度が法定後見制度よりも優越的な地位を占めるべきであるとされる（於保不二雄＝中川淳編『新版注釈民法⑳』619頁（有斐閣、改訂版、2004））。したがって、任意後見契約の本人が既に法定後見による保護を受けている成年被後見人、被保佐人または被補助人である場合であっても、この法定後見による保護の継続が「本人の利益のため特に必要であると認めるとき」（任意後見4①二）を除いて、家庭裁判所は、任意後見監督人を選任して、任意後見契約を発効させることができる。ただし、このままでは任意後見人と法定後見人とが併存し、両者の間に権限の抵触ないし重複が生じるおそれがあるので、家庭裁判所は、後見開始の審判等を取り消さなければならない。

第6章　成年後見

6-2-2	**任意後見監督人が欠けた場合における任意後見監督人の選任**
あらまし	任意後見監督人が欠けた場合には、家庭裁判所は、本人、その親族もしくは任意後見人の請求により、または職権で、任意後見監督人を選任する（家事手続別表1⑫、任意後見4④）。 **memo**　任意後見監督人は、任意後見人の権限濫用を防止し、本人の保護を図るために、常に必置されているべき監督機関であるから、辞任（任意後見7④、民844）や解任（任意後見7④、民846）等によって任意後見監督人が不在となった場合には、できる限り速やかに後任者を選任しなければならない。そのため、家庭裁判所の職権に基づく選任が許容されている。
提出書類	任意後見監督人選任審判申立書
添付書類	申立人　戸籍謄本（全部事項証明書） 任意後見監督人の候補者　住民票または戸籍附票
管　轄	任意後見契約の効力を発生させるための任意後見監督人の選任の審判をした家庭裁判所（抗告裁判所が当該任意後見監督人を選任した場合にあっては、その第一審裁判所である家庭裁判所） ただし、任意後見契約の効力を発生させるための任意後見監督人の選任の審判事件が家庭裁判所に係属しているときは、その家庭裁判所（家事手続217②）
申立権者	本人、その親族、任意後見人（任意後見4④）
解　説	**陳述の聴取** 　家庭裁判所は、任意後見監督人が欠けた場合における任意後見監督人の選任の審判をする場合には、本人の陳述を聴かなければならない。ただし、本人の心身の障害により本人の者の陳述を聴くことができないときは、この限りでない（家事手続220①一）。 **意見の聴取** 　家庭裁判所は、任意後見監督人が欠けた場合における任意後見監督人の選任の審判をする場合には、任意後見監督人となるべき者の意見を聴かなければならない（家事手続220②）。 **申立ての取下げの制限** 　家庭裁判所は、任意後見監督人が欠けた場合における任意後見監督人の選任の申立ては、審判がされる前であっても、家庭裁判所の許可を得なければ、取り下げることができない（家事手続221）。

第6章　成年後見

> **memo** 任意後見監督人が欠けた場合における任意後見監督人の選任の審判事件においては、申立人が自ら希望する者が任意後見監督人に選任されそうにないことを知ると、申立てを取り下げてしまう事態があり得る。このことは、公益性の見地からも、本人保護の見地からも相当でないことから、申立ての取下げをするには、家庭裁判所の許可を要するものとされた。

第6章 成年後見

6-2-3	任意後見監督人を更に選任する場合における任意後見監督人の選任
あらまし	任意後見監督人が選任されている場合においても、家庭裁判所は、必要があると認めるときは、本人、その親族もしくは任意後見人の請求により、または職権で、更に任意後見監督人を選任することができる（家事手続別表1⑬、任意後見4⑤）。 memo　任意後見監督人の人数については、法律上の制限がない。したがって、必要があれば、複数の任意後見監督人を選任することも可能である。
提出書類	任意後見監督人選任審判申立書
添付書類	申立人　戸籍謄本（全部事項証明書） 任意後見監督人の候補者　住民票または戸籍附票
管　轄	任意後見契約の効力を発生させるための任意後見監督人の選任の審判をした家庭裁判所（抗告裁判所が当該任意後見監督人を選任した場合にあっては、その第一審裁判所である家庭裁判所） ただし、任意後見契約の効力を発生させるための任意後見監督人の選任の審判事件が家庭裁判所に係属しているときは、その家庭裁判所（家事手続217②）
申立権者	本人、その親族、任意後見人（任意後見4⑤）
解　説	**陳述の聴取** 　家庭裁判所は、任意後見監督人を更に選任する場合における任意後見監督人の選任の審判をする場合には、本人の陳述を聴かなければならない。ただし、本人の心身の障害により本人の陳述を聴くことができないときは、この限りでない（家事手続220①一）。 **意見の聴取** 　家庭裁判所は、任意後見監督人を更に選任する場合における任意後見監督人の選任の審判をする場合には、任意後見監督人となるべき者の意見を聴かなければならない（家事手続220②）。

第6章　成年後見

6-2-4　任意後見監督人の職務に関する処分

あらまし

家庭裁判所は、必要があると認めるときは、任意後見監督人に対し、任意後見人の事務に関する報告を求め、任意後見人の事務もしくは本人の財産の状況の調査を命じ、その他任意後見監督人の職務について必要な処分を命ずることができる（家事手続別表1⑮、任意後見7③）。

> **memo**　任意後見人に対する監督機能を担う機関は、①任意後見人を直接監督する任意後見監督人と、②任意後見監督人に対する監督（任意後見7③）および任意後見人の解任権（任意後見8）を通じて間接的な監督を行う家庭裁判所の2つが存在するが、中核となるのは①である。家庭裁判所の監督が間接的な形態にとどめられているのは、利用者本人の自己決定の尊重をより重視した制度設計が行われたことに起因している（於保不二雄＝中川淳編『新版注釈民法⑳』697頁（有斐閣、改訂版、2004））。

提出書類

任意後見監督人の職務に関する処分審判申立書

添付書類

後見登記事項証明書
申立人　利害関係を証する資料、申立理由を証する資料

管　轄

任意後見契約の効力を発生させるための任意後見監督人の選任の審判をした家庭裁判所（抗告裁判所が当該任意後見監督人を選任した場合にあっては、その第一審裁判所である家庭裁判所）
ただし、任意後見契約の効力を発生させるための任意後見監督人の選任の審判事件が家庭裁判所に係属しているときは、その家庭裁判所（家事手続217②）

申立権者

特に規定はない。
家庭裁判所の職権発動を促す申立てである。

解　説

任意後見監督人に対する指示
　任意後見監督人は、任意後見人の事務に関し、家庭裁判所に定期的に報告すること（任意後見7①二）等を職務とする。家庭裁判所は、任意後見監督人に対し、その報告の時期および内容を指示しなければならない（家事手続規117①）。
　家庭裁判所は、いつでも、任意後見監督人に対し、任意後見監督人の事務に関し相当と認める事項を指示することができる（家事手続規117②）。

第6章 成年後見

家庭裁判所調査官による任意後見監督人の事務の調査
　家庭裁判所は、家庭裁判所調査官に任意後見監督人の事務を調査させることができる（家事手続224）。家庭裁判所調査官は、任意後見契約に関する法律7条3項の規定による成年後見の事務に関する処分の必要があると認めるときは、その旨を家庭裁判所に報告しなければならない（家事手続規118・80①）。

第6章　成年後見

6-2-5	任意後見監督人の辞任についての許可	
あらまし	任意後見監督人は、正当な事由があるときは、家庭裁判所の許可を得て、その任務を辞することができる（家事手続別表1⑯、任意後見7④、民844）。	
	memo　正当な事由とは、今後の任意後見監督人の任務の遂行に支障が生じるようなやむを得ない事情がある場合、例えば、職業上の必要からの遠隔地への転居、老齢、疾病、任意後見監督人の任務が既に長期にわたること等による負担過重などである。	
提出書類	任意後見監督人の辞任許可審判申立書	
添付書類	後見登記事項証明書、申立理由（正当の事由）を証する資料	
管　　轄	任意後見契約の効力を発生させるための任意後見監督人の選任の審判をした家庭裁判所（抗告裁判所が当該任意後見監督人を選任した場合にあっては、その第一審裁判所である家庭裁判所） ただし、任意後見契約の効力を発生させるための任意後見監督人の選任の審判事件が家庭裁判所に係属しているときは、その家庭裁判所（家事手続217②）	
申立権者	任意後見監督人（任意後見7④、民844）	
解　　説	審判の告知 　　任意後見監督人の辞任を許可する審判および申立てを却下する審判は、申立人（任意後見監督人）に告知をし、これによりその効力を生ずる（家事手続74②③）。 即時抗告 　　任意後見監督人の辞任を許可する審判および申立てを却下する審判に対しては、不服申立てをすることはできない。	

第6章 成年後見

6-2-6 任意後見監督人の解任

あらまし	任意後見監督人に不正な行為、著しい不行跡その他後見の任務に適しない事由があるときは、家庭裁判所は、任意後見監督人、本人もしくはその親族もしくは検察官の請求によりまたは職権で、これを解任することができる（家事手続別表1⑰、任意後見7④、民846）。
提出書類	任意後見監督人解任審判申立書
添付書類	後見登記事項証明書 申立人　戸籍謄本（全部事項証明書）、申立理由を証する資料
管轄	任意後見契約の効力を発生させるための任意後見監督人の選任の審判をした家庭裁判所（抗告裁判所が当該任意後見監督人を選任した場合にあっては、その第一審裁判所である家庭裁判所）（家事手続217②）
申立権者	任意後見監督人、本人、その親族、検察官（任意後見7④、民846） **memo**　任意後見人も任意後見監督人の解任を請求できるか否かについては、解釈論上の争いがあるが、立法担当者は、監督を受ける立場にある者に監督機関の解任請求権を付与することは、監督制度の趣旨に照らして適当でないとの理由で、消極に解している（小林明彦＝大門匡編『新成年後見制度の解説』258頁（きんざい、2000））。
解説	**陳述の聴取** 　家庭裁判所は、任意後見監督人の解任の審判をする場合には、任意後見監督人の陳述を聴かなければならない（家事手続220①二）。 **即時抗告** 　任意後見監督人の解任の審判に対しては、任意後見監督人が、任意後見監督人の解任の申立てを却下する審判に対しては、申立人ならびに本人およびその親族が、それぞれ即時抗告をすることができる（家事手続223二・三）。 **memo**　旧法の下では、任意後見監督人の解任の審判に対し、任意後見人、本人およびその親族も即時抗告をすることができたが（旧特家審規3の9③、旧家審規87①）、解任される任意後見監督人自身が即時抗告をしない場合に、他の者がその判断を争うことは相当でなく、また、そのような場合には、当該任意後見監督人に職務を継続させても実効的な監督を期待することができないので、当該審判に対しては、解任される任意後見監督人のみが即時抗告をすることができるものと改められた。

第6章　成年後見

任意後見監督人の解任の審判事件を本案とする保全処分

　家庭裁判所は、任意後見監督人の解任の審判事件が係属している場合において、本人の利益のため必要があるときは、任意後見監督人の解任の申立てをした者の申立てにより、または職権で、任意後見監督人の解任についての審判が効力を生ずるまでの間、任意後見監督人の職務の執行を停止し、またはその職務代行者を選任することができる（家事手続225①・127①）。任意後見監督人の職務の執行を停止する審判は、職務の執行を停止される任意後見監督人、他の任意後見監督人または職務代行者に告知することによって、その効力を生ずる（家事手続225①・127②）。

　家庭裁判所は、いつでも職務代行者を改任することができる（家事手続225①・127③）。

　家庭裁判所は、職務代行者に対し、成年被後見人の財産の中から、相当な報酬を与えることができる（家事手続225①・127④）。

第6章　成年後見

6-2-7	**任意後見人の解任**
あらまし	任意後見人に不正な行為、著しい不行跡その他後見の任務に適しない事由があるときは、家庭裁判所は、任意後見監督人、本人、その親族または検察官の請求により、任意後見人を解任することができる（家事手続別表1⑳、任意後見8）。
提出書類	任意後見人解任審判申立書
添付書類	後見登記事項証明書 申立人　戸籍謄本（全部事項証明書）、申立理由を証する資料
管轄	任意後見契約の効力を発生させるための任意後見監督人の選任の審判をした家庭裁判所（抗告裁判所が当該任意後見監督人を選任した場合にあっては、その第一審裁判所である家庭裁判所）（家事手続217②）
申立権者	任意後見監督人、本人、その親族、検察官（任意後見8）
解説	**陳述の聴取** 　家庭裁判所は、任意後見人の解任の審判をする場合には、任意後見人の陳述を聴かなければならない（家事手続220①三）。 **審判の告知** 　任意後見人の解任の審判は、当事者および利害関係参加人ならびにこれらの者以外の審判を受ける者のほか、本人および任意後見監督人に告知しなければならない（家事手続222三）。 **即時抗告** 　任意後見人の解任の審判に対しては、本人（申立人を除く。）および任意後見人が、任意後見人の解任の申立てを却下する審判に対しては、申立人、任意後見監督人、本人およびその親族が、それぞれ即時抗告をすることができる（家事手続223四・五）。 **memo**　旧法の下では、任意後見人の解任の審判に対し、当該任意後見人のほか、任意後見監督人、本人およびその親族も即時抗告をすることができたが（旧特家審規3の10、旧家審規87①）、当該任意後見人のほかに、当該解任により任意後見契約が終了するため、本人には即時抗告権を認める必要があるものの、それ以外の者にも争う権利を認めることは相当でないので、当該審判に対しては、解任される任意後見監督人と本人のみが即時抗告をすることができるものと改められた。

第6章　成年後見

任意後見人の解任の審判事件を本案とする保全処分
　家庭裁判所は、任意後見人の解任の審判事件が係属している場合において、本人の利益のため必要があるときは、任意後見人の解任の申立てをした者の申立てにより、または職権で、任意後見人の解任についての審判が効力を生ずるまでの間、任意後見人の職務の執行を停止することができる（家事手続225②・127①）。任意後見人の職務の執行を停止する審判は、職務の執行を停止される任意後見人、他の任意後見人または任意後見監督人に告知することによって、その効力を生ずる（家事手続225②・127②）。

第6章　成年後見

6-2-8	**任意後見契約の解除についての許可**
あらまし	任意後見監督人が選任される前においては、本人または任意後見受任者は、いつでも、公証人の認証を受けた書面によって、任意後見契約を解除することができる（任意後見9①）。 任意後見監督人が選任された後においては、本人または任意後見人は、正当な事由がある場合に限り、家庭裁判所の許可を得て、任意後見契約を解除することができる（家事手続別表1⑿、任意後見9②）。 **memo**　正当な事由とは、疾病等のためにその職務遂行が任意後見人にとって事実上困難な状況にあること、本人またはその親族と任意後見人との間の信頼関係が破綻したため、任意後見人の事務遂行が困難であること等、一般的には、当該任意後見人にとって任意後見人としての事務を行うことが困難な状況にあることを意味する（於保不二雄＝中川淳編『新版注釈民法⒇』713頁（有斐閣、改訂版、2004））。
提出書類	任意後見契約解除許可審判申立書
添付書類	後見登記事項証明書、申立理由（正当の事由）を証する資料
管　轄	任意後見契約の効力を発生させるための任意後見監督人の選任の審判をした家庭裁判所（抗告裁判所が当該任意後見監督人を選任した場合にあっては、その第一審裁判所である家庭裁判所）（家事手続217②）
申立権者	本人、任意後見人（任意後見9②）
解　説	**陳述の聴取** 　任意後見契約の解除についての許可の審判をする場合には、申立人を除く、本人および任意後見人の陳述を聴かなければならない。ただし、本人の心身の障害により本人の陳述を聴くことができないときは、この限りでない（家事手続220①四）。 **審判の告知** 　任意後見契約の解除についての許可の審判は、当事者および利害関係参加人ならびにこれらの者以外の審判を受ける者のほか、本人、任意後見人および任意後見監督人に告知しなければならない（家事手続222四）。 **即時抗告** 　任意後見契約の解除についての許可の審判に対しては、本人および任意後見人が、任意後見契約の解除についての許可の申立てを却下する審判に対しては、申立人が、それぞれ即時抗告をすることができる（家事手続223六・七）。

第７章　不在者の財産管理

7-1　不在者財産管理人の選任

あらまし	従来の住所または居所を去った者がその財産の管理人を置かなかったとき、または本人の不在中に管理人の権限が消滅したときは、家庭裁判所は、利害関係人または検察官の請求により、その財産の管理について必要な処分を命ずることができる（家事手続別表１(55)、民25①）。不在者財産管理人の選任は、この処分の１つである。
提出書類	不在者財産管理人選任審判申立書
添付書類	**申立人**　利害関係を証する資料（戸籍謄本（全部事項証明書）、賃貸借契約書の写し等） **不在者**　戸籍謄本（全部事項証明書）、戸籍附票、不在の事実を証する資料（警察署長名義の家出人届出受理証明書等）、財産に関する資料 **不在者財産管理人候補者**　住民票または戸籍附票
管轄	不在者の従来の住所地または居所地を管轄する家庭裁判所（家事手続145） **memo**　旧家事審判規則31条では、不在者の住所地の家庭裁判所が管轄裁判所とされていたが、不在者の住所地は通常判明しないものであることから、変更された。
申立権者	利害関係人、検察官（民25①）
解説	**不在者財産管理人の改任** 家庭裁判所は、いつでも、選任した不在者財産管理人を改任することができる（家事手続146①）。 **memo**　家庭裁判所が選任した不在者財産管理人が任意で辞任することができるものとすることは、財産の適切な管理という観点から相当ではないため、不在者財産管理人の任意の辞任は認められない。辞任を希望する不在者財産管理人は、家庭裁判所に対し、職権による改任の審判（家事手続146①）を求めることになる。 **財産の状況の報告等** 家庭裁判所は、選任した不在者財産管理人に対し、財産の状況の報告および管理の計算を命ずることができる（家事手続146②）。この報告および計算に要する費用は、不在者の財産の中から支弁する（家事手続146③）。 **処分の取消し** 家庭裁判所は、不在者が財産を管理することができるようになったとき、管理すべき財産がなくなったときその他財産の管理を継続することが相当でなくなったときは、不在者、不在者財産管理人もしくは利害関係人の申立てにより、または職権で、不在者の財産の管理に関する処分の取消しの審判をしなければならない（家事手続147）。

第7章　不在者の財産管理

7-2	不在者の財産目録作成
あ ら ま し	不在者の生死が明らかでない場合において、利害関係人または検察官の請求があるときは、家庭裁判所は、不在者が置いた管理人にも財産の目録の作成を命ずることができる（家事手続別表1㊺、民27②）。
提 出 書 類	不在者の財産目録作成命令審判申立書
添 付 書 類	申立人　利害関係を証する資料（戸籍謄本（全部事項証明書）、賃貸借契約書等） 不在者　戸籍謄本（全部事項証明書）、住民票または戸籍附票、生死不明を証する資料 管理人　戸籍謄本（全部事項証明書）
管　　　轄	不在者の従来の住所地または居所地を管轄する家庭裁判所（家事手続145） **memo**　旧家事審判規則31条では、不在者の住所地の家庭裁判所が管轄裁判所とされていたが、不在者の住所地は通常判明しないものであることから、変更された。
申 立 権 者	利害関係人、検察官（民27②）
解　　　説	財産の状況の報告等 　家庭裁判所は、不在者が置いた管理人に対し、財産の目録の作成を命ずるほか、財産の状況の報告および管理の計算を命ずることができる（家事手続146②）。この報告および計算に要する費用は、不在者の財産の中から支弁する（家事手続146③）。

第7章 不在者の財産管理

7-3　不在者財産管理人の権限外行為の許可

あらまし	家庭裁判所が選任した不在者財産管理人が民法103条に規定する権限を超える行為とするときは、家庭裁判所の許可を得て、これをしなければならない（家事手続別表1�55、民28）。 不在者の生死が不明である場合において、不在者が置いた管理人が不在者が定めた権限を超える行為をするときも同様である（家事手続別表1�55、民28）。
提出書類	不在者財産管理人の権限外行為許可審判申立書
添付書類	申立人　権限外行為に関する資料（遺産分割協議書等）、不在者が置いた管理人による申立ての場合は、管理人であることを証する資料 （不在者が置いた管理人による申立ての場合） 不在者　戸籍謄本（全部事項証明書）、住民票または戸籍附票、生死不明を証する資料
管轄	不在者の従来の住所地または居所地を管轄する家庭裁判所（家事手続145） **memo**　旧家事審判規則31条では、不在者の住所地の家庭裁判所が管轄裁判所とされていたが、不在者の住所地は通常判明しないものであることから、変更された。
申立権者	不在者財産管理人（民28）
解説	**権限外行為** 　家庭裁判所の許可を要する権限外行為には、売買、抵当権の設定、遺産分割などが例として挙げられる。 　訴訟行為については、家庭裁判所が選任した不在者財産管理人は、応訴は保存行為として家庭裁判所の許可を要しないが（大判昭15・7・16民集19・1185）、訴えの提起は許可を要するものとされる。

第8章　失踪宣告

8-1	**失踪宣告（普通失踪）**
あらまし	不在者の生死が7年間明らかでないときは、家庭裁判所は、利害関係人の請求により、失踪の宣告をすることができる（家事手続別表1㊺、民30①）。失踪の宣告の審判が確定すると、不在者は失踪期間満了の時に死亡したものとみなされる（民31）。
提出書類	失踪宣告審判申立書
添付書類	申立人　利害関係を証する資料（戸籍謄本（全部事項証明書）、賃貸借契約書の写し等） 不在者　戸籍謄本（全部事項証明書）、戸籍附票、失踪を証する資料（不在者の親族の陳述書等）
管　轄	不在者の従来の住所地または居所地を管轄する家庭裁判所（家事手続148①） **memo**　旧家事審判規則38条では、不在者の住所地の家庭裁判所が管轄裁判所とされていたが、不在者の生死が不明である場合であるため、不在者の住所地は通常判明しないものであることから、変更された。
申立権者	利害関係人（民30①）
解　説	**公告期間** 　家庭裁判所は、次に掲げる事項を公告し、かつ、②および④の期間が経過しなければ、失踪の宣告の審判をすることができない。②および④の期間は、普通失踪の場合にあっては3か月を下ってはならない（家事手続148③）。 　①　不在者について失踪の宣告の申立てがあったこと 　②　不在者は、一定の期間までにその生存の届出をすべきこと 　③　②の届出がないときは、失踪の宣告がされること 　④　不在者の生死を知る者は、一定の期間までにその届出をすべきこと **memo**　不在者が一定の期間までに生存の届出をすべきこと等を公告しなければ、失踪の宣告をすることはできないが、その期間は、旧法の下では、普通失踪の場合には6か月以上でなければならないとされていた（旧家審規40②）。しかし、事案によっては、より短い期間でも十分である場合もあることから、その最低期間が短縮された（家事手続148③）。

第8章　失踪宣告

手続行為能力

　失踪の宣告は、不在者の法律関係に重大な影響を与えることから、不在者は、失踪の宣告の審判事件においては、一般的に手続行為能力の制限を受けていても、自ら有効に手続行為をすることができる（家事手続148②・118）。

審判の告知

　失踪の宣告の審判は、不在者の生死が不明であるときにされるものであることから、審判を不在者に対して告知することはおよそ不可能である。したがって、失踪の宣告の審判は、不在者に対して告知することを要しないとされる（家事手続148④）。

即時抗告

　失踪の宣告の審判に対しては、不在者および利害関係人（申立人を除く。）が、失踪の宣告の申立てを却下する審判に対しては、申立人が、それぞれ即時抗告をすることができる（家事手続148⑤）。

第8章　失踪宣告

8-2	失踪宣告（危難失踪）
あらまし	戦地に臨んだ者、沈没した船舶の中に在った者その他死亡の原因となるべき危難に遭遇した者の生死が、それぞれ、戦争が止んだ後、船舶が沈没した後またはその他の危難が去った後1年間明らかでないときは、家庭裁判所は、利害関係人の請求により、失踪の宣告をすることができる（家事手続別表1 ⑤、民30②）。 失踪の宣告の審判が確定すると、不在者は危難が去った時に死亡したものとみなされる（民31）。
提出書類	失踪宣告審判申立書
添付書類	申立人　利害関係を証する資料（戸籍謄本（全部事項証明書）、賃貸借契約書の写し等） 不在者　戸籍謄本（全部事項証明書）、戸籍附票、失踪を証する資料（警察の証明書等）
管　轄	不在者の従来の住所地または居所地を管轄する家庭裁判所（家事手続148①） **memo**　旧家事審判規則38条では、不在者の住所地の家庭裁判所が管轄裁判所とされていたが、不在者の生死が不明である場合であるため、不在者の住所地は通常判明しないものであることから、変更された。
申立権者	利害関係人（民30②）
解　説	**公告期間** 　家庭裁判所は、次に掲げる事項を公告し、かつ、②および④の期間が経過しなければ、失踪の宣告の審判をすることができない。②および④の期間は、危難失踪の場合にあっては1か月を下ってはならない（家事手続148③）。 ①　不在者について失踪の宣告の申立てがあったこと ②　不在者は、一定の期間までにその生存の届出をすべきこと ③　②の届出がないときは、失踪の宣告がされること ④　不在者の生死を知る者は、一定の期間までにその届出をすべきこと **memo**　不在者が一定の期間までに生存の届出をすべきこと等を公告しなければ、失踪の宣告をすることはできないが、その期間は、旧法の下では、危難失踪の場合には2か月以上でなければならないとされていた（旧家審規40②）。しかし、事案によっては、より短い期間でも十分である場合もあることから、その最低期間が短縮された（家事手続148③）。

第8章　失踪宣告

手続行為能力

　失踪の宣告は、不在者の法律関係に重大な影響を与えることから、不在者は、失踪の宣告の審判事件においては、一般的に手続行為能力の制限を受けていても、自ら有効に手続行為をすることができる（家事手続148②・118）。

審判の告知

　失踪の宣告の審判は、不在者の生死が不明であるときにされるものであることから、審判を不在者に対して告知することはおよそ不可能である。したがって、失踪の宣告の審判は、不在者に対して告知することを要しないとされる（家事手続148④）。

即時抗告

　失踪の宣告の審判に対しては、不在者および利害関係人（申立人を除く。）が、失踪の宣告の申立てを却下する審判に対しては、申立人が、それぞれ即時抗告をすることができる（家事手続148⑤）。

第8章　失踪宣告

8-3	失踪宣告の取消し
あらまし	失踪者が生存すること、または失踪の宣告によって死亡したとみなされた時と異なる時に死亡したことの証明があったときは、家庭裁判所は、本人または利害関係人の請求により、失踪の宣告を取り消さなければならない（家事手続別表1㊼、民32①）。 **memo**　失踪の宣告が取り消されると、失踪の宣告はなかったことになる。よって、失踪の宣告によって財産を得た者は、その取消しによって権利を失うが、現に利益を受けている限度においてのみ、その財産を返還する義務を負う（民32②）。また、失踪の宣告後その取消し前に善意でした行為の効力に影響を及ぼさないとされる（民32①）。
提出書類	失踪宣告の取消審判申立書
添付書類	申立人　不在者の戸籍（除籍）謄本（全部事項証明書）、戸籍附票、利害関係人からの申立ての場合は、利害関係を証する資料（戸籍謄本（全部事項証明書）、賃貸借契約書等）
管　轄	失踪者の住所地を管轄する家庭裁判所（家事手続149①）
申立権者	本人または利害関係人（民32①）
解　説	**手続行為能力** 　失踪の宣告は、失踪者の法律関係に重大な影響を与えることから、失踪者は、失踪の宣告の取消しの審判事件においては、一般的に手続行為能力の制限を受けていても、自ら有効に手続行為をすることができる（家事手続149②・118）。 **審判の告知** 　失踪の宣告によって死亡したとみなされた時と異なる時に死亡したことの証明があったことを理由として失踪の宣告を取り消す審判がなされたときには、失踪者自身に対して審判を告知することができないことなどに鑑み、失踪の宣告の取消しの審判は、事件の記録上失踪者の住所または居所が判明している場合に限り、失踪者に告知すれば足りる（家事手続149③）。 **即時抗告** 　失踪の宣告の取消しの審判に対しては、利害関係人（申立人を除く。）が、失踪の宣告の取消しの申立てを却下する審判に対しては、失踪者および利害関係人が、それぞれ即時抗告をすることができる（家事手続149④）。

第9章　婚　姻

9-1　夫婦財産契約による財産の管理者の変更等

あらまし	夫婦の一方が、他の一方の財産を管理する場合において、管理が失当であったことによってその財産を危うくしたときは、他の一方は、自らその管理をすることを家庭裁判所に請求することができる（家事手続別表1⑱、民758②）。共有財産については、その請求とともに、その分割を請求することができる（家事手続別表1⑱、民758③）。 **memo**　夫婦財産契約が存在しない場合 　　夫婦財産契約を締結せず、法定財産制が適用される夫婦間での実質的共有財産の分割請求には、民法758条は準用されない（福岡高決昭39・9・17判タ180・157）。
提出書類	夫婦財産契約による財産管理者変更審判申立書
添付書類	申立人　戸籍謄本（全部事項証明書）
管　　轄	夫または妻の住所地を管轄する家庭裁判所（家事手続150二）
申立権者	夫、妻（民758②③）
解　　説	陳述の聴取 　　家庭裁判所は、夫婦財産契約による財産の管理者の変更等の審判をする場合には、夫および妻（申立人を除く。）の陳述を聴かなければならない（家事手続152①）。 給付命令 　　家庭裁判所は、夫婦財産契約による財産の管理者の変更等の審判において、夫または妻に対し、金銭の支払、物の引渡し、登記義務の履行その他の給付を命ずることができる（家事手続154②二）。 共有財産の分割 　　家庭裁判所は、夫婦財産契約による財産の管理者の変更の審判とともに共有財産の分割に関する処分の審判をする場合において、特別の事情があると認めるときは、共有財産の分割の方法として、一方の婚姻の当事者に他方の婚姻の当事者に対する債務を負担させて、現物の分割に代えることができる（家事手続155）。 即時抗告 　　夫婦財産契約による財産の管理者の変更等の審判およびその申立てを却下する審判に対しては、夫および妻が即時抗告をすることができる（家事手続156二）。

第9章　婚　姻

夫婦財産契約による財産の管理者の変更の審判事件を本案とする保全処分
　家庭裁判所は、夫婦の一方から夫婦財産契約による財産の管理者の変更の申立てがあった場合において、他の一方の管理する申立人所有の財産または共有財産の管理のため必要があるときは、申立てによりまたは職権で、担保を立てさせないで、当該財産の管理者の変更の申立てについての審判（共有財産の分割に関する処分の申立てがあった場合にあっては、その申立てについての審判）が効力を生ずるまでの間、財産の管理者を選任し、または事件の関係人に対し、他の一方の管理する申立人所有の財産もしくは共有財産の管理に関する事項を指示することができる（家事手続158①）。
　家庭裁判所は、夫婦財産契約による財産の管理者の変更の審判の申立てがあった場合において、強制執行を保全し、または事件の関係人の急迫の危険を防止するため必要があるときは、当該申立てをした者または夫婦の他の一方の申立てにより、仮処分その他の必要な保全処分を命ずることができる（家事手続158②）。

管理者の改任等
　家庭裁判所は、いつでも、財産の管理者を改任することができる（家事手続158③・125①）。
　家庭裁判所は、財産の管理者に対し、財産の状況の報告および管理の計算を命ずることができる（家事手続158・125②）。その報告および計算に要する費用は、管理に係る財産の中から支弁する（家事手続158・125③）。

第9章 婚 姻

9-2 夫婦間の協力扶助に関する処分

あらまし	夫婦は同居し、互いに協力し扶助しなければならず、夫または妻は、夫婦間の協力扶助に関する処分の審判を家庭裁判所に申し立てることができる（家事手続別表２①、民752）。 これは家事事件手続法別表第二に掲げる事項であるため、家事審判の申立てがなされても、裁判所は、当事者の意見を聴いて、いつでも、職権で、事件を家事調停に付すことができる（家事手続274①）。そのため、実務では、家事調停の申立てがなされることが通常である。また、調停が不成立で終了した場合には、家事調停の申立ての時に、家事審判の申立てがあったものとみなされ（家事手続272④）、それ以後は、家事審判の手続が進められる。
提出書類	夫婦間の協力扶助処分調停（審判）申立書
添付書類	申立人　戸籍謄本（全部事項証明書）
管　轄	（調停の場合） 　　相手方の住所地を管轄する家庭裁判所または当事者が合意で定める家庭裁判所（家事手続245①） （審判の場合） 　　夫または妻の住所地を管轄する家庭裁判所（家事手続150一）
申立権者	夫、妻（民752）
解　説	**手続行為能力** 　　夫婦間の協力扶助に関する処分の審判事件およびこの審判事件を本案とする保全処分についての審判事件（財産上の給付を求めるものを除く。）においては、夫および妻は、一般的に手続行為能力の制限を受けていても、自ら有効に手続行為をすることができる（家事手続151①・118）。 **給付命令等** 　　家庭裁判所は、夫婦間の協力扶助に関する処分の審判において、扶助の程度もしくは方法を定め、またはこれを変更することができる（家事手続154①）。 　　家庭裁判所は、夫婦間の協力扶助に関する処分の審判において、当事者に対し、金銭の支払、物の引渡し、登記義務の履行その他の給付を命ずることができる（家事手続154②一）。 **即時抗告** 　　夫婦間の協力扶助に関する処分の審判およびその申立てを却下する審判に対しては、夫および妻が即時抗告をすることができる（家事手続156一）。

第9章　婚　姻

夫婦間の協力扶助に関する処分についての審判事件を本案とする保全処分
　家庭裁判所（本案の家事審判事件が高等裁判所に係属する場合には、その高等裁判所）は、夫婦間の協力扶助に関する処分についての審判または調停の申立てがあった場合において、強制執行を保全し、または子その他の利害関係人の急迫の危険を防止するため必要があるときは、当該申立てをした者の申立てにより、夫婦間の協力扶助に関する処分についての審判を本案とする仮差押え、仮処分その他の必要な保全処分を命ずることができる（家事手続157①一）。

第9章 婚　姻

9-3	婚姻費用の分担に関する処分
あ ら ま し	夫婦は、その資産、収入その他一切の事情を考慮して、婚姻から生ずる費用を分担する義務があり、夫または妻は、家庭裁判所に対して婚姻費用の分担に関する処分の審判を申し立てることができる（家事手続別表2②、民760）。 これは家事事件手続法別表第二に掲げる事項であるため、家事審判の申立てがなされても、裁判所は、当事者の意見を聴いて、いつでも、職権で、事件を家事調停に付すことができる（家事手続274①）。そのため、実務では、家事調停の申立てがなされることが通常である。また、調停が不成立で終了した場合には、家事調停の申立ての時に、家事審判の申立てがあったものとみなされ（家事手続272④）、それ以後は、家事審判の手続が進められる。
提 出 書 類	婚姻費用分担請求調停（審判）申立書
添 付 書 類	申立人　戸籍謄本（全部事項証明書）、収入に関する資料
管　　　　轄	（調停の場合） 　　相手方の住所地を管轄する家庭裁判所または当事者が合意で定める家庭裁判所（家事手続245①） （審判の場合） 　　夫または妻の住所地を管轄する家庭裁判所（家事手続150三）
申 立 権 者	夫、妻（民760）
解　　　　説	給付命令 　　家庭裁判所は、婚姻費用の分担に関する処分の審判において、当事者に対し、金銭の支払、物の引渡し、登記義務の履行その他の給付を命ずることができる（家事手続154②三）。 即時抗告 　　婚姻費用の分担に関する処分の審判およびその申立てを却下する審判に対しては、夫または妻が即時抗告をすることができる（家事手続156三）。 婚姻費用の分担に関する処分についての審判事件を本案とする保全処分 　　家庭裁判所（本案の家事審判事件が高等裁判所に係属する場合には、その高等裁判所）は、婚姻費用の分担に関する処分についての審判または調停の申立てがあった場合において、強制執行を保全し、または子その他の利害関係人の急迫の危険を防止するため必要があるときは、当該申立てをした者の申立てにより、婚姻費用の分担に関する処分についての審判を本案とする仮差押え、仮処分その他の必要な保全処分を命ずることができる（家事手続157①二）。

第9章 婚　姻

9-4　子の監護に関する処分

あらまし	父母が協議上の離婚をするときは、子の監護をすべき者、父または母と子との面会およびその他の交流、子の監護に要する費用の分担その他の子の監護について必要な事項は、その協議で定める（民766①）。この協議が調わないとき、または協議をすることができないときは、家庭裁判所がこれを定める（家事手続別表2③、民766②）。 家庭裁判所は、必要があるときは、その定めを変更し、その他子の監護について相当な処分を命ずることができる（家事手続別表2③、民766③）。 これは家事事件手続法別表第二に掲げる事項であるため、家事審判の申立てがなされても、裁判所は、当事者の意見を聴いて、いつでも、職権で、事件を家事調停に付すことができる（家事手続274①）。そのため、実務では、家事調停の申立てがなされることが通常である。また、調停が不成立で終了した場合には、家事調停の申立ての時に、家事審判の申立てがあったものとみなされ（家事手続272④）、それ以後は、家事審判の手続が進められる。
提出書類	子の監護者指定調停（審判）申立書、子の監護者変更調停（審判）申立書、子の監護に関する処分調停（審判）申立書、子の引渡し調停（審判）申立書
添付書類	子　戸籍謄本（全部事項証明書）
管轄	（調停の場合） 　　相手方の住所地を管轄する家庭裁判所または当事者が合意で定める家庭裁判所（家事手続245①） （審判の場合） 　　子（父または母を同じくする数人の子についての申立てに係るものにあっては、そのうちの1人）の住所地を管轄する家庭裁判所（家事手続150四）
申立権者	父、母（民766②③）
解説	**手続行為能力** 　　子の監護に関する処分の審判事件およびこの審判事件を本案とする保全処分についての審判事件（財産上の給付を求めるものを除く。）においては、子は、一般的に手続行為能力の制限を受けていても、自ら有効に手続行為をすることができる（家事手続151二・118）。 **給付命令** 　　家庭裁判所は、子の監護に関する処分の審判において、子の監護をす

第9章　婚　姻

べき者の指定または変更、父または母と子との面会およびその他の交流、子の監護に要する費用の分担その他の子の監護について必要な事項の定めをする場合には、当事者に対し、子の引渡しまたは金銭の支払その他の財産上の給付その他の給付を命ずることができる（家事手続154③）。

即時抗告

　　子の監護に関する処分の審判およびその申立てを却下する審判に対しては、子の父母および子の監護者が即時抗告をすることができる（家事手続156四）。

子の監護に関する処分についての審判事件を本案とする保全処分

　　家庭裁判所（本案の家事審判事件が高等裁判所に係属する場合には、その高等裁判所）は、子の監護に関する処分についての審判または調停の申立てがあった場合において、強制執行を保全し、または子その他の利害関係人の急迫の危険を防止するため必要があるときは、当該申立てをした者の申立てにより、子の監護に関する処分についての審判を本案とする仮差押え、仮処分その他の必要な保全処分を命ずることができる（家事手続157①三）。

　　家庭裁判所は、子の監護に関する処分について仮の地位を定める仮処分（子の監護に要する費用の分担に関する仮処分を除く。）を命ずる場合には、審判を受ける者となるべき者の陳述を聴くほか、子（15歳以上のものに限る。）の陳述を聴かなければならない。ただし、子の陳述を聴く手続を経ることにより保全処分の目的を達することができない事情があるときは、この限りでない（家事手続157②）。

第9章 婚　姻

9-5　財産の分与に関する処分

あらまし	協議上の離婚をした者の一方は、相手方に対して財産の分与を請求することができるが（民768①）、当事者間に協議が調わないとき、または協議をすることができないときは、当事者は、家庭裁判所に対して協議に代わる処分を請求することができる（家事手続別表2④、民768②）。 婚姻の取消し（民749）および裁判上の離婚（民771）の場合も同様である。 これは家事事件手続法別表第二に掲げる事項であるため、家事審判の申立てがなされても、裁判所は、当事者の意見を聴いて、いつでも、職権で、事件を家事調停に付すことができる（家事手続274①）。そのため、実務では、家事調停の申立てがなされることが通常である。また、調停が不成立で終了した場合には、家事調停の申立ての時に、家事審判の申立てがあったものとみなされ（家事手続272④）、それ以後は、家事審判の手続が進められる。
提出書類	財産分与調停（審判）申立書
添付書類	離婚時の夫婦の戸籍謄本（全部事項証明書）（離婚により夫婦の一方が除籍された記載のあるもの）、夫婦の財産に関する資料（不動産登記事項証明書等）
管　轄	（調停の場合） 　　相手方の住所地を管轄する家庭裁判所または当事者が合意で定める家庭裁判所（家事手続245①） （審判の場合） 　　夫または妻であった者の住所地を管轄する家庭裁判所（家事手続150五）
申立権者	夫または妻であった者（民768①）
解　説	**申立ての取下げの制限** 　　財産の分与に関する処分の審判の申立ての取下げは、相手方が本案について書面を提出し、または家事審判の手続の期日において陳述をした後にあっては、相手方の同意を得なければ、その効力を生じない（家事手続153）。 　　**memo**　家事事件手続法別表第二に掲げる事項についての家事審判の申立ては、審判が確定するまで、その全部または一部を取り下げることができるが、審判がされた後にあっては、相手方の同意を得なければ、申立てを取り下げることができない（家事手続82②）。しかし、財産の分与に関する処分の審判事件では、相手方にも審判を得ることに特に強い利益があると定型的に認められるため、その利益を保護する趣旨で、特則が定められた。

第9章　婚　姻

給付命令

　家庭裁判所は、財産の分与に関する処分の審判において、当事者に対し、金銭の支払、物の引渡し、登記義務の履行その他の給付を命ずることができる（家事手続154②四）。

即時抗告

　財産の分与に関する処分の審判およびその申立てを却下する審判に対しては、夫または妻であった者が即時抗告をすることができる（家事手続156五）。

財産の分与に関する処分の審判事件を本案とする保全処分

　家庭裁判所（本案の家事審判事件が高等裁判所に係属する場合には、その高等裁判所）は、財産の分与に関する処分の審判または調停の申立てがあった場合において、強制執行を保全し、または子その他の利害関係人の急迫の危険を防止するため必要があるときは、当該申立てをした者の申立てにより、財産の分与に関する処分の審判を本案とする仮差押え、仮処分その他の必要な保全処分を命ずることができる（家事手続157①四）。

第9章　婚　姻

9-6	**離婚等の場合における祭具等の所有権の承継者の指定**
あらまし	婚姻によって氏を改めた夫または妻が、系譜、祭具および墳墓の所有権を承継した後、協議上の離婚をしたときは、当事者その他の関係人の協議で、その権利を承継すべき者を定めなければならない（民769①）。この協議が調わないとき、または協議をすることができないときは、家庭裁判所がこれを定める（家事手続別表２⑤、民769②）。 婚姻の取消し（民749）、生存配偶者の復氏（民751）および裁判上の離婚（民771）の場合も同様である。 これは家事事件手続法別表第二に掲げる事項であるため、家事審判の申立てがなされても、裁判所は、当事者の意見を聴いて、いつでも、職権で、事件を家事調停に付すことができる（家事手続274①）。そのため、実務では、家事調停の申立てがなされることが通常である。また、調停が不成立で終了した場合には、家事調停の申立ての時に、家事審判の申立てがあったものとみなされ（家事手続272④）、それ以後は、家事審判の手続が進められる。
提出書類	祭祀財産承継者指定調停（審判）申立書
添付書類	**申立人**　戸籍謄本（全部事項証明書）、利害関係を証する資料、財産に関する資料 **相手方**　戸籍謄本（全部事項証明書） **被相続人**　出生時から死亡時までの全ての戸籍謄本等
管　　轄	（調停の場合） 　　相手方の住所地を管轄する家庭裁判所または当事者が合意で定める家庭裁判所（家事手続245①） （審判の場合） 　　所有者の住所地を管轄する家庭裁判所（家事手続150六）
申立権者	夫、妻、利害関係人（民769）
解　　説	**引渡し命令** 　　家庭裁判所は、離婚等の場合における祭具等の所有権の承継者の指定の審判において、当事者に対し、系譜、祭具および墳墓の引渡しを命ずることができる（家事手続154④）。 **即時抗告** 　　離婚等の場合における祭具等の所有権の承継者の指定の審判およびその申立てを却下する審判に対しては、婚姻の当事者（生存配偶者の復氏の場合にあっては、生存配偶者）その他の利害関係人が即時抗告をすることができる（家事手続156六）。

第10章 親 子

10-1	嫡出否認の訴えの特別代理人の選任
あらまし	子の嫡出性の否認権は、子または親権を行う母に対する嫡出否認の訴えによって行うが、親権を行う母がないときは、家庭裁判所は、特別代理人を選任しなければならない（家事手続別表1⑤、民775）。
提出書類	特別代理人選任審判申立書
添付書類	申立人　戸籍謄本（全部事項証明書） 親権者　戸籍謄本（全部事項証明書） 特別代理人候補者　住民票または戸籍附票
管　轄	子の住所地を管轄する家庭裁判所（家事手続159①）
申立権者	否認権を有する夫（民774） **memo**　夫が子の出生前に死亡したときまたは嫡出否認の訴えの出訴期間（民777）内に嫡出否認の訴えを提起しないで死亡したときは、その子のために相続権を侵害される者その他夫の3親等内の血族は、嫡出否認の訴えを提起することができる。この場合においては、夫の死亡の日から1年以内にその訴えを提起しなければならない（人訴41①）。また、夫が嫡出否認の訴えを提起した後に死亡した場合には、それらの者は、夫の死亡の日から6か月以内に訴訟手続を受け継ぐことができる（人訴41②）。
解　説	**手続行為能力** 　嫡出否認の訴えの特別代理人の選任の審判事件においては、夫は、一般的に手続行為能力の制限を受けていても、自ら有効に手続行為をすることができる（家事手続159②・118）。 **即時抗告** 　嫡出否認の訴えの特別代理人の選任の申立てを却下する審判に対しては、申立人が即時抗告をすることができる（家事手続159③）。

第10章　親　子

10-2	**子の氏の変更についての許可**
あらまし	子が父または母と氏を異にする場合には、子は、家庭裁判所の許可を得て、入籍届（戸98①）をすることによって、その父または母の氏を称することができる（家事手続別表1⑥、民791①）。 **memo**　父または母が氏を改めたことにより子が父母と氏を異にする場合には、子は、父母の婚姻中に限り、家庭裁判所の許可を得ないで、入籍届（戸98①②）をすることによって、その父母の氏を称することができる（民791②）。
提出書類	子の氏の変更許可審判申立書
添付書類	申立人　戸籍謄本（全部事項証明書） 父・母　戸籍謄本（全部事項証明書）
管　轄	子（父または母を同じくする数人の子についての子の氏の変更についての許可の申立てに係るものにあっては、そのうちの1人）の住所地を管轄する家庭裁判所（家事手続160①） **memo**　旧家事審判規則では、無関係な数人の子についての許可の申立てに係るものであっても、その1人の子の住所地を管轄する家庭裁判所の管轄を認めていたが（旧家審規61・52②）、父または母を同じくする数人の子についての許可の申立てに係るものに限られることになった。
申立権者	子（民791①）。子が15歳未満であるときは、その法定代理人（民791③）
解　説	**手続行為能力** 　子の氏の変更についての許可の審判事件においては、子（15歳以上のものに限る。）は、一般的に手続行為能力の制限を受けていても、自ら有効に手続行為をすることができる（家事手続160②・118）。 **即時抗告** 　子の氏の変更についての許可の申立てを却下する審判に対しては、申立人が即時抗告をすることができる（家事手続160③）。

第10章 親 子

10-3	養子縁組の許可
あらまし	未成年者を養子とするには、家庭裁判所の許可を得なければならない（家事手続別表1⑥、民798）。ただし、自己または配偶者の直系卑属を養子とする場合は、この限りでない。 また、後見人が被後見人を養子とするには、家庭裁判所の許可を得なければならない（家事手続別表1⑥、民794）。
提出書類	養子縁組許可審判申立書
添付書類	**申立人** 戸籍謄本（全部事項証明書） **養子となるべき者** 戸籍謄本（全部事項証明書）、未成年者が15歳未満である場合には、代諾者（法定代理人）の戸籍謄本（全部事項証明書）
管　轄	養子となるべき者の住所地を管轄する家庭裁判所（家事手続161①）
申立権者	養親となるべき者
解　説	**手続行為能力** 　　養子縁組をするについての許可の審判事件においては、養親となるべき者および養子となるべき者（15歳以上のものに限る。）は、一般的に手続行為能力の制限を受けていても、自ら有効に手続行為をすることができる（家事手続161②・118）。 **陳述の聴取** 　　家庭裁判所は、養子縁組をするについての許可の審判をする場合には、養子となるべき者（15歳以上のものに限る。）ならびに養子となるべき者に対し親権を行う者および養子となるべき者の未成年後見人の陳述を聴かなければならない（家事手続161③）。 　**memo**　養子縁組をするについての許可が養子となるべき者の身分関係に重大な影響を与えることから、養子となるべき者が15歳以上である場合には、養子となるべき者本人の、養子となるべき者が未成年者である場合には、養子となるべき者の利益を代弁することができる親権を行う者または未成年後見人の陳述を聴かなければならないものとされた。 **即時抗告** 　　養子縁組をするについての許可の申立てを却下する審判に対しては、申立人が即時抗告をすることができる（家事手続161④）。

第10章　親　子

10-4　死後離縁の許可

あらまし	縁組の当事者の一方が死亡した後に生存当事者が離縁をしようとするときは、家庭裁判所の許可を得なければならない（家事手続別表1⑫、民811⑥）。 **memo**　家庭裁判所の許可を得て、申立人（縁組の生存当事者）が単独で離縁届をすることにより（戸72）、離縁の効力が生じる。すなわち、死亡当事者を通じての他の者との法定血族関係が消滅する。
提出書類	死後離縁許可審判申立書
添付書類	申立人　戸籍謄本（全部事項証明書） 死亡当事者　戸籍（除籍）謄本（全部事項証明書）
管　　轄	申立人の住所地を管轄する家庭裁判所（家事手続162①）
申立権者	縁組の生存当事者（民811⑥）
解　　説	**手続行為能力** 　死後離縁をするについての許可の審判事件においては、養親および養子（15歳以上のものに限る。）は、一般的に手続行為能力の制限を受けていても、自ら有効に手続行為をすることができる（家事手続162②・118）。 **memo**　戸籍先例によると、養子が15歳未満の場合は、死後離縁の許可の申立てをするのは現在の法定代理人（後見人）であるとされる（昭25・7・22民事甲2006）。ただし、15歳未満の養子が死亡養親と生存養親双方と同時に離縁する場合は、実親（すなわち生存親との離縁により養子の法定代理人となるべき者）が死亡養親との離縁につき家庭裁判所の許可の申立てをすることができる（昭30・3・12民事甲251）。いずれにせよ15歳未満の子が自ら手続行為をすることは想定されていない。 **代襲相続人への通知** 　代襲相続人の相続権を保護する趣旨から、家庭裁判所は、養子の死後に死後離縁をするについての許可の申立てがあった場合には、申立てが不適法であるときまたは申立てに理由がないことが明らかなときを除き、養子を代襲して養親の相続人となるべき者に対し、その旨を通知する。ただし、事件の記録上その者の氏名および住所または居所が判明している場合に限る（家事手続162③）。

第10章　親　子

即時抗告

　死後離縁をするについての許可の審判に対しては、利害関係人（申立人を除く。）が、死後離縁をするについての許可の申立てを却下する審判に対しては、申立人が、それぞれ即時抗告をすることができる（家事手続162④）。

第10章　親　子

10-5　特別養子縁組の成立

あらまし	特別養子縁組とは、実方の血族との親族関係が終了する縁組をいう。家庭裁判所は、養親となる者の請求により、特別養子縁組を成立させることができる（家事手続別表1⑥、民817の2①）。 特別養子縁組の要件は以下のものである。 ① 養親が配偶者のある者であって、夫婦の一方が他方の嫡出子を特別養子とする場合を除いて、夫婦双方が養親となること（民817の3）。 ② 少なくとも養親の一方の年齢が25歳で、他方は20歳に達していること（民817の4）。 ③ 原則として、養子の年齢が申立時に6歳未満であること（民817の5）。 ④ 原則として、養子の父母の同意があること（民817の6）。 ⑤ 父母による監護が著しく困難または不適当であることその他特別の事情がある場合において、子の利益のため特に必要があると認められること（民817の7）。
提出書類	特別養子縁組審判申立書
添付書類	申立人　戸籍謄本（全部事項証明書） 養子となる者　戸籍謄本（全部事項証明書） 養子となる者の実父母　戸籍謄本（全部事項証明書）
管　轄	養親となるべき者の住所地を管轄する家庭裁判所（家事手続164①）
申立権者	養親となる者（民817の2①）
解　説	**手続行為能力** 　特別養子縁組の成立の審判事件においては、養親となるべき者および養子となるべき者の父母は、一般的に手続行為能力の制限を受けていても、自ら有効に手続行為をすることができる（家事手続164②・118）。 **陳述の聴取** 　家庭裁判所は、特別養子縁組の成立の審判をする場合には、次に掲げる者の陳述を聴かなければならない（家事手続164③）。 ① 養子となるべき者の父母 ② 養子となるべき者に対し親権を行う者（①に掲げる者を除く。）および養子となるべき者の未成年後見人 ③ 養子となるべき者の父母に対し親権を行う者および養子となるべき者の父母の後見人 　ただし、養子となるべき者の父母が知れないときは、養子となるべき

第10章　親　子

者の父母、養子となるべき者の父母に対し親権を行う者および養子となるべき者の父母の後見人の陳述を聴くことを要しない（家事手続164⑦）。
　また、家庭裁判所は、特別養子縁組の成立の申立てを却下する審判をする場合には、養子となるべき者に対し親権を行う者および養子となるべき者の未成年後見人の陳述を聴かなければならない（家事手続164④）。

> **memo**　養子となるべき者の父母の同意がないにもかかわらず、特別養子縁組の成立の審判をするときは、その者の手続保障の観点から、その者の陳述の聴取は、審問の期日においてしなければならない（家事手続164③）。

審判の告知
　特別養子縁組の成立の審判は、当事者および利害関係参加人ならびにこれらの者以外の審判を受ける者だけでなく、養子となるべき者に対し親権を行う者および養子となるべき者の未成年後見人ならびに養子となるべき者の父母に対し親権を行う者および養子となるべき者の父母の後見人にも告知しなければならない（家事手続164⑤）が、養子となるべき者に告知することを要しない（家事手続164⑥）。
　ただし、養子となるべき者の父母が知れないときは、養子となるべき者の父母、養子となるべき者の父母に対し親権を行う者および養子となるべき者の父母の後見人に審判を告知することを要しない（家事手続164⑦）。

即時抗告
　特別養子縁組の成立の審判に対しては、養子となるべき者の父母、養子となるべき者に対し親権を行う者で養子となるべき者の父母でないもの、養子となるべき者の未成年後見人、養子となるべき者の父母に対し親権を行う者および養子となるべき者の父母の後見人が、特別養子縁組の成立の申立てを却下する審判に対しては、申立人が、それぞれ即時抗告をすることができる（家事手続164⑧）。

第10章 親 子

10-6 特別養子縁組の離縁

あらまし	次のいずれにも該当する場合において、養子の利益のため特に必要があると認めるときは、家庭裁判所は、養子、実父母または検察官の請求により、特別養子縁組の当事者を離縁させることができる（家事手続別表１⑭、民817の10①）。 ① 養親による虐待、悪意の遺棄その他養子の利益を著しく害する事由があること。 ② 実父母が相当の監護をすることができること。
提出書類	特別養子縁組離縁審判申立書
添付書類	申立人　戸籍謄本（全部事項証明書） 養親・養子・養子の実父母　戸籍謄本（全部事項証明書）
管　　轄	養親の住所地を管轄する家庭裁判所（家事手続165①）
申立権者	養子、実父母または検察官（民817の10①）
解　　説	**手続行為能力** 　　特別養子縁組の離縁の審判事件においては、養親、養子およびその実父母は、一般的に手続行為能力の制限を受けていても、自ら有効に手続行為をすることができる（家事手続165②・118）。 **陳述の聴取** 　　家庭裁判所は、特別養子縁組の離縁の審判をする場合には、次に掲げる者の陳述を聴かなければならない。このうち①から③までに掲げる者の陳述の聴取は、審問の期日においてしなければならない（家事手続165③） ① 養子（15歳以上のものに限る。） ② 養親 ③ 養子の実父母 ④ 養子に対し親権を行う者（養親を除く。）および養子の後見人 ⑤ 養親の後見人 ⑥ 養子の実父母に対し親権を行う者および養子の実父母の後見人 　　また、家庭裁判所は、特別養子縁組の離縁の申立てを却下する審判をする場合には、次に掲げる者の陳述を聴かなければならない（家事手続165④）。 ① 養子の実父母（申立人を除く。） ② 養子に対し親権を行う者および養子の後見人 ③ 養子の実父母に対し親権を行う者および養子の実父母の後見人

第10章　親　子

審判の告知

　特別養子縁組の離縁の審判は、申立人、養親、養子およびその実父母だけでなく、養子に対し親権を行う者および養子の後見人、養親の後見人ならびに養子の実父母に対し親権を行う者および養子の実父母の後見人にも告知しなければならない（家事手続165⑤）。ただし、養子の年齢および発達の程度その他一切の事情を考慮して養子の利益を害すると認めるときは、養子に告知することを要しない（家事手続165⑥）。

即時抗告

　特別養子縁組の離縁の審判に対しては、養子、養親、養子の実父母、養子に対し親権を行う者で養親でないもの、養子の後見人、養親の後見人、養子の実父母に対し親権を行う者および養子の実父母の後見人が、特別養子縁組の離縁の申立てを却下する審判に対しては、申立人が、それぞれ即時抗告をすることができる（家事手続165⑦）。

　養子による特別養子縁組の離縁の審判に対する即時抗告の期間は、養子以外の者が審判の告知を受けた日（二以上あるときは、当該日のうち最も遅い日）から進行する（家事手続165⑧）。

第10章　親　子

10-7	離縁等の場合における祭具等の所有権の承継者の指定
あらまし	養子が系譜、祭具および墳墓の所有権を承継した後に、離縁した場合または縁組が取り消された場合、その権利を承継すべき者を定めるについて、当事者その他の利害関係人の協議が調わないとき、または協議をすることができないときは、家庭裁判所がこれを定める（家事手続別表２⑥、民808②・817・769②）。 これは家事事件手続法別表第二に掲げる事項であるため、家事審判の申立てがなされても、裁判所は、当事者の意見を聴いて、いつでも、職権で、事件を家事調停に付すことができる（家事手続274①）。そのため、実務では、家事調停の申立てがなされることが通常である。また、調停が不成立で終了した場合には、家事調停の申立ての時に、家事審判の申立てがあったものとみなされ（家事手続272④）、それ以後は、家事審判の手続が進められる。
提出書類	祭祀財産承継者指定調停（審判）申立書
添付書類	申立人　戸籍謄本（全部事項証明書）、財産に関する証明書（不動産登記事項証明書等）、利害関係を証する資料 相手方　戸籍謄本（全部事項証明書）
管　轄	（調停の場合） 　相手方の住所地を管轄する家庭裁判所または当事者が合意で定める家庭裁判所（家事手続245①） （審判の場合） 　所有者の住所地を管轄する家庭裁判所（家事手続163①）
申立権者	養子縁組の当事者その他利害関係人（民808②・817・769②）
解　説	祭具等の引渡命令 　　家庭裁判所は、離縁等の場合における祭具等の所有権の承継者の指定の審判において、当事者に対し、系譜、祭具および墳墓の引渡しを命ずることができる（家事手続163②）。 即時抗告 　　離縁等の場合における祭具等の所有権の承継者の指定の審判およびその申立てを却下する審判に対しては、離縁の当事者その他の利害関係人が即時抗告をすることができる（家事手続163③）。

第11章　親　権

11-1	特別代理人の選任
あらまし	親権を行う父または母とその子との利益が相反する行為については、親権を行う者は、その子のために特別代理人を選任することを家庭裁判所に請求しなければならない（家事手続別表1⑥、民826①）。 また、親権を行う者が数人の子に対して親権を行う場合において、その1人と他の子との利益が相反する行為については、親権を行う者は、その一方のために特別代理人を選任することを家庭裁判所に請求しなければならない（家事手続別表1⑥、民826②）。
提出書類	特別代理人選任審判申立書
添付書類	申立人　戸籍謄本（全部事項証明書）、利益相反に関する資料、利害関係人からの申立ての場合は、利害関係を証する資料 子　住民票または戸籍附票、戸籍謄本（全部事項証明書） 特別代理人候補者　住民票または戸籍附票
管　　轄	子の住所地を管轄する家庭裁判所（家事手続167）
申立権者	親権を行う者（民826）、利害関係参加人
解　　説	手続行為能力 　　子に関する特別代理人の選任の審判事件においては、子は、一般的に手続行為能力の制限を受けていても、自ら有効に手続行為をすることができる（家事手続168一・118）。 即時抗告 　　特別代理人を選任する審判および申立てを却下する審判に対しては、不服申立てをすることができない。

第11章　親　権

11-2	第三者が子に与えた財産の管理に関する処分
あらまし	無償で子に財産を与える第三者が、親権を行う父または母にこれを管理させない意思を表示したときは、その財産は、父または母の管理に属しないものとするが（民830①）、その財産につき父母が共に管理権を有しない場合において、第三者が管理者を指定しなかったときは、家庭裁判所は、子、その親族または検察官の請求によって、その管理者を選任する（家事手続別表1㊿、民830②）。 第三者が管理者を指定したときであっても、その管理者の権限が消滅し、またはこれを改任する必要がある場合において、第三者が更に管理者を指定しないときも同様とする（家事手続別表1㊿、民830③）。
提 出 書 類	財産管理者選任審判申立書
添 付 書 類	申立人　戸籍謄本（全部事項証明書）、申立理由を証する資料 子　住民票または戸籍附票
管　　　轄	子（父または母を同じくする数人の子についての申立てに係るものにあっては、そのうちの1人）の住所地を管轄する家庭裁判所（家事手続167）
申 立 権 者	子、その親族、検察官（民830）
解　　　説	**手続行為能力** 　　第三者が子に与えた財産の管理に関する処分の審判事件においては、子は、一般的に手続行為能力の制限を受けていても、自ら有効に手続行為をすることができる（家事手続168一・118）。 **即時抗告** 　　第三者が子に与えた財産の管理に関する処分の審判および申立てを却下する審判に対しては、不服申立てをすることができない。 **管理者の改任等** 　　家庭裁判所は、いつでも、財産の管理者を改任することができる（家事手続173・125①）。 　　家庭裁判所は、財産の管理者に対し、財産の状況の報告および管理の計算を命ずることができる（家事手続173・125②）。その報告および計算に要する費用は、子の財産の中から支弁する（家事手続173・125③）。 **財産の管理に関する処分の取消し** 　　家庭裁判所は、子が財産を管理することができるようになったとき、管理すべき財産がなくなったときその他財産の管理を継続することが相当でなくなったときは、子、財産の管理者もしくは利害関係人の申立てにより、または職権で、財産の管理者の選任その他の財産の管理に関する処分の取消しの審判をしなければならない（家事手続173・125⑦）。

第11章　親　権

11-3	**親権の喪失等**
11-3-1	**親権喪失**
あらまし	父または母による虐待または悪意の遺棄があるときその他父または母による親権の行使が著しく困難または不適当であることにより子の利益を著しく害するときは、家庭裁判所は、子、その親族、未成年後見人、未成年後見監督人または検察官の請求により、その父または母について、親権喪失の審判をすることができる。ただし、2年以内にその原因が消滅する見込みがあるときは、この限りでない（家事手続別表1�667、民834）。
提出書類	親権喪失審判申立書
添付書類	申立人　戸籍謄本（全部事項証明書） 父母・子　戸籍謄本（全部事項証明書）
管　　轄	子の住所地を管轄する家庭裁判所（家事手続167）
申立権者	子、その親族、未成年後見人、未成年後見監督人、検察官（民834）または児童相談所長（児福33の7）
解　　説	**手続行為能力** 　　親権喪失の審判事件においては、子およびその父母は、一般的に手続行為能力の制限を受けていても、自ら有効に手続行為をすることができる（家事手続168三・118）。 **陳述の聴取** 　　家庭裁判所は、親権喪失の審判をする場合には、申立人を除く、子（15歳以上のものに限る。）および子の親権者の陳述を聴かなければならない。この場合において、子の親権者の陳述は、審問の期日においてしなければならない（家事手続169①一）。 **審判の告知** 　　親権喪失の審判は、当事者および利害関係参加人ならびにこれらの者以外の審判を受ける者のほか、子に告知しなければならない（家事手続170一）。ただし、子にあっては、子の年齢および発達の程度その他一切の事情を考慮して子の利益を害すると認めるときは、この限りでない（家事手続170本文ただし書）。 **即時抗告** 　　親権喪失の審判に対しては、申立人を除く、親権を喪失する者およびその親族が、親権喪失の申立てを却下する審判に対しては、申立人、子

第11章　親　権

およびその親族、未成年後見人ならびに未成年後見監督人が、それぞれ即時抗告をすることができる（家事手続172①一・四）。

　審判の告知を受ける者でない者および子による親権喪失の審判に対する即時抗告の期間は、親権を喪失する者が審判の告知を受けた日から進行する（家事手続172②一）。

親権喪失の審判事件を本案とする保全処分

　家庭裁判所（本案の家事審判事件が高等裁判所に係属する場合には、その高等裁判所）は、親権喪失の申立てがあった場合において、子の利益のため必要があると認めるときは、当該申立てをした者の申立てにより、親権喪失の申立てについての審判が効力を生ずるまでの間、親権者の職務の執行を停止し、またはその職務代行者を選任することができる（家事手続174①）。

　親権者の職務の執行を停止する審判は、職務の執行を停止される親権者、子に対し親権を行う者または職務代行者に告知することによって、その効力を生ずる（家事手続174②）。

　家庭裁判所は、いつでも職務代行者を改任することができる（家事手続174③）。

　家庭裁判所は、職務代行者に対し、子の財産の中から、相当な報酬を与えることができる（家事手続174④）。

第11章 親　権

11-3-2	親権停止
あらまし	父または母による親権の行使が困難または不適当であることにより子の利益を害するときは、家庭裁判所は、子、その親族、未成年後見人、未成年後見監督人または検察官の請求により、その父または母について、親権停止の審判をすることができる（家事手続別表1⑰、民834の2①）。 家庭裁判所は、親権停止の審判をするときは、その原因が消滅するまでに要すると見込まれる期間、子の心身の状態および生活の状況その他一切の事情を考慮して、2年を超えない範囲内で、親権を停止する期間を定める（民834の2②）。
提出書類	親権停止審判申立書
添付書類	申立人　戸籍謄本（全部事項証明書） 父母・子　戸籍謄本（全部事項証明書）
管　轄	子の住所地を管轄する家庭裁判所（家事手続167）
申立権者	子、その親族、未成年後見人、未成年後見監督人、検察官（民834の2）または児童相談所長（児福33の7）
解　説	**手続行為能力** 　親権停止の審判事件においては、子およびその父母は、一般的に手続行為能力の制限を受けていても、自ら有効に手続行為をすることができる（家事手続168三・118）。 **陳述の聴取** 　家庭裁判所は、親権停止の審判をする場合には、申立人を除く、子（15歳以上のものに限る。）および子の親権者の陳述を聴かなければならない。この場合において、子の親権者の陳述は、審問の期日においてしなければならない（家事手続169①一）。 **審判の告知** 　親権停止の審判は、当事者および利害関係参加人ならびにこれらの者以外の審判を受ける者のほか、子に告知しなければならない（家事手続170一・74①）。ただし、子にあっては、子の年齢および発達の程度その他一切の事情を考慮して子の利益を害すると認めるときは、この限りでない（家事手続170ただし書）。 **即時抗告** 　親権停止の審判に対しては、申立人を除く、親権を停止される者およびその親族が、親権停止の申立てを却下する審判に対しては、申立人、

第11章　親　権

子およびその親族、未成年後見人ならびに未成年後見監督人が、それぞれ即時抗告をすることができる（家事手続172①二・四）。

審判の告知を受ける者でない者および子による親権停止の審判に対する即時抗告の期間は、親権を停止される者が審判の告知を受けた日から進行する（家事手続172②一）。

親権停止の審判事件を本案とする保全処分

家庭裁判所（本案の家事審判事件が高等裁判所に係属する場合には、その高等裁判所）は、親権停止の申立てがあった場合において、子の利益のため必要があると認めるときは、当該申立てをした者の申立てにより、親権停止の申立てについての審判が効力を生ずるまでの間、親権者の職務の執行を停止し、またはその職務代行者を選任することができる（家事手続174①）。

親権者の職務の執行を停止する審判は、職務の執行を停止される親権者、子に対し親権を行う者または職務代行者に告知することによって、その効力を生ずる（家事手続174②）。

家庭裁判所は、いつでも職務代行者を改任することができる（家事手続174③）。

家庭裁判所は、職務代行者に対し、子の財産の中から、相当な報酬を与えることができる（家事手続174③）。

第11章　親　権

11-3-3　管理権喪失

あらまし	父または母による管理権の行使が困難または不適当であることにより子の利益を害するときは、家庭裁判所は、子、その親族、未成年後見人、未成年後見監督人または検察官の請求により、その父または母について、管理権喪失の審判をすることができる（家事手続別表1㊆、民835）。
提出書類	管理権喪失審判申立書
添付書類	申立人　戸籍謄本（全部事項証明書） 父母・子　戸籍謄本（全部事項証明書）
管　　轄	子の住所地を管轄する家庭裁判所（家事手続167）
申立権者	子、その親族、未成年後見人、未成年後見監督人、検察官（民835）、児童相談所長（児福33の7）
解　　説	**手続行為能力** 　　管理権喪失の審判事件においては、子およびその父母は、一般的に手続行為能力の制限を受けていても、自ら有効に手続行為をすることができる（家事手続168三・118）。 **陳述の聴取** 　　家庭裁判所は、管理権喪失の審判をする場合には、申立人を除く、子（15歳以上のものに限る。）および子の親権者の陳述を聴かなければならない。 　　この場合において、子の親権者の陳述は、審問の期日においてしなければならない（家事手続169①一）。 **審判の告知** 　　管理権喪失の審判は、当事者および利害関係参加人ならびにこれらの者以外の審判を受ける者のほか、子に告知しなければならない（家事手続170一）。ただし、子にあっては、子の年齢および発達の程度その他一切の事情を考慮して子の利益を害すると認めるときは、この限りでない（家事手続170本文ただし書）。 **即時抗告** 　　管理権喪失の審判に対しては、申立人を除く、管理権を喪失する者およびその親族が、管理権喪失の申立てを却下する審判に対しては、申立人、子およびその親族、未成年後見人ならびに未成年後見監督人が、それぞれ即時抗告をすることができる（家事手続172①一・四）。 　　審判の告知を受ける者でない者および子による管理権喪失の審判に対

第11章　親　権

する即時抗告の期間は、管理権を喪失する者が審判の告知を受けた日から進行する（家事手続172②一）。

管理権喪失の審判事件を本案とする保全処分

　家庭裁判所（本案の家事審判事件が高等裁判所に係属する場合には、その高等裁判所）は、管理権喪失の申立てがあった場合において、子の利益のため必要があると認めるときは、当該申立てをした者の申立てにより、管理権喪失の申立てについての審判が効力を生ずるまでの間、親権者の職務の執行を停止し、またはその職務代行者を選任することができる（家事手続174①）。

　親権者の職務の執行を停止する審判は、職務の執行を停止される親権者、子に対し親権を行う者または職務代行者に告知することによって、その効力を生ずる（家事手続174②）。

　家庭裁判所は、いつでも職務代行者を改任することができる（家事手続174③）。

　家庭裁判所は、職務代行者に対し、子の財産の中から、相当な報酬を与えることができる（家事手続174④）。

第11章　親　権

11-4	親権喪失等の取消し
11-4-1	親権喪失の取消し

あらまし	民法834条本文に規定する親権喪失の原因が消滅したときは、家庭裁判所は、本人またはその親族の請求によって、親権喪失の審判を取り消すことができる（家事手続別表1⑱、民836）。
提出書類	親権喪失審判取消審判申立書
添付書類	申立人　戸籍謄本（全部事項証明書） 父・母　戸籍謄本（全部事項証明書）
管　轄	子の住所地を管轄する家庭裁判所（家事手続167）
申立権者	本人、その親族（民836）、児童相談所長（児福33の7）
解　説	**手続行為能力** 　　親権喪失の審判の取消しの審判事件においては、子およびその父母は、一般的に手続行為能力の制限を受けていても、自ら有効に手続行為をすることができる（家事手続168四・118）。 **陳述の聴取** 　　家庭裁判所は、親権喪失の審判の取消しの審判をする場合には、申立人を除く、子（15歳以上のものに限る。）、子に対し親権を行う者、子の未成年後見人および親権を喪失した者の陳述を聴かなければならない（家事手続169①二）。 **審判の告知** 　　親権喪失の審判の取消しの審判は、当事者および利害関係参加人ならびにこれらの者以外の審判を受ける者のほか、子、子に対し親権を行う者および子の未成年後見人にも告知しなければならない（家事手続170二）。ただし、子にあっては、子の年齢および発達の程度その他一切の事情を考慮して子の利益を害すると認めるときは、この限りでない（家事手続170本文ただし書）。 **即時抗告** 　　親権喪失の審判の取消しの審判に対しては、申立人を除く、子およびその親族、子に対し親権を行う者、未成年後見人ならびに未成年後見監督人が、親権喪失の審判の取消しの申立てを却下する審判に対しては、

第11章　親　権

申立人ならびに親権を喪失した者およびその親族が、それぞれ即時抗告をすることができる（家事手続172①五・六）。

　審判の告知を受ける者でない者および子による親権喪失の審判の取消しの審判に対する即時抗告の期間は、親権を喪失した者が審判の告知を受けた日から進行する（家事手続172②二）。

第11章 親 権

11-4-2 親権停止の取消し

あらまし	民法834条の2第1項に規定する親権停止の原因が消滅したときは、家庭裁判所は、本人またはその親族の請求によって、親権停止の審判を取り消すことができる（家事手続別表1⑱、民836）。
提出書類	親権停止審判取消審判申立書
添付書類	申立人　戸籍謄本（全部事項証明書） 父・母　戸籍謄本（全部事項証明書）
管　轄	子の住所地を管轄する家庭裁判所（家事手続167）
申立権者	本人、その親族（民836）、児童相談所長（児福33の7）
解　説	**手続行為能力** 　親権停止の審判の取消しの審判事件においては、子およびその父母は、一般的に手続行為能力の制限を受けていても、自ら有効に手続行為をすることができる（家事手続168四・118）。 **陳述の聴取** 　家庭裁判所は、親権喪失の審判の取消しの審判をする場合には、申立人を除く、子（15歳以上のものに限る。）、子に対し親権を行う者、子の未成年後見人および親権を停止された者の陳述を聴かなければならない（家事手続169①二）。 **審判の告知** 　親権停止の審判の取消しの審判は、当事者および利害関係参加人ならびにこれらの者以外の審判を受ける者のほか、子、子に対し親権を行う者および子の未成年後見人にも告知しなければならない（家事手続170二）。ただし、子にあっては、子の年齢および発達の程度その他一切の事情を考慮して子の利益を害すると認めるときは、この限りでない（家事手続170本文ただし書）。 **即時抗告** 　親権停止の審判の取消しの審判に対しては、申立人を除く、子およびその親族、子に対し親権を行う者、未成年後見人ならびに未成年後見監督人が、親権停止の審判の取消しの申立てを却下する審判に対しては、申立人ならびに親権を停止された者およびその親族が、それぞれ即時抗告をすることができる（家事手続172①五・六）。 　審判の告知を受ける者でない者および子による親権停止の審判の取消しの審判に対する即時抗告の期間は、親権を停止された者が審判の告知を受けた日から進行する（家事手続172②二）。

第11章　親　権

11-4-3	管理権喪失の取消し
あらまし	民法835条に規定する管理権喪失の原因が消滅したときは、家庭裁判所は、本人またはその親族の請求によって、管理権喪失の審判を取り消すことができる（家事手続別表1⑱、民836）。
提 出 書 類	管理権喪失審判取消審判申立書
添 付 書 類	申立人　戸籍謄本（全部事項証明書） 父・母　戸籍謄本（全部事項証明書）
管　　　轄	子の住所地を管轄する家庭裁判所（家事手続167）
申 立 権 者	本人、その親族（民836）、児童相談所長（児福33の7）
解　　　説	**手続行為能力** 　　管理権喪失の審判の取消しの審判事件においては、子およびその父母は、一般的に手続行為能力の制限を受けていても、自ら有効に手続行為をすることができる（家事手続168四・118）。 **陳述の聴取** 　　家庭裁判所は、管理権喪失の審判の取消しの審判をする場合には、申立人を除く、子（15歳以上のものに限る。）、子に対し親権を行う者、子の未成年後見人および管理権を喪失した者の陳述を聴かなければならない（家事手続169①二）。 **審判の告知** 　　管理権喪失の審判の取消しの審判は、当事者および利害関係参加人ならびにこれらの者以外の審判を受ける者のほか、子、子に対し親権を行う者および子の未成年後見人にも告知しなければならない（家事手続170二）。ただし、子にあっては、子の年齢および発達の程度その他一切の事情を考慮して子の利益を害すると認めるときは、この限りでない（家事手続170本文ただし書）。 **即時抗告** 　　管理権喪失の審判の取消しの審判に対しては、申立人を除く、子およびその親族、子に対し親権を行う者、未成年後見人ならびに未成年後見監督人が、管理権喪失の審判の取消しの申立てを却下する審判に対しては、申立人ならびに管理権を喪失した者およびその親族が、それぞれ即時抗告をすることができる（家事手続172①五・六）。 　　審判の告知を受ける者でない者および子による管理権喪失の審判の取消しの審判に対する即時抗告の期間は、管理権を喪失した者が審判の告知を受けた日から進行する（家事手続172②二）。

第11章　親　権

11-5	親権辞退等の許可
11-5-1	親権（管理権）を辞するについての許可
あらまし	親権（管理権）を行う父または母は、やむを得ない事由があるときは、家庭裁判所の許可を得て、親権（管理権）を辞することができる（家事手続別表1⑥、民837①）。
提出書類	親権（管理権）辞任許可審判申立書
添付書類	申立人　戸籍謄本（全部事項証明書） 子　戸籍謄本（全部事項証明書）
管　轄	子の住所地を管轄する家庭裁判所（家事手続167）
申立権者	親権（管理権）を行う父または母（民837①）。
解　説	手続行為能力 　　親権（管理権）を辞するについての許可の審判事件においては、子およびその父母は、一般的に手続行為能力の制限を受けていても、自ら有効に手続行為をすることができる（家事手続168五・118）。 陳述の聴取 　　家庭裁判所は、親権（管理権）を辞するについての許可の審判をする場合には、子（15歳以上のものに限る。）の陳述を聴かなければならない（家事手続169①三）。 即時抗告 　　親権（管理権）を辞するについての許可の審判および申立てを却下する審判に対しては、不服申立てをすることができない。

第11章　親　権

11-5-2	親権（管理権）を回復するについての許可
あらまし	親権（管理権）を辞するやむを得ない事由が消滅したときは、父または母は、家庭裁判所の許可を得て、親権（管理権）を回復することができる（家事手続別表1⑲、民837②）。
提出書類	親権（管理権）回復許可審判申立書
添付書類	申立人　戸籍謄本（全部事項証明書） 子　戸籍謄本（全部事項証明書）
管　轄	子の住所地を管轄する家庭裁判所（家事手続167）
申立権者	親権（管理権）を辞した父または母（民837②）。
解　説	**手続行為能力** 　親権（管理権）を回復するについての許可の審判事件においては、子およびその父母は、一般的に手続行為能力の制限を受けていても、自ら有効に手続行為をすることができる（家事手続168五・118）。 **陳述の聴取** 　家庭裁判所は、親権（管理権）を回復するについての許可の審判をする場合には、子（15歳以上のものに限る。）、子に対し親権を行う者および子の未成年後見人の陳述を聴かなければならない（家事手続169①四）。 **即時抗告** 　親権（管理権）を回復するについての許可の申立てを却下する審判に対しては、申立人が即時抗告をすることができる（家事手続172①七）。

第11章　親　権

11-6	**養子の離縁後に親権者となるべき者の指定**
あらまし	養子が15歳未満であるときは、その離縁は、養親と養子の離縁後にその法定代理人となるべき者との協議でこれをするが（民811②）、養子の父母が離婚しているときは、その協議で、その一方を養子の離縁後にその親権者となるべき者と定めなければならない（民811③）。 その協議が調わないとき、または協議をすることができないときは、家庭裁判所は、父もしくは母または養親の請求によって、協議に代わる審判をすることができる（家事手続別表２⑦、民811④）。 これは家事事件手続法別表第二に掲げる事項であるため、家事審判の申立てがなされても、裁判所は、当事者の意見を聴いて、いつでも、職権で、事件を家事調停に付することができる（家事手続274①）。そのため、実務では、家事調停の申立てがなされることが通常である。また、調停が不成立で終了した場合には、家事調停の申立ての時に、家事審判の申立てがあったものとみなされ（家事手続272④）、それ以後は、家事審判の手続が進められる。
提出書類	親権者指定調停（審判）申立書
添付書類	申立人　戸籍謄本（全部事項証明書） 子　戸籍謄本（全部事項証明書）、住民票または戸籍附票
管　轄	（調停の場合） 　　相手方の住所地を管轄する家庭裁判所または当事者が合意で定める家庭裁判所（家事手続245①） （審判の場合） 　　子の住所地を管轄する家庭裁判所（家事手続167）
申立権者	父、母、養親（民811④）
解　説	**手続行為能力** 　　養子の離縁後に親権者となるべき者の指定の審判事件においては、養子、その父母および養親は、一般的に手続行為能力の制限を受けていても、自ら有効に手続行為をすることができる（家事手続168六・118）。 **即時抗告** 　　養子の離縁後に親権者となるべき者の指定の審判に対しては、養子の父母および養子の監護者が、養子の離縁後に親権者となるべき者の指定の申立てを却下する審判に対しては、申立人、養子の父母および養子の監護者が、それぞれ即時抗告をすることができる（家事手続172①八・九）。

第11章 親　権

11-7	親権者の指定
あらまし	協議離婚をするとき（民819①）、離婚後に出生した子の親権者を父と定めるとき（民819③）および認知した子の親権者を父と定めるとき（民819④）は、父母は協議によって子の親権者を定めることができるが、その協議が調わないとき、または協議をすることができないときは、家庭裁判所は、父または母の請求によって、協議に代わる審判をすることができる（家事手続別表２⑧、民819⑤）。 子の出生届未了により親権者の指定をしないで離婚届をしたときや、親権者指定をしない離婚届が受理されたときも、親権者の指定によるとされている。 これは家事事件手続法別表第二に掲げる事項であるため、家事審判の申立てがなされても、裁判所は、当事者の意見を聴いて、いつでも、職権で、事件を家事調停に付することができる（家事手続274①）。そのため、実務では、家事調停の申立てがなされることが通常である。また、調停が不成立で終了した場合には、家事調停の申立ての時に、家事審判の申立てがあったものとみなされ（家事手続272④）、それ以後は、家事審判の手続が進められる。 **memo**　離婚後に出生した子の親権者や非嫡出子の親権者のような単独親権者が死亡すれば未成年後見が開始し、生存する他方の親が親権者となる余地はないとされるが（昭24・3・15民甲3499）、嫡出でない子の母が死亡し、未成年後見人の選任のないうちに父が認知した場合、父を親権者に指定する審判が確定すれば、その旨の届出は受理される（昭23・10・15民甲660、昭48・4・25民二3408）。
提出書類	親権者指定調停（審判）申立書
添付書類	申立人　戸籍謄本（全部事項証明書） 相手方・子　戸籍謄本（全部事項証明書）
管　轄	（調停の場合） 　相手方の住所地を管轄する家庭裁判所または当事者が合意で定める家庭裁判所（家事手続245①） （審判の場合） 　子（父または母を同じくする数人の子についての親権者の指定の申立てに係るものにあっては、そのうちの１人）の住所地を管轄する家庭裁判所（家事手続167）

第11章　親　権

申立権者	父または母（民819⑤）
解　説	**手続行為能力** 　　親権者の指定の審判事件（親権者の指定の審判事件を本案とする保全処分についての審判事件を含む。）においては、子およびその父母は、一般的に手続行為能力の制限を受けていても、自ら有効に手続行為をすることができる（家事手続168七・118）。 **陳述の聴取** 　　家庭裁判所は、親権者の指定の審判をする場合には、当事者の陳述を聴くほか、子（15歳以上のものに限る。）の陳述を聴かなければならない（家事手続169②）。 **引渡命令等** 　　家庭裁判所は、親権者の指定の審判において、当事者に対し、子の引渡しまたは財産上の給付その他の給付を命ずることができる（家事手続171）。 **即時抗告** 　　親権者の指定の審判およびその申立を却下する審判に対しては、子の父母および子の監護者が即時抗告をすることができる（家事手続172①十）。 **親権者の指定の審判事件を本案とする保全処分** 　　家庭裁判所（本案の家事審判事件が高等裁判所に係属する場合には、その高等裁判所）は、親権者の指定の審判または調停の申立てがあった場合において、強制執行を保全し、または子その他の利害関係人の急迫の危険を防止するため必要があるときは、当該申立てをした者の申立てにより、親権者の指定の審判を本案とする仮処分その他の必要な保全処分を命ずることができる（家事手続175①）。 　　仮の地位の仮処分を命ずる場合には、審判を受ける者となるべき者の陳述を聴くほか、子（15歳以上のものに限る。）の陳述を聴かなければならない。ただし、子の陳述を聴く手続を経ることにより保全処分の申立ての目的を達することができない事情があるときは、この限りでない（家事手続175②）。 **親権者の職務の執行の停止等** 　　家庭裁判所（本案の家事審判事件が高等裁判所に係属する場合には、その高等裁判所）は、親権者の指定の審判の申立てがあった場合において、子の利益のため必要があるときは、当該申立てをした者の申立てにより、親権者の指定の申立てについての審判が効力を生ずるまでの間、

第11章　親　権

親権者の職務の執行を停止し、またはその職務代行者を選任することができる（家事手続175③）。

親権者の職務の執行を停止する審判は、職務の執行を停止される親権者、子に対し親権を行う者または職務代行者に告知することによって、その効力を生ずる（家事手続175④）。

家庭裁判所は、いつでも職務代行者を改任することができる（家事手続175⑤）。家庭裁判所は、職務代行者に対し、子の財産の中から、相当な報酬を与えることができる（家事手続175⑥）。

第11章 親　権

11-8	親権者の変更
あらまし	子の利益のため必要があると認めるときは、家庭裁判所は、子の親族の請求によって、親権者を他の一方に変更することができる（家事手続別表2⑧、民819⑥）。 これは家事事件手続法別表第二に掲げる事項であるため、家事審判の申立てがなされても、裁判所は、当事者の意見を聴いて、いつでも、職権で、事件を家事調停に付することができる（家事手続274①）。そのため、実務では、家事調停の申立てがなされることが通常である。また、調停が不成立で終了した場合には、家事調停の申立ての時に、家事審判の申立てがあったものとみなされ（家事手続272④）、それ以後は、家事審判の手続が進められる。 **memo**　単独親権者とされた父または母が死亡した場合、生存する他方を親権者に変更することについて、家庭裁判所の実務では、①未成年後見が開始するからその余地はないとするもの、②親権者の変更を認めるもの、③未成年後見人の選任後であっても親権者の変更を認めるもの、④親権回復を認めるものなどがあるが、親権者の変更を認める②③の取扱いが大勢を占めている。
提出書類	親権者変更調停（審判）申立書
添付書類	申立人　戸籍謄本（全部事項証明書） 相手方・子　戸籍謄本（全部事項証明書）
管　　轄	（調停の場合） 　　相手方の住所地を管轄する家庭裁判所または当事者が合意で定める家庭裁判所（家事手続245①） （審判の場合） 　　子（父または母を同じくする数人の子についての親権者の変更の申立てに係るものにあっては、そのうちの1人）の住所地を管轄する家庭裁判所（家事手続167）
申立権者	子の親族（民819⑥）
解　　説	手続行為能力 　　親権者の変更の審判事件（親権者の変更の審判事件を本案とする保全処分についての審判事件を含む。）においては、子およびその父母は、一般的に手続行為能力の制限を受けていても、自ら有効に手続行為をすることができる（家事手続168七・118）。

第11章　親　権

陳述の聴取
　　家庭裁判所は、親権者の変更の審判をする場合には、当事者の陳述を聴くほか、子（15歳以上のものに限る。）の陳述を聴かなければならない（家事手続169②）。

引渡命令等
　　家庭裁判所は、親権者の変更の審判において、当事者に対し、子の引渡しまたは財産上の給付その他の給付を命ずることができる（家事手続171）。

即時抗告
　　親権者の変更の審判およびその申立てを却下する審判に対しては、子の父母および子の監護者が即時抗告をすることができる（家事手続172①十）。

親権者の変更の審判事件を本案とする保全処分
　　家庭裁判所（本案の家事審判事件が高等裁判所に係属する場合には、その高等裁判所）は、親権者の変更の審判または調停の申立てがあった場合において、強制執行を保全し、または子その他の利害関係人の急迫の危険を防止するため必要があるときは、当該申立てをした者の申立てにより、親権者の変更の審判を本案とする仮処分その他の必要な保全処分を命ずることができる（家事手続175①）。
　　仮の地位の仮処分を命ずる場合には、審判を受ける者となるべき者の陳述を聴くほか、子（15歳以上のものに限る。）の陳述を聴かなければならない。ただし、子の陳述を聴く手続を経ることにより保全処分の申立ての目的を達することができない事情があるときは、この限りでない（家事手続175②）。

親権者の職務の執行の停止等
　　家庭裁判所（本案の家事審判事件が高等裁判所に係属する場合には、その高等裁判所）は、親権者の変更の審判の申立てがあった場合において、子の利益のため必要があるときは、当該申立てをした者の申立てにより、親権者の変更の申立てについての審判が効力を生ずるまでの間、親権者の職務の執行を停止し、またはその職務代行者を選任することができる（家事手続175③）。
　　親権者の職務の執行を停止する審判は、職務の執行を停止される親権者、子に対し親権を行う者または職務代行者に告知することによって、その効力を生ずる（家事手続175④）。
　　家庭裁判所は、いつでも職務代行者を改任することができる（家事手続175⑤）。家庭裁判所は、職務代行者に対し、子の財産の中から、相当な報酬を与えることができる（家事手続175⑥）。

第12章　未成年後見

12-1	養子の離縁後に未成年後見人となるべき者の選任
あ ら ま し	養子が15歳未満であるときは、その離縁は、養親と養子の離縁後にその法定代理人となるべき者との協議でこれをするが（民811②）、法定代理人となるべき者がないときは、家庭裁判所は、養子の親族その他の利害関係人の請求によって、養子の離縁後にその未成年後見人となるべき者を選任する（家事手続別表1⑰、民811⑤）。
提 出 書 類	未成年後見人選任審判申立書
添 付 書 類	**未成年者**　戸籍謄本（全部事項証明書）、住民票または戸籍附票、養子の離縁後にその法定代理人となるべき者がないことを証する資料、財産に関する資料 **未成年後見人候補者**　戸籍謄本（全部事項証明書） **利害関係人**　利害関係を証する資料
管　　　轄	未成年被後見人の住所地を管轄する家庭裁判所（家事手続176）
申 立 権 者	養子の親族その他の利害関係人（民811⑤）
解　　　説	**手続行為能力** 　　養子の離縁後に未成年後見人となるべき者の選任の審判事件においては、未成年被後見人（養子）および養親は、一般的に手続行為能力の制限を受けていても、自ら有効に手続行為をすることができる（家事手続177一・118）。 **意見の聴取** 　　家庭裁判所は、養子の離縁後に未成年後見人となるべき者の選任の審判をする場合には、未成年後見人となるべき者の意見を聴かなければならない（家事手続178②一）。 **即時抗告** 　　養子の離縁後に未成年後見人となるべき者の選任の申立てを却下する審判に対しては、申立人が即時抗告をすることができる（家事手続179一）。

第12章　未成年後見

12-2	未成年後見人の選任
あらまし	未成年者に対して親権を行う者がないとき、親権を行う者が管理権を有しないとき、または後見開始の審判があったときには、未成年後見が開始し（民838）、家庭裁判所は、未成年後見人となるべき者がないときまたは未成年後見人が欠けたときは、未成年被後見人またはその親族その他の利害関係人の請求によって、未成年後見人を選任する（家事手続別表1㋿、民840①）。また、未成年後見人がある場合においても、家庭裁判所は、必要があると認めるときは、未成年被後見人、その親族その他の利害関係人もしくは未成年後見人の請求により、または職権で、更に未成年後見人を選任することができる（家事手続別表1㋿、民840②）。 memo　未成年後見人を選任するには、未成年被後見人の年齢、心身の状態ならびに生活および財産の状況、未成年後見人となる者の職業および経歴ならびに未成年被後見人との利害関係の有無（未成年後見人となる者が法人であるときは、その事業の種類および内容ならびにその法人およびその代表者と未成年被後見人との利害関係の有無）、未成年被後見人の意見その他一切の事情を考慮しなければならない（民840③）。
提出書類	未成年後見人選任審判申立書
添付書類	**未成年者**　戸籍謄本（全部事項証明書）、住民票または戸籍附票、親権を行う者がないことを証する資料（親権者が死亡した旨の記載がある戸籍謄本（全部事項証明書）等）、財産に関する資料 **未成年後見人候補者**　戸籍謄本（全部事項証明書） **利害関係人**　利害関係を証する資料
管　轄	未成年被後見人の住所地を管轄する家庭裁判所（家事手続176）
申立権者	未成年被後見人、その親族その他の利害関係人、未成年後見人（民840①②）
解　説	**手続行為能力** 　未成年後見人の選任の審判事件においては、未成年被後見人は、一般的に手続行為能力の制限を受けていても、自ら有効に手続行為をすることができる（家事手続177二・118）。 **陳述の聴取** 　家庭裁判所は、未成年後見人の選任の審判をする場合には、未成年被後見人（15歳以上の者に限る。また、申立人を除く。）の陳述を聴かなければならない（家事手続178①一）。

第12章　未成年後見

意見の聴取
　家庭裁判所は、未成年後見人の選任の審判をする場合には、未成年後見人となるべき者の意見を聴かなければならない（家事手続178②一）。

申立ての取下げの制限
　未成年後見人の選任の申立ては、審判がされる前であっても、家庭裁判所の許可を得なければ、取り下げることができない（家事手続180・121）。

第12章　未成年後見

12-3　未成年後見人の辞任についての許可

あらまし	未成年後見人は、正当な事由があるときは、家庭裁判所の許可を得て、その任務を辞することができる（家事手続別表1㊆、民844）。 **memo**　正当な事由とは、今後の未成年後見人の任務の遂行に支障が生じるようなやむを得ない事情がある場合、例えば、職業上の必要からの遠隔地への転居、老齢、疾病、成年後見人の任務が既に長期にわたること等による負担過重などである。
提出書類	未成年後見人辞任許可審判申立書
添付書類	申立人　戸籍謄本（全部事項証明書）、申立理由（正当の事由）を証する資料 未成年被後見人　戸籍謄本（全部事項証明書）
管　　轄	未成年被後見人の住所地を管轄する家庭裁判所（家事手続176）
申立権者	未成年後見人（民844）
解　　説	審判の告知 　　辞任を許可する審判および申立てを却下する審判は、申立人（未成年後見人）に告知をし、これによりその効力を生ずる（家事手続74②③）。 即時抗告 　　辞任を許可する審判および申立てを却下する審判に対しては、不服申立てをすることはできない。 新たな後見人の選任の請求 　　未成年後見人がその任務を辞したことによって新たな未成年後見人を選任する必要が生じたときは、その未成年後見人は、遅滞なく新たな未成年後見人の選任を家庭裁判所に請求しなければならない（民845）。

第12章　未成年後見

12-4　未成年後見人の解任

あらまし	未成年後見人に不正な行為、著しい不行跡その他後見の事務に適しない事由があるときは、家庭裁判所は、未成年後見監督人、未成年被後見人もしくはその親族もしくは検察官の請求により、または職権で、これを解任することができる（家事手続別表1㊷、民846）。
提出書類	未成年後見人解任審判申立書
添付書類	申立人　戸籍謄本（全部事項証明書） 未成年後見人　戸籍謄本（全部事項証明書） 未成年被後見人　戸籍謄本（全部事項証明書）
管轄	未成年被後見人の住所地を管轄する家庭裁判所（家事手続176）
申立権者	未成年後見監督人、未成年被後見人、その親族、検察官（民846）
解説	**手続行為能力** 　未成年後見人の解任の審判事件（未成年後見人の解任の審判事件を本案とする保全処分についての審判事件を含む。）においては、未成年被後見人は、一般的に手続行為能力の制限を受けていても、自ら有効に手続行為をすることができる（家事手続177三・118）。 **陳述の聴取** 　家庭裁判所は、未成年後見人の解任の審判をする場合には、未成年後見人の陳述を聴かなければならない（家事手続178①二）。 **即時抗告** 　未成年後見人は、未成年後見人の解任の審判に対し、即時抗告をすることができる（家事手続179二）。 **未成年後見人の解任の審判事件を本案とする保全処分** 　家庭裁判所は、未成年後見人の解任の審判事件が係属している場合において、未成年被後見人の利益のため必要があるときは、未成年後見人の解任の申立てをした者の申立てにより、または職権で、未成年後見人の解任についての審判が効力を生ずるまでの間、未成年後見人の職務の執行を停止し、またはその職務代行者を選任することができる（家事手続181・127①）。 　未成年後見人の職務の執行を停止する審判は、職務の執行を停止される未成年後見人、他の未成年後見人または職務代行者に告知することによって、その効力を生ずる（家事手続181・127②）。 　家庭裁判所は、いつでも職務代行者を改任することができる（家事手続181・127③）。 　家庭裁判所は、職務代行者に対し、未成年被後見人の財産の中から、相当な報酬を与えることができる（家事手続181・127④）。

第12章　未成年後見

12-5	未成年後見監督人の選任
あらまし	家庭裁判所は、必要があると認めるときは、未成年被後見人、その親族もしくは未成年後見人の請求により、または職権で、未成年後見監督人を選任することができる（家事手続別表1㊸、民849）。
提出書類	未成年後見監督人選任審判申立書
添付書類	申立人　戸籍謄本（全部事項証明書） 未成年被後見人　戸籍謄本（全部事項証明書）、住民票または戸籍附票 未成年後見監督人候補者　戸籍謄本（全部事項証明書）、住民票または戸籍附票
管轄	未成年被後見人の住所地を管轄する家庭裁判所（家事手続176）
申立権者	未成年被後見人、その親族、未成年後見人（民849）
解説	**手続行為能力** 　未成年後見監督人の選任の審判事件においては、未成年被後見人は、一般的に手続行為能力の制限を受けていても、自ら有効に手続行為をすることができる（家事手続177四・118）。 **陳述の聴取** 　家庭裁判所は、未成年後見監督人の選任の審判をする場合には、未成年被後見人（15歳以上の者に限る。また、申立人を除く。）の陳述を聴かなければならない（家事手続178①一）。 **意見の聴取** 　家庭裁判所は、未成年後見監督人の選任の審判をする場合には、未成年後見監督人となるべき者の意見を聴かなければならない（家事手続178②二）。

第12章　未成年後見

12-6	未成年後見監督人の辞任についての許可
あらまし	未成年後見監督人は、正当な事由があるときは、家庭裁判所の許可を得て、その任務を辞することができる（家事手続別表1⑦、民852・844）。 **memo**　正当な事由とは、今後の未成年後見監督人の任務の遂行に支障が生じるようなやむを得ない事情がある場合、例えば、職業上の必要からの遠隔地への転居、老齢、疾病、未成年後見監督人の任務が既に長期にわたること等による負担過重などである。
提出書類	未成年後見監督人辞任許可審判申立書
添付書類	申立人　戸籍謄本（全部事項証明書）、申立理由（正当の事由）を証する資料 未成年被後見人　戸籍謄本（全部事項証明書）
管　轄	未成年被後見人の住所地を管轄する家庭裁判所（家事手続176）
申立権者	未成年後見監督人（民852・844）
解　説	審判の告知 　辞任を許可する審判および申立てを却下する審判は、申立人（未成年後見監督人）に告知をし、これによりその効力を生ずる（家事手続74②③）。 即時抗告 　辞任を許可する審判および申立てを却下する審判に対しては、不服申立てをすることはできない。

第12章　未成年後見

12-7	未成年後見監督人の解任
あらまし	未成年後見監督人に不正な行為、著しい不行跡その他後見監督の任務に適しない事由があるときは、家庭裁判所は、未成年後見人、未成年被後見人もしくはその親族もしくは検察官の請求により、または職権で、これを解任することができる（家事手続別表1㉖、民852・846）。
提出書類	未成年後見監督人解任審判申立書
添付書類	申立人　戸籍謄本（全部事項証明書）、申立理由を証する資料 未成年後見人　戸籍謄本（全部事項証明書） 未成年被後見人　戸籍謄本（全部事項証明書） 未成年後見監督人　戸籍謄本（全部事項証明書）
管　轄	未成年被後見人の住所地を管轄する家庭裁判所（家事手続176）
申立権者	未成年後見人、未成年被後見人、その親族、検察官（民852・846）
解　説	手続行為能力 　　未成年後見監督人の解任の審判事件（未成年後見監督人の解任の審判事件を本案とする保全処分についての審判事件を含む。）においては、未成年被後見人は、一般的に手続行為能力の制限を受けていても、自ら有効に手続行為をすることができる（家事手続177五・118）。 陳述の聴取 　　家庭裁判所は、未成年後見監督人の解任の審判をする場合には、未成年後見監督人の陳述を聴かなければならない（家事手続178①三）。 即時抗告 　　未成年後見監督人の解任の審判に対しては、未成年後見監督人が即時抗告をすることができる（家事手続179四）。 未成年後見監督人の解任の審判事件を本案とする保全処分 　　家庭裁判所は、未成年後見監督人の解任の審判事件が係属している場合において、未成年被後見人の利益のため必要があるときは、未成年後見監督人の解任の申立てをした者の申立てにより、または職権で、未成年後見監督人の解任についての審判が効力を生ずるまでの間、未成年後見監督人の職務の執行を停止し、またはその職務代行者を選任することができる（家事手続181・127①）。未成年後見監督人の職務の執行を停止する審判は、職務の執行を停止される未成年後見監督人、他の未成年後見

第12章　未成年後見

人または職務代行者に告知することによって、その効力を生ずる（家事手続181・127②）。家庭裁判所は、いつでも職務代行者を改任することができる（家事手続181・127③）。家庭裁判所は、職務代行者に対し、未成年被後見人の財産の中から、相当な報酬を与えることができる（家事手続181・127④）。

第12章 未成年後見

12-8	特別代理人の選任
あらまし	未成年後見人と未成年被後見人との利益が相反する行為については、未成年後見人は、未成年被後見人のために特別代理人を選任することを家庭裁判所に請求しなければならない（家事手続別表1⑦、民860・826①）。 また、未成年後見人が数人の未成年被後見人に対して職務を行う場合において、その1人と他の未成年被後見人との利益が相反する行為については、未成年後見人は、その一方のために特別代理人を選任することを家庭裁判所に請求しなければならない（家事手続別表1⑦、民860・826②）。 ただし、未成年後見監督人がある場合は、この限りでない（民860）。
提 出 書 類	特別代理人選任審判申立書
添 付 書 類	**申立人** 戸籍謄本（全部事項証明書）、利益相反に関する資料 **未成年被後見人** 戸籍謄本（全部事項証明書）、住民票または戸籍附票 **特別代理人候補者** 住民票または戸籍附票
管 轄	未成年被後見人の住所地を管轄する家庭裁判所（家事手続176）
申 立 権 者	未成年後見人（民860・826）
解 説	**手続行為能力** 　未成年被後見人に関する特別代理人の選任の審判事件においては、未成年被後見人となるべき者および未成年被後見人は、一般的に手続行為能力の制限を受けていても、自ら有効に手続行為をすることができる（家事手続177六・118）。 **即時抗告** 　特別代理人を選任する審判および申立てを却下する審判に対しては、不服申立てをすることができない。

第12章 未成年後見

12-9	未成年後見の事務の監督
あらまし	未成年後見監督人または家庭裁判所は、いつでも、未成年後見人に対し、後見の事務の報告もしくは財産の目録の提出を求め、または後見の事務もしくは未成年被後見人の財産の状況を調査することができる。また、家庭裁判所は、未成年後見監督人、未成年被後見人もしくはその親族その他の利害関係人の請求により、または職権で、未成年被後見人の財産の管理その他後見の事務について必要な処分を命ずることができる（家事手続別表1⑧、民863）。
提出書類	未成年後見事務の監督審判申立書
添付書類	申立人　戸籍謄本（全部事項証明書）、利害関係を証する資料、申立理由を証する資料
管　轄	未成年被後見人の住所地を管轄する家庭裁判所（家事手続176）
申立権者	未成年後見監督人、未成年被後見人、その親族その他の利害関係人（民863②）
解　説	**手続行為能力** 　未成年後見の事務の監督の審判事件においては、未成年被後見人は、一般的に手続行為能力の制限を受けていても、自ら有効に手続行為をすることができる（家事手続177七・118）。 **未成年後見の事務の監督** 　家庭裁判所は、適当な者に、未成年後見の事務もしくは未成年被後見人の財産の状況を調査させ、または臨時に財産の管理をさせることができる（家事手続180・124①）。家庭裁判所は、その調査または管理をした者に対し、未成年被後見人の財産の中から、相当な報酬を与えることができる（家事手続180・124②）。 　家庭裁判所は、家庭裁判所調査官にその調査をさせることができる（家事手続180・124③）。家庭裁判所調査官は、民法863条の規定による未成年後見の事務に関する処分の必要があると認めるときは、その旨を家庭裁判所に報告しなければならない（家事手続規97・80①）。 　家庭裁判所は、いつでも、未成年後見人に対し、未成年被後見人の療養看護および財産の管理その他の未成年後見の事務に関し相当と認める事項を指示することができる（家事手続規97・81①）。

第12章　未成年後見

12-10	第三者が未成年被後見人に与えた財産の管理に関する処分
あらまし	無償で未成年被後見人に財産を与える第三者が、未成年後見人にこれを管理させない意思を表示したときは、その財産は、未成年後見人に属しないものとするが（民869・830①）、第三者が管理者を指定しなかったときは、家庭裁判所は、未成年被後見人、その親族または検察官の請求によって、その管理者を選任する（家事手続別表1�82、民869・830②）。 第三者が管理者を指定したときであっても、その管理者の権限が消滅し、またはこれを改任する必要がある場合において、第三者が更に管理者を指定しないときも同様とする（家事手続別表1�82、民869・830③）。
提出書類	財産管理者選任審判申立書
添付書類	申立人　戸籍謄本（全部事項証明書）、申立理由を証する資料 未成年被後見人　戸籍謄本（全部事項証明書）、住民票または戸籍附票
管　轄	未成年被後見人の住所地を管轄する家庭裁判所（家事手続176）
申立権者	未成年被後見人、その親族、検察官（民869・830）
解　説	手続行為能力 　　第三者が未成年被後見人に与えた財産の管理に関する処分の審判事件においては、未成年被後見人は、一般的に手続行為能力の制限を受けていても、自ら有効に手続行為をすることができる（家事手続177八・118）。 即時抗告 　　第三者が未成年被後見人に与えた財産の管理に関する処分の審判および申立てを却下する審判に対しては、不服申立てをすることができない。 管理者の改任等 　　家庭裁判所は、いつでも、財産の管理者を改任することができる（家事手続180・125①）。 　　家庭裁判所は、財産の管理者に対し、財産の状況の報告および管理の計算を命ずることができる（家事手続180・125②）。その報告および計算に要する費用は、未成年被後見人の財産の中から支弁する（家事手続180・125③）。 財産の管理に関する処分の取消し 　　家庭裁判所は、未成年被後見人が財産を管理することができるようになったとき、管理すべき財産がなくなったときその他財産の管理を継続することが相当でなくなったときは、未成年被後見人、財産の管理者もしくは利害関係人の申立てにより、または職権で、財産の管理者の選任その他の財産の管理に関する処分の取消しの審判をしなければならない（家事手続180・125⑦）。

第13章　扶　養

13-1　　扶養義務の設定

あ ら ま し	家庭裁判所は、特別の事情があるときは、直系血族および兄弟姉妹のほか、3親等内の親族間においても扶養の義務を負わせることができる（家事手続別表1⑭、民877②）。
提 出 書 類	扶養義務設定審判申立書
添 付 書 類	申立人　戸籍謄本（全部事項証明書） 相手方　戸籍謄本（全部事項証明書）
管　　　轄	扶養義務者となるべき者（数人についての扶養義務の設定の申立てに係るものにあっては、そのうちの1人）の住所地を管轄する家庭裁判所（家事手続182①） **memo**　扶養義務の設定の申立てが、精神保健及び精神障害者福祉に関する法律20条2項4号の規定による保護者の選任の申立てとともにされることが多いことから、これらの申立てが1つの申立てによりされるときは、精神障害者の住所地を管轄する家庭裁判所にも申し立てることができるものとされた（家事手続183）。
申 立 権 者	扶養権利者または扶養義務者となるべき者
解　　　説	**陳述の聴取** 　家庭裁判所は、扶養義務の設定の審判をする場合には、扶養義務者となるべき者（申立人を除く。）の陳述を聴かなければならない（家事手続184一）。 **memo**　家庭裁判所は、家事事件手続法別表第二に掲げる事項についての審判手続においては、原則として当事者の陳述を聴かなければならないが（家事手続68①）、扶養義務の設定は家事事件手続法別表第一に掲げられる事項であるため、その適用はない。しかし、扶養義務の設定の審判により扶養義務者になるべき者の手続保障を図る必要があることから、特にこの者に対する必要的陳述聴取の規定が設けられている。 **即時抗告** 　扶養義務の設定の審判に対しては、扶養義務者となるべき者（申立人を除く。）が、扶養義務の設定の申立てを却下する審判に対しては、申立人が、それぞれ即時抗告をすることができる（家事手続186一・二）。

第13章　扶　養

13-2	**扶養義務の設定の取消し**
あらまし	家庭裁判所は、特別の事情があるときは、直系血族および兄弟姉妹のほか、3親等内の親族間においても扶養の義務を負わせることができるが（家事手続別表1㉘、民877②）、その後事情に変更が生じたときは、その審判を取り消すことができる（家事手続別表1㉙、民877③）。
提出書類	扶養義務設定取消審判申立書
添付書類	申立人　戸籍謄本（全部事項証明書） 相手方　戸籍謄本（全部事項証明書）
管　　轄	扶養義務の設定をした家庭裁判所（抗告裁判所が扶養義務の設定の裁判をした場合にあっては、その第一審裁判所である家庭裁判所）（家事手続182②）
申立権者	扶養権利者、扶養義務者
解　　説	**陳述の聴取** 　家庭裁判所は、扶養義務の設定の取消しの審判をする場合には、扶養権利者（申立人を除く。）の陳述を聴かなければならない（家事手続184二）。 　**memo**　家庭裁判所は、家事事件手続法別表第二に掲げる事項についての審判手続においては、原則として当事者の陳述を聴かなければならないが（家事手続68①）、扶養義務の設定の取消しは家事事件手続法別表第一に掲げられる事項であるため、その適用はない。しかし、扶養義務の設定の取消しの審判により扶養請求権を失う扶養権利者の手続保障を図る必要があることから、特にこの者に対する必要的陳述聴取の規定が設けられている。 **即時抗告** 　扶養義務の設定の取消しの審判に対しては、扶養権利者（申立人を除く。）が、扶養義務の設定の取消しの申立てを却下する審判に対しては、申立人が、それぞれ即時抗告をすることができる（家事手続186三・四）。

第13章　扶　養

13-3	扶養の順位
13-3-1	**扶養の順位の決定**

あらまし	扶養をする義務のある者が数人ある場合において、扶養をすべき者の順位について、当事者間に協議が調わないとき、または協議をすることができないときは、家庭裁判所がこれを定める。扶養を受ける権利のある者が数人ある場合において、扶養義務者の資力がその全員を扶養するのに足りないときの扶養を受けるべき者の順序についても、同様とする（家事手続別表2⑨、民878）。 これは家事事件手続法別表第二に掲げる事項であるため、家事審判の申立てがなされても、裁判所は、当事者の意見を聴いて、いつでも、職権で、事件を家事調停に付することができる（家事手続274①）。そのため、実務では、家事調停の申立てがなされることが通常である。また、調停が不成立で終了した場合には、家事調停の申立ての時に、家事審判の申立てがあったものとみなされ（家事手続272④）、それ以後は、家事審判の手続が進められる。
提出書類	扶養順位決定調停（審判）申立書
添付書類	申立人　戸籍謄本（全部事項証明書） 相手方　戸籍謄本（全部事項証明書）
管　　轄	（調停の場合） 　　相手方の住所地を管轄する家庭裁判所または当事者が合意で定める家庭裁判所（家事手続245①） （審判の場合） 　　相手方（数人に対する申立てに係るものにあっては、そのうちの1人）の住所地を管轄する家庭裁判所（家事手続182③）
申立権者	扶養権利者、扶養義務者（民878）
解　　説	**即時抗告** 　　扶養の順位の決定の審判およびこの申立てを却下する審判に対しては、申立人および相手方が即時抗告をすることができる（家事手続186五）。

第13章 扶 養

13-3-2	扶養の順位の決定の変更（取消し）
あ ら ま し	扶養をすべき者もしくは扶養を受けるべき者の順序について協議または審判があった後事情に変更を生じたときは、家庭裁判所は、その協議または審判の変更または取消しをすることができる（家事手続別表2⑨、民880）。これは家事事件手続法別表第二に掲げる事項であるため、家事審判の申立てがなされても、裁判所は、当事者の意見を聴いて、いつでも、職権で、事件を家事調停に付することができる（家事手続274①）。そのため、実務では、家事調停の申立てがなされることが通常である。また、調停が不成立で終了した場合には、家事調停の申立ての時に、家事審判の申立てがあったものとみなされ（家事手続272④）、それ以後は、家事審判の手続が進められる。
提 出 書 類	扶養順位変更（取消し）調停（審判）申立書
添 付 書 類	申立人　戸籍謄本（全部事項証明書） 相手方　戸籍謄本（全部事項証明書）
管　　　轄	（調停の場合） 　　相手方の住所地を管轄する家庭裁判所または当事者が合意で定める家庭裁判所（家事手続245①） （審判の場合） 　　相手方（数人に対する申立てに係るものにあっては、そのうちの1人）の住所地を管轄する家庭裁判所（家事手続182③）
申 立 権 者	扶養権利者、扶養義務者（民880）
解　　　説	即時抗告 　　扶養の順位の決定の変更または取消しの審判およびこれらの申立てを却下する審判に対しては、申立人および相手方が即時抗告をすることができる（家事手続186五）。

第13章　扶　養

13-4	扶養の程度・方法
13-4-1	扶養の程度・方法についての決定

あらまし	扶養の程度または方法について、当事者間に協議が調わないとき、または協議をすることができないときは、扶養権利者の需要、扶養義務者の資力その他一切の事情を考慮して、家庭裁判所がこれを定める（家事手続別表2⑩、民879）。 これは家事事件手続法別表第二に掲げる事項であるため、家事審判の申立てがなされても、裁判所は、当事者の意見を聴いて、いつでも、職権で、事件を家事調停に付することができる（家事手続274①）。そのため、実務では、家事調停の申立てがなされることが通常である。また、調停が不成立で終了した場合には、家事調停の申立ての時に、家事審判の申立てがあったものとみなされ（家事手続272④）、それ以後は、家事審判の手続が進められる。
提 出 書 類	扶養の程度・方法決定調停（審判）申立書
添 付 書 類	**申立人**　戸籍謄本（全部事項証明書） **相手方**　戸籍謄本（全部事項証明書）
管　　　轄	（調停の場合） 　　相手方の住所地を管轄する家庭裁判所または当事者が合意で定める家庭裁判所（家事手続245①） （審判の場合） 　　相手方（数人に対する申立てに係るものにあっては、そのうちの1人）の住所地を管轄する家庭裁判所（家事手続182③）
申 立 権 者	扶養権利者、扶養義務者（民879）
解　　　説	**即時抗告** 　　扶養の程度または方法についての決定の審判およびこの申立てを却下する審判に対しては、申立人および相手方が即時抗告をすることができる（家事手続186六）。

第13章 扶 養

13-4-2	**扶養の程度・方法の決定の変更（取消し）**
あらまし	扶養の程度もしくは方法について協議または審判があった後事情に変更を生じたときは、家庭裁判所は、その協議または審判の変更または取消しをすることができる（家事手続別表2⑩、民880）。 これは家事事件手続法別表第二に掲げる事項であるため、家事審判の申立てがなされても、裁判所は、当事者の意見を聴いて、いつでも、職権で、事件を家事調停に付することができる（家事手続274①）。そのため、実務では、家事調停の申立てがなされることが通常である。また、調停が不成立で終了した場合には、家事調停の申立ての時に、家事審判の申立てがあったものとみなされ（家事手続272④）、それ以後は、家事審判の手続が進められる。
提出書類	扶養の程度・方法変更（取消し）調停（審判）申立書
添付書類	申立人　戸籍謄本（全部事項証明書） 相手方　戸籍謄本（全部事項証明書）
管　轄	（調停の場合） 　　相手方の住所地を管轄する家庭裁判所または当事者が合意で定める家庭裁判所（家事手続245①） （審判の場合） 　　相手方（数人に対する申立てに係るものにあっては、そのうちの1人）の住所地を管轄する家庭裁判所（家事手続182③）
申立権者	扶養権利者、扶養義務者（民880）
解　説	即時抗告 　　扶養の程度または方法の決定の変更または取消しの審判およびこれらの申立てを却下する審判に対しては、申立人および相手方が即時抗告をすることができる（家事手続186六）。

第14章　推定相続人の廃除

14-1	推定相続人の廃除
あらまし	遺留分を有する推定相続人が、被相続人に対し、虐待もしくは重大な侮辱を加えたとき、またはその他の著しい非行があったときは、被相続人は、その推定相続人の廃除を、家庭裁判所に請求することができる（家事手続別表1⑧、民892・893）。 被相続人の廃除を求めるには、被相続人が生前に家庭裁判所に請求する方法（民892）と、遺言により意思を表示する方法がある（民893）。被相続人が遺言で推定相続人の廃除の意思表示を行った場合には、遺言執行者は、遺言の効力が生じた後、遅滞なく、家庭裁判所に対し、その推定相続人の廃除を請求しなければならない（民893）。
提出書類	推定相続人廃除の審判申立書
添付書類	申立人（被相続人）　戸籍謄本（全部事項証明書） 相手方（推定相続人）　戸籍謄本（全部事項証明書） （遺言により意思表示する場合） 　遺言書の写し、遺言執行者の資格証明書（遺言書の写しまたは選任審判書謄本）
管　轄	（推定相続人の廃除の審判） 　被相続人の住所地を管轄する家庭裁判所（家事手続188①本文） （上記審判が被相続人の死亡後に申し立てられた場合） 　相続が開始した地を管轄する家庭裁判所（家事手続188①ただし書） **memo**　相続開始地 　相続は、被相続人の住所において開始するとされていることから（民883）、相続が開始した地とは、被相続人の死亡時における住所を指す。
申立権者	（生前に廃除の申立てを行う場合） 　被相続人（民892）。ただし、被相続人が被廃除者の後見人または保佐人であるときは、特別代理人または臨時保佐人の選任が必要となる（民826・860・876の2③）。 （遺言により廃除の申立てを行う場合） 　遺言執行者（民893）
解　説	廃除事由 　廃除事由は、①被相続人に対する虐待または重大な侮辱、②推定相続人の著しい非行である（民892）。

第14章　推定相続人の廃除

手続行為能力
　　推定相続人廃除の審判事件においては、被相続人は、一般的に手続行為能力の制限を受けていても、自ら有効に手続行為をすることができる（家事手続188②・118）。

推定相続人の陳述
　　推定相続人の廃除の審判では、申立てが不適法であるときまたは申立てに理由がないことが明らかなときを除いて、審判期日において、廃除を求められた推定相続人の陳述を聴かなければならない（家事手続188③）。

廃除の効力
　　廃除の効果は、遺留分を有する推定相続人から相続権を剥奪することである。廃除の意思表示が遺言により行われた場合には、推定相続人は、被相続人の死亡時にさかのぼって相続権を剥奪される（民893後段）。

家事事件手続法別表第二に掲げる事項についての審判事件の特則の準用
　　被廃除者の手続保障を図るため，家事事件手続法67条（申立書の写しの送付）、家事事件手続法69条（審問期日への立会い）、家事事件手続法70条（事実の調査の通知）、家事事件手続法71条（審理の終結）および家事事件手続法72条（審判日）の規定が準用される（家事手続188④）。

即時抗告
　　推定相続人の廃除の審判に対しては、廃除された推定相続人が即時抗告をすることができる（家事手続188⑤一）。
　　推定相続人の廃除の申立てを却下する審判に対しては、申立人が即時抗告をすることができる（家事手続188⑤二）。

戸籍届出
　　推定相続人の廃除の審判が確定したときは、被相続人または遺言執行者は、審判が確定した日から10日以内に、審判書の謄本およびその確定証明書を添付して、市区町村長へ届け出なければならない（戸97・63①）。

第14章　推定相続人の廃除

14-2	**推定相続人の廃除の取消し**
あらまし	被相続人は、いつでも、推定相続人の廃除を取り消すことを家庭裁判所に求めることができる（家事手続別表1⑧、民894）。 被相続人の廃除の取消しを求めるには、被相続人が生前に家庭裁判所に請求する方法（民894①）と、遺言により意思を表示する方法がある（民894②・893）。 被相続人が遺言で推定相続人の廃除取消しの意思表示を行った場合には、遺言執行者は、遺言の効力が生じた後、遅滞なく、家庭裁判所に対し、その推定相続人の廃除の取消しを求めなければならない（民894②・893）。
提出書類	推定相続人廃除の取消審判申立書
添付書類	申立人（被相続人）　戸籍謄本（全部事項証明書） 相手方（推定相続人）　戸籍謄本（全部事項証明書） （遺言により意思表示する場合） 　遺言書の写し、遺言執行者の資格証明書（遺言書の写しまたは選任審判書謄本）
管　轄	（推定相続人廃除審判の取消しの審判） 　被相続人の住所地を管轄する家庭裁判所（家事手続188①本文） （上記審判が被相続人の死亡後に申し立てられた場合） 　相続が開始した地を管轄する家庭裁判所（家事手続188①ただし書） **memo**　相続開始地 　相続は、被相続人の住所において開始するとされていることから（民883）、相続が開始した地とは、被相続人の死亡時における住所のことをいう。
申立権者	（生前に廃除の取消申立てを行う場合） 　被相続人（民894①） （遺言により廃除の取消申立てを行う場合） 　遺言執行者（民894②・893）
解　説	廃除取消事由 　推定相続人の廃除の取消しには、特に原因は必要ではない。特別に理由がなくとも、廃除の取消しを請求することができる。 手続行為能力 　推定相続人廃除審判の取消しの審判においては、被相続人は、一般的に手続行為能力の制限を受けていても、自ら有効に手続行為をすることができる（家事手続188②・118）。

第14章　推定相続人の廃除

即時抗告
　推定相続人廃除審判の取消しの審判に対しては、不服申立てをすることができない。
　推定相続人廃除審判の取消しの申立てを却下する審判に対しては、申立人が即時抗告をすることができる（家事手続188⑤二）。

戸籍届出
　推定相続人の廃除の取消しの審判が確定したときは、被相続人または遺言執行者は、審判が確定した日から10日以内に、審判書の謄本を添付して、市区町村長へ届け出なければならない（戸97・63①）。
　なお、廃除の取消しの審判は、告知と同時に効力が生じ確定するので（家事手続74②本文）、戸籍の届出の際に、審判の確定証明書は必要ではない。

第14章　推定相続人の廃除

14-3	遺産管理人の選任（推定相続人の廃除・取消し）
あらまし	推定相続人の廃除またはその取消しの請求があった後、その審判が確定する前に被相続人が死亡し相続が開始されたとき、家庭裁判所は、親族、利害関係人または検察官の請求により、遺産の管理について必要な処分をすることができる（家事手続別表1⑱、民895）。 推定相続人の廃除またはその取消しの審判が確定するまで、相続財産の帰属は浮動的になることから、当該相続財産をめぐる紛争を予防するため、家庭裁判所に遺産管理に必要な処分を命ずることを認めたものである。 必要な処分としては、遺産管理人を選任することが一般的であるが、そのほかに遺産の処分禁止、占有移転禁止の仮処分も考えられる。
提 出 書 類	遺産管理人選任審判申立書
添 付 書 類	被相続人　戸籍（除籍）謄本（全部事項証明書） 申立人　資格を証する資料（遺言書、利害関係を証する資料等） 遺産管理人候補者　住民票（または戸籍附票）
管　　　轄	（推定相続人の廃除の審判事件または推定相続人の廃除の審判の取消しの審判事件が係属しているとき） 　　当該事件が係属している家庭裁判所（家事手続189①） （審判事件が係属していないとき） 　　相続が開始した地を管轄する家庭裁判所（家事手続189①） （審判事件が抗告裁判所に係属しているとき） 　　抗告裁判所（家事手続189①）
申 立 権 者	被相続人の親族、利害関係人、検察官（民895①）
解　　　説	**遺産管理人の職務** 　家庭裁判所に選任された遺産管理人には、不在者の財産管理人の規定が準用される（民895②・27～29）。 　(1)　目録の調製（民27①②） 　　遺産管理人は、その管理すべき財産の目録を作成しなければならない。 　(2)　財産の保存に必要な処分（民27③） 　　家庭裁判所は、遺産管理人に対し、財産の保存に関し必要な処分を命ずることができる。 　(3)　遺産管理人の権限（民28・103） 　　遺産管理人は、民法103条に定める管理行為をすることができるが、

第14章　推定相続人の廃除

それ以上の行為をするためには、家庭裁判所の許可が必要である。
(4)　担保の供与（民29①）
　家庭裁判所は、遺産管理人に対し、必要に応じて相当な担保を供させることができる。
(5)　報酬（民29②）
　家庭裁判所は、遺産管理人に対し、遺産の中から、相当な報酬を与えることができる。

遺産管理人の改任等
(1)　家庭裁判所は、いつでも、遺産管理人を改任することができる（家事手続189②・125①）。
(2)　家庭裁判所は、遺産管理人に対し、財産の状況報告および管理計算を命ずることができる（家事手続189②・125②）。それらのために必要な費用は、遺産から支弁する（家事手続189②・125③）。
(3)　家庭裁判所は、遺産管理人に対し、その提供した担保の増減、変更または免除を命ずることができる（家事手続189②・125④）。
(4)　委任契約の受任者に関する規定（民644・646・647・650）は、遺産管理人に準用される（家事手続189②・125⑥）。

処分の取消し
　推定相続人の廃除審判またはその取消しの審判が確定したときは、家庭裁判所は、廃除を求められた推定相続人、遺産管理人もしくは利害関係人の申立てによりまたは職権で、その処分の取消しの裁判をしなければならない（家事手続189③）。

> **memo**　申立権者である利害関係人
> 　遺産の管理保全について法律上の利害関係がある者を広く含み、相続債権者、受遺者、相続人の債権者、遺言執行者などが含まれる（中川善之助＝泉久雄編「新版注釈民法⑳」353頁（有斐閣、1992））。
> 　他方、友人、隣人等の事実上の利害関係を有するに過ぎない者は含まれない。

第15章　遺産の分割

15-1	遺産分割
あらまし	遺産の分割について、共同相続人間に、協議が調わないとき、または協議をすることができないときは、各共同相続人は、その分割を家庭裁判所に請求することができる（家事手続別表２⑫、民907②）。 これは家事事件手続法別表第二に掲げる事項であるため、家事審判の申立てがなされても、裁判所は、当事者の意見を聴いて、いつでも、職権で、事件を家事調停に付することができる（家事手続274①）。そのため、実務では、家事調停の申立てがなされることが通常である。また、調停が不成立で終了した場合には、家事調停の申立ての時に、家事審判の申立てがあったものとみなされ（家事手続272④）、それ以後は、家事審判の手続が進められる。
提出書類	遺産分割調停（審判）申立書
添付書類	遺産に関する資料（不動産登記事項証明書、固定資産評価証明書、預貯金通帳の写しまたは残高証明書、有価証券の写しなど） 被相続人　出生時から死亡時までの全ての戸籍（除籍、改製原戸籍）謄本（全部事項証明書） 相続人全員　戸籍謄本（全部事項証明書）、住民票または戸籍附票 （相続人が、被相続人の（配偶者と）父母・祖父母等（直系尊属）（第２順位相続人）の場合） 　　被相続人の直系尊属で死亡している者（相続人と同じ代および下の代の直系尊属に限る（例：相続人が祖母の場合、父母と祖父）。）がいる場合、その直系尊属の死亡の記載のある戸籍（除籍、改製原戸籍）謄本（全部事項証明書） （相続人が、被相続人の配偶者のみの場合、または被相続人の（配偶者と）兄弟姉妹およびその代襲者（甥、姪）（第３順位相続人）の場合） 　　被相続人の父母の出生時から死亡時までの全ての戸籍（除籍、改製原戸籍）謄本（全部事項証明書） 　　被相続人の直系尊属の死亡の記載のある戸籍（除籍、改製原戸籍）謄本（全部事項証明書） 　　被相続人の兄弟姉妹で死亡している者がいる場合、その兄弟姉妹の出生時から死亡時までの全ての戸籍（除籍、改製原戸籍）謄本（全部事項証明書） 　　代襲者としての甥、姪で死亡している者がいる場合、その甥、姪の死亡の記載のある戸籍（除籍、改製原戸籍）謄本（全部事項証明書）

第15章　遺産の分割

管　　轄	（調停の場合） 　　相手方の住所地を管轄する家庭裁判所または当事者が合意で定める家庭裁判所（家事手続245①） （審判の場合） 　　相続が開始した地を管轄する家庭裁判所（家事手続191①）
申立権者	共同相続人（民907①②）、包括受遺者（民990）、相続分の譲受人（民905①、東京高決昭28・9・4判時14・16）、遺言執行者（民1012①）、相続人の債権者（名古屋高決昭43・1・30判タ233・213）
解　　説	**審判申立書の記載事項等** 　　遺産分割の審判の申立書には、①共同相続人、②民法903条1項（特別受益者の相続分）に規定する遺贈または贈与の有無、③①②があるときはその内容を記載し、かつ遺産目録を添付しなければならない（家事手続規102）。 **遺産の換価** 　(1)　競売による換価 　　家庭裁判所は、遺産分割の審判のために必要があると認めるときは、相続人に対し、遺産の全部または一部を競売して換価することを命じることができる（家事手続194①）。 　(2)　任意売却による換価 　　家庭裁判所は、遺産分割の審判のために必要があり、かつ、相当と認めるときは、相続人の意見を聴き、相続人に対し、遺産の全部または一部を任意売却して換価することを命ずることができる（家事手続194②）。 　(3)　財産管理者の選任 　　家庭裁判所は、換価を命ずる裁判をする場合において、財産の管理者が選任されていないときには、財産の管理者を選任しなければならない（家事手続194⑥）。 　(4)　即時抗告 　　遺産の換価を命じる裁判に対しては、相続人が即時抗告をすることができる（家事手続194⑤）。 **分割の方法** 　　遺産分割の方法には、①現物分割、②換価分割の方法があるが、さらに、③家庭裁判所は、遺産分割の審判をする場合において、特別の事情があると認めるときは、共同相続人の1人または数人に他の共同相続人に対する債務を負担させて、現物の分割に代えることができる（家事手続195）。

第15章　遺産の分割

給付命令
　家庭裁判所は、遺産の分割の審判において、当事者に対し、金銭の支払、物の引渡し、登記義務の履行その他の給付を命ずることができる（家事手続196）。

申立て取下げの制限
　遺産分割の審判の申立ては、相手方が本案についての書面を提出し、または家事審判の手続の期日において陳述した後にあっては、相手方の同意を得なければ、取り下げることができない（家事手続199・153）。

即時抗告
　遺産分割の審判およびその申立てを却下する審判に対しては、相続人が即時抗告をすることができる（家事手続198①一）。

調停または審判前の保全処分
（1）　財産管理者の選任その他の処分
　遺産分割の調停または審判の申立てがあった場合、財産の管理のため必要があるときは、申立てまたは職権で、家庭裁判所（本案の家事審判事件が高等裁判所に係属する場合にあっては、その高等裁判所）は、担保を立てさせないで、遺産の分割の申立てについての審判が効力を生ずるまでの間、財産の管理人を選任し、または事件の関係人に対し、財産管理に関する事項を指示することができる（家事手続200①）。
　この財産管理人には、家事事件手続法125条1項から6項までの規定および民法27条から29条までの規定が準用される（家事手続200③）。

（2）　仮差押え、仮処分その他の保全処分
　遺産の分割の調停または審判の申立てがあった場合において、強制執行を保全し、または事件の関係人の急迫の危険を防止するため必要があるときは、申立人または相手方の申立てにより、家庭裁判所（本案の家事審判事件が高等裁判所に係属する場合にあっては、その高等裁判所）は、遺産の分割の審判を本案とする仮差押え、仮処分その他の必要な保全処分を命ずることができる（家事手続200②）。

第15章　遺産の分割

15-2	遺産分割の禁止
あらまし	共同相続人は、いつでも、協議で、遺産の分割をすることができるが（民907①）、この遺産分割協議において、遺産の分割禁止を定めることができる。遺産分割審判の申立てがあった場合、特別の事由があるときは、家庭裁判所は、期間を定めて、遺産の全部または一部の分割を禁ずることができる（家事手続別表2⑬、民907③）。 これは家事事件手続法別表第二に掲げる事項であるため、家事審判の申立てがなされても、裁判所は、当事者の意見を聴いて、いつでも、職権で、事件を家事調停に付することができる（家事手続274①）。そのため、実務では、家事調停の申立てがなされることが通常である。また、調停が不成立で終了した場合には、家事調停の申立ての時に、家事審判の申立てがあったものとみなされ（家事手続272④）、それ以後は、家事審判の手続が進められる。
提出書類	遺産分割の禁止の調停（審判）申立書
添付書類	遺産に関する資料（不動産登記事項証明書、固定資産評価証明書、預貯金通帳の写しまたは残高証明書、有価証券の写しなど） 被相続人　出生時から死亡時までの全ての戸籍（除籍、改製原戸籍）謄本（全部事項証明書） 相続人全員　戸籍謄本（全部事項証明書）、住民票または戸籍附票 （相続人が、被相続人の（配偶者と）父母・祖父母等（直系尊属）（第2順位相続人）の場合） 　　被相続人の直系尊属で死亡している者（相続人と同じ代および下の代の直系尊属に限る（例：相続人が祖母の場合、父母と祖父）。）がいる場合、その直系尊属の死亡の記載のある戸籍（除籍、改製原戸籍）謄本（全部事項証明書） （相続人が、被相続人の配偶者のみの場合、または被相続人の（配偶者と）兄弟姉妹およびその代襲者（甥、姪）（第3順位相続人）の場合） 　　被相続人の父母の出生時から死亡時までの全ての戸籍（除籍、改製原戸籍）謄本（全部事項証明書） 　　被相続人の直系尊属の死亡の記載のある戸籍（除籍、改製原戸籍）謄本（全部事項証明書） 　　被相続人の兄弟姉妹で死亡している者がいる場合、その兄弟姉妹の出生時から死亡時までの全ての戸籍（除籍、改製原戸籍）謄本（全部事項証明書） 　　代襲者としての甥、姪で死亡している者がいる場合、その甥、姪の死亡の記載のある戸籍（除籍、改製原戸籍）謄本（全部事項証明書）

第15章　遺産の分割

管　　　轄	（調停の場合） 　　相手方の住所地を管轄する家庭裁判所または当事者が合意で定める家庭裁判所（家事手続245） （審判の場合） 　　相続が開始した地を管轄する家庭裁判所（家事手続191①）
申 立 権 者	共同相続人（民907②③）、包括受遺者（民990）、相続分の譲受人（民905①、東京高決昭28・9・4判時14・16）、遺言執行者（民1012）
解　　　説	遺産分割禁止の期間 　　遺産分割禁止審判は、必ず禁止期間を定めてなされなければならないが（民907③）、その期間の長さについては規定がない。しかし、遺言による分割禁止の期間が最長5年とされていることから（民908）、遺産分割禁止審判の場合も、5年を超えてはならないと解されている。 遺産分割禁止の理由 　　過去の審判例では、当事者間に遺産の範囲または相続権の有無に争いがあり、それを訴訟手続で争っている間、裁判所により遺産の分割が禁止されている（名古屋高決昭35・3・18判タ104・49、大阪家審平2・12・11家月44・2・136など）。 遺産分割禁止の審判の取消しまたは変更 　　家庭裁判所は、事情の変更があるときは、相続人の申立てにより、いつでも、遺産分割禁止の審判を取消し、または変更する審判をすることができる。この申立てに係る審判事件は、家事事件手続法別表第二に掲げる事項についての審判事件とみなす（家事手続197）。 　　**memo**　家事事件手続法別表第二に掲げる事項についての審判事件 　　　　別表第二に掲げる事項の審判事件については、家事事件手続法66条から72条までに特則が規定されている。 即時抗告 　　遺産分割禁止の審判に対しては、相続人が即時抗告をすることができる（家事手続198①二）。 　　遺産分割禁止の審判の取消し、または変更する審判に対しては、相続人が即時抗告をすることができる（家事手続198①三）。 第三者への対抗要件 　　不動産の分割禁止を第三者に対抗するためには、登記しなければならない（民177）。

第15章　遺産の分割

15-3	**寄与分を定める処分**
あらまし	遺産の分割に際し、共同相続人のうち、被相続人の財産の維持または増加について特別の寄与をしたと主張する者は、法定相続分のほかに寄与分を加えたものを自己の相続分として求めることができる（民904の2①）。 共同相続人の協議が調わないとき、または協議ができないとき、家庭裁判所は、寄与をした者の請求により、寄与の時期、方法および程度、相続財産の額その他一切の事情を考慮して寄与分を定める（家事手続別表2⑭、民904の2②）。 これは家事事件手続法別表第二に掲げる事項であるため、家事審判の申立てがなされても、裁判所は、当事者の意見を聴いて、いつでも、職権で、事件を家事調停に付することができる（家事手続274①）。そのため、実務では、家事調停の申立てがなされることが通常である。また、調停が不成立で終了した場合には、家事調停の申立ての時に、家事審判の申立てがあったものとみなされ（家事手続272④）、それ以後は、家事審判の手続が進められる。
提出書類	寄与分を定める処分の調停（審判）申立書
添付書類	遺産に関する資料（不動産登記事項証明書、固定資産評価証明書、預貯金通帳の写しまたは残高証明書、有価証券の写しなど） （遺産分割事件が係属している場合） 　　原則として戸籍謄本等の提出は不要 （遺産分割事件が係属していない場合） 　　被相続人　出生時から死亡時までの全ての戸籍（除籍、改製原戸籍）謄本（全部事項証明書） 　　相続人全員　戸籍謄本（全部事項証明書）、住民票または戸籍附票 （相続人が、被相続人の（配偶者と）父母・祖父母等（直系尊属）（第2順位相続人）の場合） 　　被相続人の直系尊属で死亡している者（相続人と同じ代および下の代の直系尊属に限る（例：相続人が祖母の場合、父母と祖父）。）がいる場合、その直系尊属の死亡の記載のある戸籍（除籍、改製原戸籍）謄本（全部事項証明書） （相続人が、被相続人の配偶者のみの場合、または被相続人の（配偶者と）兄弟姉妹およびその代襲者（甥、姪）（第3順位相続人）の場合） 　　被相続人の父母の出生時から死亡時までの全ての戸籍（除籍、改製原戸籍）謄本（全部事項証明書） 　　被相続人の直系尊属の死亡の記載のある戸籍（除籍、改製原戸籍）謄本（全部事項証明書）

第15章　遺産の分割

	被相続人の兄弟姉妹で死亡している者がいる場合、その兄弟姉妹の出生時から死亡時までの全ての戸籍（除籍、改製原戸籍）謄本（全部事項証明書） 　代襲者としての甥、姪で死亡している者がいる場合、その甥、姪の死亡の記載のある戸籍（除籍、改製原戸籍）謄本（全部事項証明書）
管　　　轄	（調停の場合） 　相手方の住所地を管轄する家庭裁判所または当事者が合意で定める家庭裁判所（家事手続245①） 　ただし、遺産分割調停事件が係属している場合には、その調停が係属している家庭裁判所（家事手続245③・191②） （審判の場合） 　相続が開始した地を管轄する家庭裁判所（家事手続191①） 　ただし、遺産分割審判事件が係属している場合には、その審判が係属している家庭裁判所（家事手続191②）
申 立 権 者	被相続人の事業に関する労務の提供または財産上の給付、被相続人の療養看護その他の方法により被相続人の財産の維持または増加について特別の寄与をした相続人（寄与者）（民904の2②）
解　　　説	**申立ての時期** 　(1)　調停の場合 　　遺産分割が終了するまで、いつでも申し立てることができる。 　(2)　審判の場合 　　寄与分を定める審判の申立ては、遺産の分割の審判が申し立てられている場合（寄与分を定める処分の審判と同時に申し立てる場合も可。）、または相続開始後認知によって相続人となった被認知者が遺産の分割を請求をする場合（民910）にすることができる（民904の2④）。 **申立書の記載事項** 　寄与分を定める処分の審判の申立書には、寄与の時期、方法および程度その他の寄与の実情（家事手続規102②一）、遺産分割の審判または調停の申立てがあった場合には、当該事件の表示（家事手続規102②二）、民法910条（相続開始後に認知された者の価格支払請求権）に規定する場合には、共同相続人および相続財産の表示、認知された日ならびに既になされた遺産分割その他の処分の内容（家事手続規102②三）を記載しなければならない。 **手続の併合** 　遺産の分割の審判事件および寄与分を定める処分の審判事件が係属するときは、これらの審判の手続および審判を併合してしなければならな

第15章　遺産の分割

い（家事手続192前段）。また、数人からの寄与分を定める処分の審判事件が係属するときも、審判の手続および審判を併合してしなければならない（家事手続192後段）。

寄与分を定める審判の申立期間の指定

　家庭裁判所は、遺産分割の審判において、1か月を下らない範囲で、当事者が寄与分を定める処分の審判を申し立てるべき期間を定めることができる（家事手続193①）。

　家庭裁判所は、家事事件手続法193条1項で定めた期間の経過後、寄与分を定める処分の審判が申し立てられた場合には、その申立てを却下することができる（家事手続193②）。

　家庭裁判所は、家事事件手続法193条1項の期間を定めなかった場合においても、当事者が時機に後れて寄与分を定める処分を申立てをしたことにつき、申立人の責めに帰すべき事由があり、かつ、申立てに係る寄与分を定める処分の審判の手続を併合することにより、遺産の分割の審判の手続が著しく遅滞することとなるときは、その申立てを却下することができる（家事手続193③）。

即時抗告

　寄与分を定める処分の審判に対しては、相続人が即時抗告をすることができる（家事手続198①四）。

　寄与分を定める処分の申立てを却下する審判に対しては、申立人が即時抗告をすることができる（家事手続198①五）。

　家事事件手続法192条前段により、遺産の分割の審判および寄与分を定める処分の審判が併合されたときは、寄与分を定める処分の審判またはその申立てを却下する審判に対しては、独立して即時抗告をすることができない（家事手続198②）。

　家事事件手続法192条後段により、数人からの寄与分を定める処分の審判が併合されたときは、申立人の1人がした即時抗告は、申立人の全員に対してその効力を生ずる（家事手続198③）。

第15章 遺産の分割

15-4	遺産に関する紛争調整の調停
あらまし	相続人間において、相続財産の有無、範囲、権利関係等に争いがある場合において、当事者間では、話合いができないときなど、家庭裁判所の調停手続を利用することができる。
提出書類	遺産に関する紛争調整の調停申立書
添付書類	相続財産に関する資料（不動産登記事項証明書、通帳の写しなど） 申立人　戸籍謄本（全部事項証明書） 相手方　戸籍謄本（全部事項証明書） 被相続人　戸籍（除籍）謄本（全部事項証明書）
管轄	相手方の住所地を管轄する家庭裁判所または当事者が合意で定める家庭裁判所（家事手続245）
申立権者	相続人、受遺者、相続分譲受人
解説	**調停前置** 　財産の遺産帰属性を訴訟で争うこと（遺産確認の訴え）は、確認の利益との関係で問題となるが、判例はこれを認めている（最判昭61・3・13判時1194・76）。したがって、財産の遺産帰属性を争うことは訴訟の対象となる。また、当該争いは家族間の問題であるため、「その他家庭に関する事件」（家事手続244）に該当し、調停事項とされる。そこで、財産の遺産帰属性の争いには、調停前置主義が妥当する（家事手続257①）。 **memo** 最高裁昭和61年3月13日判決（判時1194・76）（要旨） 　特定の財産が被相続人の遺産に属することの確認を求めて、当該財産につき自己の法定相続分に応じた共有持分を有することの確認を求める訴えを提起することは許されるが、当該訴訟の確定判決を前提に、遺産分割の審判が成立したとしても、審判における遺産帰属性の判断は既判力を有しないため、後の民事訴訟における裁判により、当該財産の遺産帰属性が否定された場合には、遺産分割の審判は効力を失う余地がある。 　これに対し、当該財産が現に共同相続人による遺産分割前の共有関係にあることの確認を求める訴え（遺産確認の訴え）では、当該財産が遺産分割の対象である財産であることが既判力を持って確定されるため、その後の遺産分割の審判において、もはや特定の財産の遺産帰属性を争うことはできず、紛争の抜本的な解決を図ることができる。したがって、遺産確認の訴えは適法である。

第16章 相続の承認および放棄

16-1	相続の承認または放棄の期間伸長
あらまし	相続人は、自己のために相続の開始があったことを知った時から3か月以内に、単純承認、限定承認または相続放棄をしなければならない（民915①本文）。もっとも、相続人がこの3か月の熟慮期間内に単純承認、限定承認または相続放棄のいずれかを選択することが決められない場合には、家庭裁判所は、利害関係人または検察官の申立てにより、その期間の伸長をすることができる（家事手続別表1⑧、民915①ただし書）。
提出書類	相続の承認（または放棄）の期間伸長審判申立書
添付書類	被相続人　住民票除票または戸籍（除）附票 申立人　戸籍謄本（全部事項証明書）、利害関係人からの申立ての場合には、利害関係を証する資料（親族の場合は戸籍謄本など、親族以外の場合は賃貸借契約書、消費貸借契約書の写しなど） （被相続人の配偶者に関する申立ての場合） 　　被相続人の死亡の記載のある戸籍（除籍、改製原戸籍）謄本（全部事項証明書） （被相続人の子またはその代襲者（孫、ひ孫等）（第1順位相続人）に関する申立ての場合） 　　被相続人の死亡の記載のある戸籍（除籍、改製原戸籍）謄本（全部事項証明書）、代襲相続人（孫、ひ孫）が申し立てる場合は、被代襲者（本来の相続人）の死亡の記載のある戸籍（除籍、改製原戸籍）謄本（全部事項証明書） （被相続人の直系尊属（父母、祖父母等）（第2順位相続人）に関する申立ての場合） 　　被相続人の出生時から死亡時までの全ての戸籍（除籍、改製原戸籍）謄本（全部事項証明書） 　　被相続人の子（およびその代襲者（孫、ひ孫等））で死亡している者がいるときは、その子（およびその代襲者）の出生時から死亡時までの全ての戸籍（除籍、改製原戸籍）謄本（全部事項証明書） 　　被相続人の直系尊属で死亡している者（相続人より下の代の直系尊属に限る。）がいるときは、その直系尊属の死亡の記載のある戸籍（除籍、改製原戸籍）謄本（全部事項証明書） （被相続人の兄弟姉妹およびその代襲者（甥、姪）（第3順位相続人）に関する申立ての場合） 　　被相続人の出生時から死亡時までの全ての戸籍（除籍、改製原戸籍）謄本（全部事項証明書）

第16章　相続の承認および放棄

	被相続人の子（およびその代襲者（孫、ひ孫等））で死亡している者がいるときは、その子（およびその代襲者）の出生時から死亡時までの全ての戸籍（除籍、改製原戸籍）謄本（全部事項証明書） 被相続人の直系尊属で死亡している者がいるときは、その直系尊属の死亡の記載のある戸籍（除籍、改製原戸籍）謄本（全部事項証明書） 代襲相続人（甥、姪）が申し立てる場合は、被代襲者（本来の相続人）の死亡の記載のある戸籍（除籍、改製原戸籍）謄本（全部事項証明書）
管　　轄	相続が開始した地を管轄する家庭裁判所（家事手続201①）
申 立 権 者	利害関係人、検察官（民915①ただし書）、相続人 **memo**　利害関係人 　　相続の承認または放棄の熟慮期間の延長に関し、法律上の利害関係を有する者をいう。
解　　説	**熟慮期間の起算点** 　熟慮期間の起算点は、相続人が「自己のために相続の開始があったことを知った時」である（民915①本文）。 　「自己のために相続の開始があったことを知った時」とは、原則として、被相続人に関し相続が開始した事実および自分が相続人になった事実を知った時をいうが、相続財産が存在しないものと誤信し、かつ、そう信じることに相当の理由がある場合には、例外的に、相続人が相続財産の全部または一部の存在を認識した時または認識し得べき時から、熟慮期間が起算する（最判昭59・4・27判時1116・29）。 **相続人が未成年者または成年被後見人であるとき** 　相続人が未成年者または成年被後見人であるときは、それらの法定代理人が未成年者または成年被後見人のために相続が開始されたことを知った時から、熟慮期間は起算する（民917）。 **再転相続** 　Aが死亡してBが相続人となったが、Bが熟慮期間経過前に、相続の承認または放棄をせずに死亡した場合、Bの相続人のCについて、Aの相続財産に関する熟慮期間は、Cが自分のためにBの相続開始があったことを知った時から起算する（民916）。 　Cは、Aの相続に対するBの選択権と、Bの相続に対するC自身の選択権を、共に行使することができ、両相続を共に承認することも、共に放棄することもできる。また、Aの相続財産に対するBの相続を放棄して、Bの相続財産に対するCの相続だけを承認することもできる。他方、Bの相続財産に対するCの相続を放棄した場合、Aの相続財産に対する

第16章　相続の承認および放棄

Bの相続を承認することはできない（最判昭63・6・21家月41・9・101）。Cが、Bの相続財産に対し相続を放棄したことにより、CはAの相続財産を相続する権限を失うからである。

即時抗告

相続の承認または放棄をすべき期間の伸長の申立てを却下する審判に対しては、申立人が即時抗告をすることができる（家事手続201⑨一）。

第16章　相続の承認および放棄

16-2	相続放棄の申述
あらまし	相続人は、自分のために相続の開始があったことを知った時から3か月以内に（民915①本文）、相続放棄をする旨を家庭裁判所に申述しなければならない（家事手続別表1�95、民938）。
提出書類	相続放棄申述書
添付書類	被相続人　住民票除票または戸籍（除）附票 （被相続人の配偶者が申述をする場合） 　　被相続人の死亡の記載がある戸籍（除籍、改製原戸籍）謄本（全部事項証明書） （被相続人の子またはその代襲者（孫、ひ孫等）（第1順位相続人）が申述をする場合） 　　被相続人の死亡の記載がある戸籍（除籍、改製原戸籍）謄本（全部事項証明書） 　　申述人の戸籍謄本（全部事項証明書） 　　申述人が代襲相続人（孫、ひ孫等）の場合は、被代襲者（本来の相続人）の死亡の記載のある戸籍（除籍、改製原戸籍）謄本（全部事項証明書） （被相続人の直系尊属（父母、祖父母等）（第2順位相続人）が申述をする場合） 　　（先順位相続人等から提出済みのものは添付不要） 　　被相続人の出生時から死亡時までの全ての戸籍（除籍、改製原戸籍）謄本（全部事項証明書） 　　申述人の戸籍謄本（全部事項証明書） 　　被相続人の子（およびその代襲者）で死亡している者がいるときは、その子（およびその代襲者）の出生時から死亡時までの全ての戸籍（除籍、改製原戸籍）謄本（全部事項証明書） 　　被相続人の直系尊属で死亡している者（相続人より下の代の直系尊属に限る。）がいるときは、その直系尊属の死亡の記載のある戸籍（除籍、改製原戸籍）謄本（全部事項証明書） （被相続人の兄弟姉妹およびその代襲者（甥、姪）（第3順位相続人）が申述をする場合） 　　（先順位相続人等から提出済みのものは添付不要） 　　被相続人の出生時から死亡時までの全ての戸籍（除籍、改製原戸籍）謄本（全部事項証明書） 　　申述人の戸籍謄本（全部事項証明書） 　　被相続人の子（およびその代襲者）で死亡している者がいるときは、

第16章　相続の承認および放棄

	その子（およびその代襲者）の出生時から死亡時までの全ての戸籍（除籍、改製原戸籍）謄本（全部事項証明書） 　被相続人の直系尊属で死亡している者がいるときは、その直系尊属の死亡の記載のある戸籍（除籍、改製原戸籍）謄本（全部事項証明書） 　申述人が代襲相続人（甥、姪）の場合は、被代襲者（本来の相続人）の死亡の記載のある戸籍（除籍、改製原戸籍）謄本（全部事項証明書）
管　　轄	相続が開始した地を管轄する家庭裁判所（家事手続201①）
申立権者	相続人（民915・938） **memo　利益相反行為** 　相続放棄は相手方のない単独行為であるが、後見人と被後見人との間で利益相反の問題は生じ得る（民860・826）。複数の被後見人および後見人が共同相続人である場合、後見人が、一部の被後見人を代表して相続放棄をするときは、残りの被後見人の利益になり、また、被後見人の相続放棄が後見人自身の利益にもなるので、利益相反行為に該当するとして、後見監督人がいれば後見監督人が被後見人を代理し（民860・851四）、後見監督人がいない場合には、家庭裁判所が選任した特別代理人が被後見人を代理して相続放棄をすべきである（民860本文・826）。 　もっとも、後見人が自ら相続放棄した後に、被後見人全員を代理して相続放棄をした場合や、後見人自らの相続放棄と被後見人全員を代理して行う相続放棄が同時にされたときには、行為の客観的性質から、後見人と被後見人との間および被後見人相互間においても、利益相反行為になるとはいえない（最判昭53・2・24民集32・1・98）。
解　　説	**申述期間** 　相続人は、自分のために相続の開始があったことを知った時から3か月の熟慮期間以内に、単純承認、限定承認または相続放棄をしなければならない（民915①本文）。ただし、この熟慮期間は、利害関係人または検察官が家庭裁判所に請求することにより伸長することができる（民915①ただし書）。 **申述書の記載事項** 　申述書には、①当事者および法定代理人、②相続の放棄をする旨（家事手続201⑤）のほか、③被相続人の氏名および最後の住所、④被相続人との続柄、⑤相続の開始があったことを知った年月日を記載しなければならない（家事手続規105①）。

第16章　相続の承認および放棄

申述の方式等
相続放棄の申述には、申立ての併合（家事手続49③）、必要的記載事項がない場合の申立書の却下（家事手続49④〜⑥）、申立ての変更（家事手続50）の各規定が準用される（家事手続201⑥）。

申述受理の審判および効力発生時期
家庭裁判所は、相続放棄の申述の受理の審判をするときには、その旨を申述書に記載しなければならない。この場合において、当該審判は、申述書にその旨を記載した時、その効力を生じる（家事手続201⑦）。別途、審判書は作成する必要はない（家事手続201⑧）。

申述受理の証明
申述者は、家庭裁判所の許可を得ないで、裁判所書記官に対し、相続放棄申述受理証明書の交付請求をすることができる（家事手続47⑥）。申述者以外の利害関係を疎明した第三者は、家庭裁判所の許可を得て、裁判所書記官に対し、相続放棄申述受理証明書の交付請求をすることができる（家事手続47①）。

即時抗告
相続放棄の申述を却下する審判に対しては、申述人が即時抗告をすることができる（家事手続201⑨三）。

第16章　相続の承認および放棄

16-3	相続の限定承認
あ ら ま し	相続人は、自分のために相続の開始があったことを知った時から3か月の熟慮期間以内に、限定承認する旨を家庭裁判所に申述しなければならない（民924・915①本文、家事手続別表1�92）。
提 出 書 類	相続の限定承認申述書
添 付 書 類	被相続人　出生時から死亡時までの全ての戸籍（除籍、改製原戸籍）謄本（全部事項証明書）、住民票除票または戸籍（除）附票、被相続人の子（およびその代襲者）で死亡している者がいる場合には、その子（およびその代襲者）の出生時から死亡時までの全ての戸籍（除籍、改製原戸籍）謄本（全部事項証明書） 申述人全員　戸籍謄本（全部事項証明書） （申述人が、被相続人の（配偶者と）父母・祖父母等（第2順位相続人）の場合） 　　被相続人の直系尊属で死亡している者（相続人と同じ代およびその下の代の直系尊属に限る（例：相続人が祖母の場合には、父母や祖父）。）がいるときは、その直系尊属の死亡の記載のある戸籍（除籍、改製原戸籍）謄本（全部事項証明書） （申述人が、被相続人の配偶者のみの場合、または被相続人の（配偶者と）兄弟姉妹およびその代襲者（甥、姪）（第3順位相続人）の場合） 　　被相続人の父母の出生時から死亡時までの全ての戸籍（除籍、改製原戸籍）謄本（全部事項証明書） 　　被相続人の直系尊属の死亡の記載のある戸籍（除籍、改製原戸籍）謄本（全部事項証明書） 　　被相続人の兄弟姉妹で死亡している者がいるときは、その兄弟姉妹の出生時から死亡時までの全ての戸籍（除籍、改製原戸籍）謄本（全部事項証明書） 　　代襲者としての甥、姪で死亡している者がいるときは、その甥または姪の死亡の記載のある戸籍（除籍、改製原戸籍）謄本（全部事項証明書）
管　　　　轄	相続が開始した地を管轄する家庭裁判所（家事手続201①）
申 立 権 者	相続人全員（民923）

第16章　相続の承認および放棄

解　説	

申述期間

相続人は、自己のために相続の開始があったことを知った時から3か月以内に、単純承認、限定承認または相続放棄をしなければならない（民915①本文）。ただし、この熟慮期間は、利害関係人または検察官が家庭裁判所に請求することにより伸長することができる（民915①ただし書）。

> **memo** 　相続人が数人いるとき
> 　相続人が数人いるとき、熟慮期間は、各相続人につき個別に進行し、満了する（最判昭51・7・1家月29・2・91）。もっとも、限定承認は、共同相続人が全員で行わなければならないため（民923）、1人でも熟慮期間が満了していない相続人がいる限り、全相続人について熟慮期間は満了しない。

申述書の記載事項

申述書には、当事者および法定代理人、ならびに限定承認する旨（家事手続201⑤）のほか、被相続人の氏名および最後の住所、被相続人との続柄、相続の開始があったことを知った年月日を記載しなければならない（家事手続規105①）。

申述の方式等

限定承認の申述には、申立ての併合（家事手続49③）、必要的記載事項がない場合の申立書の却下（家事手続49④～⑥）、申立ての変更（家事手続50）の各規定が準用される（家事手続201⑥）。

申述受理の審判および効力発生時期

家庭裁判所は、限定承認の申述を受理する審判をするときには、その旨を申述書に記載しなければならない。この場合において、当該審判は、申述書にその旨を記載した時にその効力を生じる（家事手続201⑦）。別途、審判書は作成する必要はない（家事手続201⑧）。

即時抗告

限定承認の申述を却下する審判に対しては、申述人が即時抗告をすることができる（家事手続201⑨三）。

相続財産の管理人の選任

相続人が数人ある場合には、限定承認の申述を受理した裁判所は、職権で、相続人の中から、相続財産の管理人を選任しなければならない（民936①、家事手続201③・別表1㉔）。この相続財産の管理人は、相続人のために、相続人に代わって、相続財産の管理および債務の弁済に必要な一切の行為をする（民936②）。

第16章　相続の承認および放棄

16-4	**相続放棄の取消しの申述**
あらまし	相続放棄は、熟慮期間内（民915①本文）であっても、その撤回をすることができないが（民919①）、総則または親族の規定により相続放棄の取消しを行うことは妨げられない（民919②）。相続放棄の取消しを行おうとする者は、その旨を家庭裁判所に申述しなければならない（家事手続別表1㉑、民919④）。総則または親族の規定により相続放棄の取消しをなし得る場合とは、①詐欺または強迫による場合（民96）、②未成年者が法定代理人の同意を得ないでした場合（民5）、③成年被後見人がした場合（民9）、④被保佐人が保佐人の同意を得ないでした場合（民13）、⑤後見監督人があるとき、後見人が後見監督人の同意を得ないで、被後見人に代わってした場合または未成年被後見人に同意を与えた場合（民864・865）である。
提 出 書 類	相続放棄取消し申述書
添 付 書 類	不要（相続放棄の申述事件に添付した書類を引用） ただし、取消理由を証明する資料が必要な場合もある。
管　　　　轄	相続が開始した地を管轄する家庭裁判所（家事手続201①）
申 立 権 者	詐欺により相続放棄をした者など、取消権を行使できる者（民120・865①等）
解　　　　説	**申述期間** 　　取消権は、追認することができる時から6か月の消滅時効により消滅する（民919③前段）。また、相続放棄のときから10年を経過した時も、取消権は消滅する（民919③後段）。 **手続行為能力** 　　申述人は、一般的に手続行為能力の制限を受けていても、自ら有効に相続放棄の取消しを行うことができる（家事手続201④・118）。 **申述書の記載事項** 　　申述書には、当事者および法定代理人、ならびに相続放棄の取消しをする旨（家事手続201⑤）のほか、被相続人の氏名および最後の住所、相続放棄の申述を受理した裁判所および受理年月日、相続放棄の取消しの原因、追認することができるようになった年月日を記載しなければならない（家事手続規105②）。 **申述受理の審判およびその効力発生時期** 　　家庭裁判所は、相続放棄の取消しの申述の受理の審判をするときには、その旨を申述書に記載しなければならない。この場合において、その審判は、申述書にその旨を記載した時に、その効力を生じる（家事手続201⑦）。

第16章　相続の承認および放棄

申述の方式等

相続放棄の取消しの申述には、申立ての併合（家事手続49③）、必要的記載事項がない場合の申立書の却下（家事手続49④～⑥）、申立ての変更（家事手続50）の各規定が準用される（家事手続201⑥）。

即時抗告

相続放棄取消しの申述を却下する審判に対しては、相続放棄の取消しをすることができる者が即時抗告をすることができる（家事手続201⑨二）。

> **memo　相続放棄取消しの審判の効力**
>
> 　家庭裁判所は、相続放棄の取消しの申述が申述人の真意に基づいてなされたものかを審理する。しかし、相続放棄取消しの申述受理は、取消原因の存否を終局的に確定するものではない。利害関係人は、別途、訴訟手続において、取消原因の有無を争い、相続放棄が有効であると主張することができる（名古屋高金沢支判昭42・11・15判時503・44）。

第16章　相続の承認および放棄

16-5　相続の限定承認取消しの申述

あらまし	相続の限定承認は、熟慮期間内（民915①本文）であっても、その撤回をすることができないが（民919①）、総則または親族の規定により相続の限定承認の取消しを行うことは妨げられない（民919②）。相続の限定承認の取消しを行おうとする者は、その旨を家庭裁判所に申述しなければならない（家事手続別表1 ⑨1、民919④）。 総則または親族の規定により相続の限定承認の取消しをなし得る場合とは、①詐欺または強迫による場合（民96）、②未成年者が法定代理人の同意を得ないでした場合（民5）、③成年被後見人がした場合（民9）、④被保佐人が保佐人の同意を得ないでした場合（民13）、⑤後見監督人があるとき、後見人が後見監督人の同意を得ないで、被後見人に代わってした場合または未成年被後見人に同意を与えた場合（民864・865）である。
提 出 書 類	相続の限定承認取消申述書
添 付 書 類	不要（相続の限定承認申述事件に添付した書類を引用） ただし、取消理由を証明する資料が必要な場合もある。
管　　　轄	相続が開始した地を管轄する家庭裁判所（家事手続201①）
申 立 権 者	詐欺により限定承認をした者など、取消権を行使できる者（民120・865①等）
解　　　説	**申述期間** 　　取消権は、追認することができる時から6か月の消滅時効により消滅する（民919③前段）。また、相続の限定承認のときから10年を経過した時も、取消権は消滅する（民919③後段）。 **手続行為能力** 　　申述人は、一般的に手続行為能力の制限を受けていても、自ら有効に限定承認の取消しを行うことができる（家事手続201④・118）。 **申述書の記載事項** 　　申述書には、当事者および法定代理人、ならびに限定承認の取消しをする旨（家事手続201⑤）のほか、被相続人の氏名および最後の住所、限定承認の申述を受理した裁判所および受理の年月日、限定承認の取消しの原因、追認することができるようになった年月日を記載しなければならない（家事手続規105②）。 **申述受理の審判およびその効力発生時期** 　　家庭裁判所は、相続の限定承認の取消しの申述の受理の審判をするときには、その旨を申述書に記載しなければならない。この場合には、そ

第16章　相続の承認および放棄

の審判は、申述書にその旨を記載した時にその効力を生じる（家事手続201⑦）。

即時抗告

　相続の限定承認の取消しの申述を却下する審判に対しては、相続の限定承認の取消しをすることができる者が即時抗告をすることができる（家事手続201⑨二）。

memo　限定承認取消しの審判の効力
　　家庭裁判所は、相続の限定承認の取消しの申述が申述人の真意に基づいてなされたものかを審理する。しかし、相続の限定承認の取消しの申述受理は、取消原因の存否を終局的に確定するものではない。利害関係人は、別途、訴訟手続において、取消原因の有無を争い、相続の限定承認が有効であると主張することができる（名古屋高金沢支判昭42・11・15判時503・44参照）。

第16章　相続の承認および放棄

16-6	鑑定人の選任（限定承認）
あらまし	限定承認者が条件付きの債権または存続期間の不確定の債権を弁済するには、家庭裁判所が選任した鑑定人の評価に従わなければならない（家事手続別表1⑬、民930②）。 限定承認者が相続財産を競売に付さなければならない場合において、限定承認者は、家庭裁判所が選任した鑑定人の評価に従い、相続財産の全部または一部の価額を弁済して、競売を止めることができる（家事手続別表1⑬、民932ただし書）。
提出書類	鑑定人選任審判申立書
添付書類	限定承認申述受理証明書、鑑定の対象となる債権目録または財産目録 申立人　戸籍謄本（全部事項証明書） 相続人　戸籍謄本（全部事項証明書） 被相続人　戸籍（除籍）謄本（全部事項証明書） 鑑定人候補者　就任承諾書、住民票または戸籍附票
管　轄	限定承認の申述を受理した家庭裁判所（抗告裁判所が受理した場合にあっては、その第一審裁判所である家庭裁判所）（家事手続201②）
申立権者	限定承認者（民930②・932ただし書）、相続財産の管理人（民936③）
解　説	**鑑定人の選任** 　　鑑定人は、限定承認者が、債権者に対し、弁済すべき金額を決定するためだけに選任される。そのため、家庭裁判所は、単に評価すべき債権または物件を特定し鑑定人を選任すればよく、鑑定を命じたり、鑑定結果を提出させたり、申立人に対し鑑定費用の負担を命ずる必要はない（昭40・7・16法曹会決議「法曹会決議要録」365頁）。 **鑑定人の複数選任** 　　鑑定すべき物件が動産、不動産など複数の種類に及ぶ場合には、複数の鑑定人が選任されることもある。 **審判の効力** 　　家庭裁判所は、申立てを相当と認めるときは、鑑定人の選任の審判を行う。この審判は、鑑定人に告知することによって、その効力を生じる（家事手続74）。この審判に対しては、不服申立ての方法はない。 **辞　任** 　　鑑定人の辞任に関しては明文の規定はないが、鑑定未了の間に辞任の届出があった場合、家庭裁判所は、職権により、新たな鑑定人を選任することができるとされている。

第16章　相続の承認および放棄

16-7	相続財産の保存・管理に関する処分
あらまし	①相続人が相続の承認または放棄の熟慮期間中にある場合（民918）、②相続人が限定承認した場合（民926②・918②③）、③先順位相続人の相続放棄によって相続人となった者がいる場合（民940②・918②③）において、家庭裁判所は、利害関係人または検察官の請求により、相続財産の保存に必要な処分を命ずることができる（家事手続別表1⑩）。 相続財産の保存に必要な処分としては、相続財産管理人を選任することが一般的である。
提出書類	相続財産管理人選任審判申立書
添付書類	申立人　戸籍謄本（全部事項証明書）、利害関係人からの申立ての場合は、利害関係を証する資料（親族の場合は戸籍謄本など、親族以外の場合は賃貸借契約書、消費貸借契約書の写しなど） 相続人　戸籍謄本（全部事項証明書） 被相続人　戸籍（除籍）謄本（全部事項証明書）、住民票除票または戸籍（除）附票 財産管理人候補者　戸籍謄本（全部事項証明書）、住民票または戸籍附票
管　轄	相続が開始した地を管轄する家庭裁判所（家事手続201①）
申立権者	利害関係人、検察官（民918②） **memo**　利害関係人 　利害関係人とは、相続財産の管理清算に利害関係を有する者である。具体的には、被相続人の債権者・債務者、受遺者、特定遺贈を受けた者、特別縁故者などが含まれる。
解　説	**相続財産管理人の選任以外の相続財産の保存または管理に関する処分** 　相続財産管理人の選任以外の処分には、財産目録の調製および提出、相続財産の封印または換価、相続財産に対する処分禁止の仮処分等の保全命令等がある。 **相続財産管理人の地位・権限**（民法918条3項、民法926条2項、民法936条3項、民法940条2項による不在者の財産管理人に関する規定（民27～29）の準用） 　相続財産管理人は、財産目録を作成し（民27）、裁判所の許可を得て処分行為を行う（民28）。場合によっては、裁判所により担保の提供を命じ

第16章　相続の承認および放棄

られることがある（民29①）。また、相続財産管理人は、裁判所に対し、報酬付与の申立てをすることができる（民29②）

管理者の改任等

(1) 家庭裁判所は、いつでも、相続財産管理人を改任することができる（家事手続201⑩・125①）。

(2) 家庭裁判所は、相続財産管理人に対し、財産の状況の報告および管理の計算を命ずることができる（家事手続201⑩・125②）。

(3) 家庭裁判所は、相続財産管理人に対し、その提供した担保の増減、変更または免除を命ずることができる（家事手続201⑩・125④）。

(4) 委任契約の受任者に関する規定（民644・646・647・650）は、相続財産管理人に準用する（家事手続201⑩・125⑥）。

(5) 家庭裁判所は、相続人が相続財産を管理することができるようになったとき、管理すべき相続財産がなくなったときその他相続財産の管理を継続することが相当でなくなったときは、相続人、相続財産管理人もしくは利害関係人の申立てにより、または職権で、相続財産管理人の選任その他の財産の管理に関する処分の取消しの審判をしなければならない（家事手続201⑩・125⑦）。

memo 限定承認を受理した場合における相続財産管理人の選任（家事手続201③・別表1㉔）

相続人が数人ある場合において、限定承認の申述を受理したときは、その申述を受理した家庭裁判所は、職権により、相続人の中から相続財産の管理人の選任をしなければならない（家事手続201③・別表1㉔、民936①）。

この民法936条1項に基づく相続財産管理人（家事手続別表1㉔）のほかに民法918条2項（民936③・926）の相続財産管理人（家事手続別表1⑳）が選任されることがある。その場合、両者の権限の範囲が問題となり、民法936条1項に基づく相続財産管理人は、相続財産に対する管理権限および清算権限の双方を失うとの見解もあるが、民法918条2項（民936③・926）の相続財産管理人には清算権限がないとされているので、民法936条1項に基づく相続財産管理人は、相続財産に対する管理権限のみを失うと解する見解が有力である（中川善之助＝泉久雄『相続法』415頁注㈡（有斐閣、第4版、2000）参照）。

第17章　財産分離

17-1　相続財産の分離（第1種財産分離）

あらまし	相続債権者または受遺者は、相続開始の時から3か月以内に、家庭裁判所に対し、相続人の財産の中から相続財産を分離することを請求することができる。相続財産が相続人固有の財産と混同しない間は、その期間の満了後も、同様とする（家事手続別表1⑯、民941①）。 相続債権者または受遺者の請求による財産分離は、第1種財産分離と呼ばれている。 **memo**　制度趣旨 　相続財産は十分に存在するが、相続人の固有財産は債務超過である場合に相続が開始され、相続財産と相続人の固有財産が混同してしまうと、相続債権者または受遺者が債権の満足を得られない不利益を被る可能性がある。そのような場合に、相続債権者または受遺者のイニシアティブにより、相続財産を相続人の固有財産から分離させ、相続財産につき、相続債権者または受遺者が、相続人の債権者に優先して、満足を得られるようにしたのが第1種財産分離の制度である（民941以下）。
提出書類	相続財産の分離審判申立書
添付書類	**被相続人**　出生時から死亡時までの全ての戸籍（除籍、改製原戸籍）謄本（全部事項証明書）、住民票除票または戸籍（除）附票 **相続人**　戸籍謄本（全部事項証明書） **先順位相続人等**　死亡の記載のある戸籍（除籍、改製原戸籍）謄本（全部事項証明書） （申立人が相続債権者の場合） 　債権の存在を証明する資料 （申立人が受遺者の場合） 　遺言書または遺言書検認調書謄本の写し
管　　轄	相続が開始した地を管轄する家庭裁判所（家事手続202①一）
申立権者	相続債権者、受遺者（民941①）
解　　説	**債権申出の公告** 　家庭裁判所が財産分離を命じたときは、その請求をした者（相続債権者または受遺者）は、5日以内に、他の相続債権者および受遺者に対し、財産分離の命令があったことおよび定められた期間（2か月以上に限る。）に配当加入の申出をすべき旨を官報に掲載して公告しなければな

第17章　財産分離

らない（民941②③）。

財産分離の効果

財産分離を請求した者および民法941条2項の規定により配当加入の申出をした者は、相続財産に関し、相続人の債権者に優先して弁済を受けることができる（民942）。

財産分離を請求した者および配当加入の申出をした者は、相続財産をもって全部の弁済を受けることができなかった場合に限り、相続人の固有財産についてその権利を行使することができる。この場合においては、相続人の債権者は、その者に先立って、相続人の固有財産から弁済を受けることができる（民948）。

> **memo　相続人の債権者の満足**
> 第1種財産分離が行われた場合、相続債権者または受遺者の債権を完済した後に相続財産に余剰が出たときには、相続人の債権者は、相続財産から弁済を得ることができる。

相続財産の管理

財産分離の請求があったときは、家庭裁判所は、相続財産の管理について必要な処分を命ずることができる（家事手続別表1⑨、民943①）。

必要な処分としては、相続財産の管理人を選任することが一般的であり、相続財産の管理人の職務および権限等については、不在者の財産管理人の規定が準用されている（民943②・27～29）。

即時抗告

相続財産の分離を命じる審判に対しては、相続人が即時抗告をすることができる（家事手続202②一）。

第1種財産分離の申立てを却下する審判に対しては、相続債権者または受遺者が即時抗告をすることがきる（家事手続202②二）。

> **memo　財産分離の新受件数**
> 司法統計によると、全国の裁判所において、第1種財産分離、第2種財産分離を合わせて、毎年1件から2件ほどしか申し立てられておらず、財産分離の制度の利用は多くない。

第17章　財産分離

17-2	**相続財産の分離（第2種財産分離）**
あらまし	相続人の債権者は、相続人が限定承認をすることができる間、または相続財産が相続人の固有財産と混同しない間は、家庭裁判所に対し、相続人の固有財産と相続財産との分離を請求することができる（家事手続別表1⑯、民950①）。 相続人の債権者の請求による財産分離は、第2種財産分離と呼ばれている。 **memo　制度趣旨** 　　相続人の固有財産は十分に存在するが、相続財産は債務超過である場合に相続が開始され、相続人の固有財産と相続財産が混同してしまうと、相続人の債権者が債権の満足を得られない不利益を被る可能性がある。そのようなとき、相続人の債権者のイニシアティブにより、相続財産を相続人の固有財産から分離させ、相続人の固有財産につき、相続人の債権者が、相続債権者および受遺者に優先して、満足を得られるようにしたのが第2種財産分離の制度である（民941以下）。 　　財産分離のイニシアティブを相続人の債権者が握っている点が、第1種財産分離と異なる。
提出書類	相続財産の分離審判申立書
添付書類	被相続人　出生時から死亡時までの全ての戸籍（除籍、改製原戸籍）謄本（全部事項証明書）、住民票除票または戸籍（除）附票 相続人　戸籍謄本（全部事項証明書） 先順位相続人等　死亡の記載のある戸籍（除籍、改製原戸籍）謄本（全部事項証明書） 申立人　債権の存在を証明する資料
管　轄	相続が開始した地を管轄する家庭裁判所（家事手続202①一）
申立権者	相続人の債権者（民950）
解　説	**債権届出の公告** 　　家庭裁判所が財産分離を命じたときは、その請求をした者（相続人の債権者）は、命令があったときから5日以内に、全ての相続債権者および受遺者に対し、財産分離の命令があったことおよび定められた期間（2か月以上に限る。）に配当加入の申出をすべき旨を官報に掲載して公告しなければならない（民950②・927①②）。 **財産分離の効果** 　　財産分離の請求をした者および配当加入の申出をした者は、相続財産

第17章　財産分離

をもって全部の弁済を受けることができなかった場合に限り、相続人の固有財産についてその権利を行使することができるとされているが、相続人の債権者が相続人の固有財産から弁済を受けた後でなければ、相続人の固有財産から弁済を受けることができない（民950②・948）。

memo　限定承認との違い
　　第２種財産分離も限定承認も、相続財産が債務超過である場合に、相続人および相続人の債権者の財産を防衛する手段としては共通している。
　　しかし、限定承認が相続人によって行われるのに対し、第２種財産分離が相続人の債権者の請求に基づくという違いだけではなく、限定承認の場合は、相続人の責任は相続財産の範囲に限定されるのに対し（民922）、第２種財産分離の場合は、相続人の責任は限定されず、相続債権者や受遺者が相続財産によって満足を得られなかった場合には、相続人の固有財産に対し権利の行使が認められる点で異なる（民950②・948）。

相続財産の管理
　財産分離の請求があったときは、家庭裁判所は、相続財産の管理について必要な処分を命ずることができる（家事手続別表１⑨、民950②・943①）。
　必要な処分としては、相続財産の管理人を選任することが一般的であり、相続財産の管理人の職務および権限等については、不在者の財産管理人の規定が準用されている（民950②・943②・27〜29）。

即時抗告
　相続財産の分離を命ずる審判に対しては、相続人が即時抗告をすることができる（家事手続202②一）。
　第２種財産分離の申立てを却下する審判に対しては、相続人の債権者が即時抗告をすることができる（家事手続202②三）。

第17章　財産分離

17-3	鑑定人の選任（財産分離）
あらまし	財産分離の請求があったときは、相続人は、相続財産をもって、財産分離の請求または配当加入の申出をした相続債権者および受遺者に、それぞれその債権額の割合に応じて弁済をしなければならないが（民947②）、条件付きの債権または存続期間の不確定な債権を弁済するには、家庭裁判所が選任した鑑定人の評価に従わなければならない（民947③・950②・930②）。 また、債務を弁済するため、相続財産を競売に付さなければならない場合において、相続人は、家庭裁判所が選任した鑑定人の評価に従い、相続財産の全部または一部の価額を弁済し、競売を差し止めることができる（民947③・950②・932ただし書）。 これらの鑑定人の選任は、家庭裁判所の審判事項である（家事手続別表1⑬）。
提出書類	鑑定人選任審判申立書
添付書類	鑑定の対象となる債権目録または財産目録 相続人　戸籍謄本（全部事項証明書）等 被相続人　戸籍（除籍）謄本（全部事項証明書）等 鑑定人候補者　就任承諾書
管轄	財産分離を審判した家庭裁判所（抗告裁判所が財産分離の裁判をした場合にあっては、その第一審である家庭裁判所）（家事手続202①三）
申立権者	相続人（民947③・950②・930②・932ただし書）
解説	鑑定人の選任 　　鑑定人は、相続人が、債権者に対し、弁済すべき金額を決定するためだけに選任される。そのため、家庭裁判所は、単に評価すべき債権または物件を特定し鑑定人を選任すればよく、鑑定を命じたり、鑑定結果を提出させたり、申立人に対し鑑定費用の負担を命ずる必要はない（昭40・7・16法曹会決議財団法人法曹会編「法曹会決議要録」365頁（財団法人法曹会、1968））。 複数選任 　　鑑定すべき物件が動産、不動産など複数の種類に及ぶ場合には、複数の鑑定人が選任されることもある。 審判の効力 　　家庭裁判所は、申立てを相当と認めるときは、鑑定人の選任の審判を

第17章　財産分離

行う。この審判は、鑑定人に告知することによってその効力を生じる(家事手続74)。この審判に対しては、不服申立ての方法はない。

辞　任

　鑑定人の辞任に関しては明文の規定はないが、鑑定未了の間に辞任の届出があった場合、家庭裁判所は、職権により、新たな鑑定人を選任することができるとされている。

第17章　財産分離

17-4	財産分離の請求後の相続財産の管理に関する処分(相続財産管理人の選任)
あらまし	財産分離の請求があったとき、家庭裁判所は、職権をもって、相続財産の管理について必要な処分を行うことができる（家事手続別表1�97、民943・950②）。 多くの場合は、相続財産管理人が選任される（民943②）。
提出書類	相続財産管理人選任審判申立書
添付書類	申立人　戸籍謄本（全部事項証明書）、利害関係人からの申立ての場合は、利害関係を証する資料（親族の場合は戸籍謄本など、親族以外の場合は賃貸借契約書、消費貸借契約書の写しなど） 相続人　戸籍謄本（全部事項証明書） 被相続人　戸籍（除籍）謄本（全部事項証明書）、住民票除票または戸籍（除）附票 財産管理人候補者　戸籍謄本（全部事項証明書）、住民票または戸籍附票
管轄	財産分離の審判事件が係属している家庭裁判所（抗告裁判所に係属している場合にあってはその裁判所、財産分離の裁判確定後にあっては財産分離の審判事件が係属していた家庭裁判所）（家事手続202①二）
申立権者	相続人、利害関係人
解説	**相続財産管理人の選任以外の相続財産の管理に関する処分** 　　相続財産管理人の選任以外の家庭裁判所による処分には、財産目録の作成および提出、相続財産の封印、換価または供託、相続財産に対する処分禁止の仮処分等の保全命令などがある。 **相続財産管理人の地位・権限** 　　相続財産管理人の地位・権限については、不在者の財産管理人の規定（民27～29）が準用される（民943②・950②）。 　　すなわち、相続財産管理人は、財産目録を作成し（民27）、裁判所の許可を得て処分行為を行う（民28）。場合によっては、裁判所により担保の提供を命じられることがある（民29①）。また、相続財産管理人は、裁判所に対し、報酬付与の申立てをすることができる（民29②）。 **管理者の改任等** 　（1）　家庭裁判所は、いつでも、相続財産管理人を改任することができる（家事手続202③・125①）。 　（2）　家庭裁判所は、相続財産管理人に対し、財産の状況報告および管理計算を命ずることができる（家事手続202③・125②）。

第17章　財産分離

(3)　家庭裁判所は、相続財産管理人に対し、その提供した担保の増減、変更または免除を命ずることができる（家事手続202③・125④）。

(4)　委任契約の受任者に関する規定（民644・646・647・650）は、相続財産管理人に準用される（家事手続202③・125⑥）。

(5)　家庭裁判所は、相続人が相続財産を管理することができるようになったとき、管理すべき相続財産がなくなったとき、その他相続財産の管理を継続することが相当でなくなったときは、相続人、相続財産の管理人もしくは利害関係人の申立てにより、または職権で、相続財産の管理人の選任その他の財産の管理に関する処分の取消しの審判をしなければならない（家事手続202③・125⑦）。

第18章　相続人の不存在

18-1	相続財産管理人の選任（相続人の不存在）
あ ら ま し	相続人のあることが明らかではないときは、相続財産は法人とされる（民951）。この場合には、家庭裁判所は、利害関係人または検察官の請求によって、相続財産の管理人を選任しなければならない（家事手続別表1⑨、民952①）。
提 出 書 類	相続財産管理人選任審判申立書
添 付 書 類	財産目録に記載した財産の内容を証する資料（例：不動産登記事項証明書（未登記不動産の場合は固定資産評価証明書）、預貯金および有価証券の残高の分かる書類（通帳の写し、残高証明書など）） 申立人　戸籍謄本（全部事項証明書）、利害関係人からの申立ての場合は、利害関係を証する資料（親族の場合は戸籍謄本など、親族以外の場合は賃貸借契約書、消費貸借契約書の写しなど） 被相続人　出生時から死亡時までの全ての戸籍（除籍、改製原戸籍）謄本（全部事項証明書）、住民票除票または戸籍（除）附票 先順位相続人等 　　被相続人の父母の出生時から死亡時までの全ての戸籍（除籍、改製原戸籍）謄本（全部事項証明書） 　　被相続人の子（およびその代襲者）で死亡している者がいるときは、その子（およびその代襲者）の出生時から死亡時までの全ての戸籍（除籍、改製原戸籍）謄本（全部事項証明書） 　　被相続人の直系尊属の死亡の記載のある戸籍（除籍、改製原戸籍）謄本（全部事項証明書） 　　被相続人の兄弟姉妹で死亡している者がいるときは、その兄弟姉妹の出生時から死亡時までの全ての戸籍（除籍、改製原戸籍）謄本（全部事項証明書） 　　被相続人の子（およびその代襲者）で死亡している者がいるときは、その子（およびその代襲者）の出生時から死亡時までの全ての戸籍（除籍、改製原戸籍）謄本（全部事項証明書） 　　代襲者としての甥、姪で死亡している者がいるときは、その甥または姪の死亡の記載がある戸籍（除籍、改製原戸籍）謄本（全部事項証明書）
管　　　轄	相続が開始した地を管轄する家庭裁判所（家事手続203一）
申 立 権 者	利害関係人、検察官（民952①） memo　利害関係人 　　利害関係人とは、相続財産の管理清算に利害関係を有する者である。具体的には、被相続人の債権者・債務者、受遺者、特定遺贈を受けた者、特別縁故者などが含まれる。

第18章　相続人の不存在

解　説	

相続人捜索のための公告

相続人の不存在の手続は、相続人を捜索する手続と相続財産の清算の手続が併せて規定されている。相続人の不存在の手続では、相続財産管理人の選任後、相続人を捜索するため、次のとおり3回の公告が定められている。

(1) 相続財産管理人を選任したときは、家庭裁判所は、遅滞なくこれを公告しなければならない（民952②）。この公告期間は、2か月とされている（民957①）。

　この公告には、①申立人の氏名または名称および住所、②被相続人の氏名、職業および最後の住所、③被相続人の出生および死亡の場所および年月日、④相続財産の管理人の氏名または名称および住所の各事項を掲げなければならない（家事手続規109①）。

(2) 家庭裁判所が行う第1回の公告後、2か月を経ても相続人が現れない場合には、相続財産の管理人が、相続債権者および受遺者に対し、2か月以上の期間を定めて、請求の申出をすべき旨を公告しなければならない（民957①）。

(3) 2回目の公告期間満了後も、なお相続人が現れない場合には、家庭裁判所は、相続財産の管理人または検察官の請求によって、6か月以上の期間を定めて、相続人であるならばその権利を主張すべき旨を公告しなければならない（民958）。

　この公告には、上記(1)の①から③の各事項のほか、④相続人は、一定期間までにその権利の申出をすべきことを掲げなければならない（家事手続規109②）。

相続財産の管理人の職務および権限

相続財産の管理人の職務および権限等は、不在者の財産の管理人と同様である（民953・27〜29）。

(1) 相続財産の管理人は、相続財産目録を調整する義務があり、また、家庭裁判所は、相続財産の管理人に対し、相続財産の保存に必要と認める処分を命ずることができる（民953・27）。

(2) 相続財産の管理人は、相続財産法人の代表者として、民法103条に規定する権限を与えられ、この権限を超える行為を必要とするときは、家庭裁判所の許可を得なければならない（民953・28）。

(3) 家庭裁判所は、相続財産の管理人に対し、担保を提供することを命じ、また、相当な報酬を与えることができる（民953・29）。

相続財産の清算

相続財産の清算には、限定承認に関する規定が準用される（民957②・928〜935（932ただし書を除く。））。

第18章　相続人の不存在

相続財産の凍結
　家庭裁判所による民法958条による最後の公告期間内に、相続人としての権利を主張する者がないときは、相続人ならびに相続財産の管理人に知れなかった相続債権者および受遺者は、その権利を行使することができなくなる（民958の2）。

> **memo**　昭和37年の民法改正による相続財産の凍結
> 　昭和37年民法改正前は、相続人の不存在が確定すると、相続財産は直ちに国庫へ帰属することになっていた。しかし、特別縁故者への相続財産の分与を可能にする時間的猶予を作り出すため、相続財産の国庫帰属前に、相続財産を凍結状態となることが規定された。

相続財産の管理人の改任
　家庭裁判所は、いつでも、相続財産の管理人を改任することができる（家事手続208・125①）。

第18章　相続人の不存在

18-2	**特別縁故者に対する相続財産の分与**
あらまし	相続人捜索の公告を行ったにもかかわらず（民958）、相続人として権利を主張する者がない場合において、家庭裁判所は、相当と認めるときは、被相続人と特別の縁故があった者の請求によって相続財産の全部または一部を与えることができる（家事手続別表1⑩、民958の3）。
提出書類	特別縁故者に対する財産分与審判申立書
添付書類	申立人　住民票または戸籍附票
管　　轄	相続が開始した地を管轄する家庭裁判所（家事手続203三）
申立権者	被相続人と生計を同じくしていた者（内縁の妻、事実上の養子、配偶者の連れ子など）、被相続人の療養看護に努めた者、その他被相続人と特別の縁故があった者（民958の3） **memo1　特別縁故者** 　「その他被相続人と特別の縁故があった者」とは、「本条に例示する生計を同じくしていた者、療養看護に努めた者に該当する者に準ずる程度に被相続人との間に具体的かつ現実的な精神的・物質的に密接な交渉があった者で、相続財産をその者に分与することが被相続人の意思に合致するであろうとみられる程度に特別の関係にあった者をいう。」（大阪高決昭46・5・18家月24・5・47） **memo2　法　人** 　お寺、老人福祉施設のような法人も特別縁故者となることができる。
解　　説	**申立期間と審判の開始** 　特別縁故者は、家庭裁判所に対し、民法958条に規定する相続人を捜索するための公告で定められた期間の満了後3か月以内に、相続財産の分与を請求しなければならない（民958の3②）。また、特別縁故者に対する相続財産の分与の申立てについての審判は、民法958条の期間の満了後3か月を経過した後にしなければならない（家事手続204①）。 **申立書の記載事項** 　特別縁故者に対する相続財産の分与の審判の申立書には、被相続人との特別の縁故関係を記載しなければならない（家事手続規110①）。 **審判の併合** 　同一の相続財産に関し、特別縁故者に対する相続財産の分与の審判が数個同時に係属するときは、これらの審判の手続および審判は併合してしなければならない（家事手続204②）。

第18章　相続人の不存在

意見の聴取

特別縁故者に対する相続財産の分与の申立てについての審判をする場合には、家庭裁判所は、相続財産の管理人の意見を聴かなければならない（家事手続205）。

即時抗告

特別縁故者に対する相続財産分与の審判に対しては、申立人および相続財産の管理人が即時抗告をすることができる（家事手続206①一）。

特別縁故者に対する相続財産分与の申立てを却下する審判に対しては、申立人が即時抗告をすることができる（家事手続206①二）。

相続財産の換価を命じる裁判

(1) 競売による換価

家庭裁判所は、特別縁故者に対する相続財産の分与の審判をするため必要があると認めるときは、相続財産の管理人に対し、遺産の全部または一部を競売して換価することを命ずることができる（家事手続207・194①）。

(2) 任意売却による換価

家庭裁判所は、特別縁故者に対する相続財産の分与の審判をするため必要があり、かつ、相当と認めるときは、相続財産の管理人に対し、相続財産の全部または一部について任意に売却して換価することを命ずることができる（家事手続207・194②）。

(3) 当事者等への告知

換価を命ずる裁判は、家事事件手続法81条1項が準用する家事事件手続法74条1項に規定する当事者および利害関係参加人ならびにこれらの者以外の審判を受ける者のほか、特別縁故者に対する相続財産の分与の審判事件の申立人に告知しなければならない（家事手続207・194④）。

(4) 即時抗告

相続財産の換価を命ずる裁判に対しては、特別縁故者に対する相続財産の分与の申立人および相続財産の管理人が即時抗告をすることができる（家事手続207・194⑤）。

> **memo　民法255条と民法958条の3の優劣関係**
>
> 民法255条は、共有者の1人が死亡して相続人がないときは、その持分は他の共有者に帰属すると規定する。そうすると、分与対象財産が共有持分の場合、特別縁故者は相続財産の分与を請求できないように思える。しかし、判例は、「共有持分が承継すべき者がないまま相続財産として残存することが確定したときにはじめて、民法255条により他の共有者に帰属することになると解すべきである。」として、民法958条の3が民法255条より優先して適用されることを明らかにした（最判平元・11・24民集43・10・1220）。

第18章　相続人の不存在

18-3　相続財産管理人の権限外行為許可を求める審判

あらまし	相続財産の管理人の権限については、不在者の管理人の規定が準用され（民27〜29）、原則として、民法103条に規定する管理行為（保存行為、利用行為および改良行為）に限定される（民953・28前段）。相続財産の管理人がこの権限（民103）を超える行為を行うには、家庭裁判所の許可を得なければならない（家事手続別表1⑨、民953・28前段）。
提出書類	相続財産管理人の権限外行為許可審判申立書
添付書類	申立理由を証する資料（訴状の写し、控訴状等の写し、仮処分申立書の写し、調停申立書の写し、和解条項案、財産目録、物件目録、売買契約書案など）
管　轄	相続が開始した地を管轄する家庭裁判所（家事手続203一）
申立権者	相続財産管理人（民953・28前段）
解　説	管理行為 　(1)　民法103条に規定する管理行為の例 　　①　応訴 　　②　応訴の結果、敗訴した場合の控訴、上告 　　③　預金の払戻請求 　　④　貸金庫の開扉 　などは管理行為に含まれ、相続財産管理人は、家庭裁判所の許可を得なくとも行うことができる。 　(2)　民法103条に規定する権限を超える行為の例 　　①　訴え提起、訴えの取下げ、訴訟上の和解 　　②　保全処分の申立て 　　③　調停の申立て、調停の成立 　　④　建物の取壊し 　　⑤　土地の分筆 　などの財産権の設定、移転、変更および消滅をもたらす法律行為ならびに財産の毀損、性質を変更する事実行為は、家庭裁判所の許可を得なければ行うことができない。 家庭裁判所の許可を得ないで行った行為の効力 　相続財産の管理人が家庭裁判所の許可を得ずに権限外の行為を行った場合、その行為は無権代理行為となる。

第18章　相続人の不存在

> **memo** 民法103条に規定する管理行為に含まれるか否かの判断
> 　民法103条に規定する管理行為か否かの判断は、行為の性質に照らし客観的に判断すべきものとされている。相続財産の管理人が管理行為以外の行為をしたとき、結果として相続財産法人のために利益になったとしても、無権代理行為となる。

審判手続
　家庭裁判所は、申立て内容を審理し、申立てに理由があると認めるときは許可の審判を、理由がないと認めるときには却下の審判を行う。これらの審判は、相続財産の管理人に告知されることによって、その効力を生ずる（家事手続74）。いずれの場合も、不服申立ては認められない。

授権の証明
　相続財産の管理人は、家庭裁判所の許可審判書の謄本を証明書として、権限外の行為を行う。

第18章　相続人の不存在

18-4	**鑑定人の選任（相続人の不存在）**
あらまし	相続人のあることが明らかでないときは、相続財産は法人とされる（民951）。その場合には、家庭裁判所により相続財産の管理人が選任され（民952①）、相続財産の清算手続が行われる（民957）。 清算に際して、条件付きの債権または存続期間の不確定の債権は、家庭裁判所が選任した鑑定人の評価に従って、弁済をしなければならない（家事手続別表1⑽、民957②・930②）。
提出書類	鑑定人選任審判申立書
添付書類	申立人　鑑定の対象となる債権目録 鑑定人候補者　選任承諾書、住民票または戸籍附票
管　轄	相続財産の管理人の選任の審判をした家庭裁判所（家事手続203二）
申立権者	相続財産管理人（民957②・930②）
解　説	**鑑定人の選任** 　　鑑定人は、相続財産の管理人が、債権者に対し、弁済すべき金額を決定するためだけに選任される。そのため、家庭裁判所は、単に評価すべき債権または物件を特定し鑑定人を選任すればよく、鑑定を命じたり、鑑定結果を提出させたり、申立人に対し鑑定費用の負担を命ずる必要はない（昭40・7・16法曹会決議財団法人法曹会編「法曹会決議要録」365頁（財団法人法曹会、1968））。 **審判の効力** 　　家庭裁判所は、申立てを相当と認めるときは、鑑定人の選任の審判を行う。この審判は、鑑定人に告知することによって、その効力を生じる（家事手続74）。この審判に対しては、不服申立ての方法はない。 **辞　任** 　　鑑定人の辞任に関しては明文の規定はないが、鑑定未了の間に辞任の届出があった場合、家庭裁判所は、職権により、新たな鑑定人を選任することができるとされている。

第18章　相続人の不存在

18-5	相続人捜索の公告申立て
あらまし	相続人のあることが明らかでないときは、家庭裁判所は、利害関係人または検察官の請求によって、相続財産の管理人を選任し、遅滞なく公告を行う（民952）。相続財産の管理人の選任の公告があった後2か月以内に相続人のあることが明らかにならなかったときは、相続財産の管理人は、遅滞なく、全ての相続債権者および受遺者に対し、定められた期間（2か月以上に限る。）に請求の申出をすべき旨を公告しなければならない（民957①）。その期間の満了後、なお相続人のあることが明らかでないときは、家庭裁判所は、相続財産の管理人または検察官の請求によって、相続人があるならば定められた期間（6か月以上に限る。）にその権利を主張すべき旨を公告しなければならない（家事手続別表1⑨、民958）。
提 出 書 類	相続人捜索の公告申立書
添 付 書 類	相続債権者および受遺者に請求の申出の公告を行ったことを証する書面（官報公告）
管　　　轄	相続が開始した地を管轄する家庭裁判所（家事手続203一）
申 立 権 者	相続財産管理人、検察官（民958）
解　　　説	**審判手続** 　家庭裁判所は、申立てを認めた場合、審判書を作成することなく、直ちに、公告手続を行う。 **公告の内容** 　公告には、①申立人の氏名または名称および住所、②被相続人の氏名、職業および最後の住所、③被相続人の出生および死亡の場所および年月日、④相続人は、一定の期間までにその権利の申出をすべきことを記載する（家事手続規109②）。 **公告の効果** 　6か月以上の公告期間内に、相続人として権利を主張する者がいなかったとき、相続人の不存在は確定し、相続人ならびに相続財産管理人に知れなかった相続債権者および受遺者は、その権利を行使することができなくなる（民958の2）。 　公告期間の満了した後、特別縁故者は、相続財産の分与請求をすることが可能になる（民958の3①）。特別縁故者は、相続人捜索の公告期間の満了後3か月以内に、相続財産の分与の請求をしなければならない（民958の3②）。

第18章　相続人の不存在

18-6	相続財産管理人に対する報酬付与
あらまし	家庭裁判所は、相続財産の管理人に対し、相続財産の中から、相当な報酬を与えることができる（家事手続別表1㉙、民953・29②）。 相続財産管理人に、当然、報酬請求権があるわけではなく、家庭裁判所の審判により、報酬請求権が形成されると解されている。
提出書類	相続財産管理人に対する報酬付与審判申立書
添付書類	財産目録、報酬額を定めるために必要な資料
管　　轄	相続が開始した地を管轄する家庭裁判所（家事手続203一）
申立権者	相続財産管理人（民953・29②）
解　　説	**審理手続** 　家庭裁判所は、相続財産管理人と被相続人との関係その他の事情を考慮したうえで、相続財産管理人に対し、報酬を付与すべきか、付与する場合にはその額を決定する。 　報酬額は、相続財産管理人と被相続人との関係のほか、管理の難易、管理している財産の多寡などの要素に基づき、家庭裁判所の裁量により決定される。 　相続財産管理人の報酬額の決定に際し、被相続人との関係、相続財産管理の状況等を考慮したという審判例がある（仙台家審昭53・7・5家月31・9・48）。 **審判の効力** 　報酬付与の審判は、申立人に告知されることによって効力を生じる（家事手続74②）。この審判に対しては、不服申立てをすることができない。

第19章 遺 言

19-1	遺言の確認
あらまし	一般危急時遺言は、遺言の日から20日以内に、証人の1人または利害関係人の請求により、家庭裁判所において確認を得なければその効力が認められない（家事手続別表1⑩②、民976④）。 また、難船危急時遺言は、遅滞なく、証人の1人または利害関係人の請求により、家庭裁判所において確認を得なければその効力が認められない（家事手続別表1⑩②、民979③）。
提出書類	遺言確認審判申立書
添付書類	遺言書の写し **遺言者** 戸籍（除籍）謄本（全部事項証明書）、住民票（除票）または戸籍（除）附票、遺言者が生存中の場合は診断書 **立会証人** 住民票または戸籍附票、申立人が立会証人以外の場合は、利害関係を証する資料（親族の場合は戸籍謄本など）
管轄	（遺言者の死亡後） 　相続が開始した地を管轄する家庭裁判所（家事手続209①） （遺言者の生存中） 　遺言者の住所地を管轄する家庭裁判所（家事手続209②）
申立権者	証人の1人、利害関係人（民976④・979③）
解説	**申立期間** 　一般危急時遺言は、遺言の日から20日以内に、家庭裁判所に請求して確認を得なければ、その効力を生じない（民976④）。 　難船危急時遺言は、遅滞なく家庭裁判所に請求して確認を得なければ、その効力を生じない（民979③）。 　**memo** 遅滞なく 　　「遅滞なく」とは、遭難が止んで確認審判の申立てができるようになったときから速やかに申し立てるべきものと解される（中川善之助＝加藤永一編『新版注釈民法(28)』176頁（有斐閣、補訂版、2002））。 **審判の要件** 　家庭裁判所が、当該遺言が遺言者の真意に出たものであるとの心証を得なければ、確認の審判をすることできない（民976⑤・979④）。 **申立て取下げの制限** 　遺言書の確認の申立ては、審判がされる前であっても、家庭裁判所の

第19章　遺　言

許可を得なければ、取り下げることができない（家事手続212）。遺言書の確認の申立ての取下げをするには、取下げの理由を明らかにしなければならない（家事手続規116・78①）。

即時抗告

　遺言の確認の審判に対しては、利害関係人が即時抗告をすることができる（家事手続214一）。

　遺言確認の申立てを却下する審判に対しては、遺言に立ち会った証人および利害関係人が即時抗告をすることができる（家事手続214二）。

第19章　遺　言

19-2	**遺言書の検認**
あらまし	遺言書（公正証書遺言を除く。）の保管者または遺言書を発見した相続人は、相続の開始を知った後、遅滞なく、遺言書を家庭裁判所に提出して、検認を請求しなければならない（家事手続別表1⑩、民1004①）。 **memo** 遺言書検認の目的 　　遺言書の検認は、相続人に対し遺言の存在およびその内容を知らせること、および遺言書の形状、加除訂正の状態、日付、署名などの検認の日における遺言書の内容を明確にして遺言書の偽造、変造を防止することを目的とする証拠保全手続である。 　　したがって、遺言書の検認は、遺言書が有効に成立したことを認める手続ではないため、のちに遺言書の効力を争うことができる。
提出書類	遺言書検認審判申立書
添付書類	遺言書の写し 遺言者　出生時から死亡時までの全ての戸籍（除籍、改製原戸籍）謄本（全部事項証明書） 相続人全員　戸籍謄本（全部事項証明書） （相続人が配偶者および第1順位相続人（子、孫など）または第1順位相続人のみの場合） 　第1順位相続人のうち死亡している者がいるときは、その相続人の出生時から死亡時までの全ての戸籍（除籍、改製原戸籍）謄本（全部事項証明書） （相続人が配偶者および第2順位相続人（父母、祖父母など）または第2順位相続人のみの場合） 　第1順位相続人が死亡しているときは、その者の出生時から死亡時までの全ての戸籍（除籍、改製原戸籍）謄本（全部事項証明書） （相続人が配偶者のみ、配偶者および兄弟姉妹、兄弟姉妹のみまたは受遺者のみの場合） 　第1順位相続人が死亡しているときは、その者の出生時から死亡時までの全ての戸籍（除籍、改製原戸籍）謄本（全部事項証明書） 　遺言者の父母の出生時から死亡時までの全ての戸籍（除籍、改製原戸籍）謄本（全部事項証明書） 　第3順位相続人が死亡しているときは、その者の出生時から死亡時までの全ての戸籍（除籍、改製原戸籍）謄本（全部事項証明書） 　代襲相続人が死亡しているときは、その者の死亡の記載のある戸籍（除籍、改製原戸籍）謄本（全部事項証明書） （受遺者がいる場合） 　受遺者の戸籍謄本（全部事項証明書）

第19章　遺　言

	（申立人が相続人や受遺者ではない場合） 　　申立人の身分証明書（運転免許証、保険証、パスポートなど）の写し
管　　　轄	相続が開始した地を管轄する家庭裁判所（家事手続209①）
申 立 権 者	遺言書の保管者、遺言書を発見した相続人（民1004①）
解　　　説	**申立時期** 　遺言者の死亡した後、遅滞なく、家庭裁判所に対し、検認を請求しなければならない（民1004①）。 **検認の方法** 　家庭裁判所は、遺言書の検認をするには、遺言の方式に関する一切に事実を調査しなければならない（家事手続規113）。 **調書の作成** 　裁判所書記官は、遺言書の検認について、調書を作成しなければならない（家事手続211）。 　検認調書には、①事件の表示、②裁判官および裁判所書記官の氏名、③申立人の氏名または名称および住所、④立ち会った相続人その他の利害関係人の氏名および住所、⑤検認の年月日、⑥証人、当事者本人および鑑定人の陳述の要旨、⑦証人、当事者本人および鑑定人の宣誓の有無ならびに証人および鑑定人に宣誓をさせなかった理由、⑧事実の調査の結果を記載しなければならない（家事手続規114①）。 **検認期日の通知** 　裁判所書記官は、申立人および相続人に対し、遺言書の検認の期日を通知しなければならない（家事手続規115①）。 　遺言書の検認がされたときは、裁判所書記官は、遺言書の検認期日に立ち会わなかった相続人、受遺者その他の利害関係人（上記による通知を受けた者を除く。）に対し、その旨を通知しなければならない（家事手続規115②）。 **申立ての取下げの制限** 　遺言書の検認の申立ては、審判がされる前であっても、家庭裁判所の許可を得なければ取り下げることができない（家事手続212）。遺言書検認の申立ての取下げをするには、取下げの理由を明らかにしなければならない（家事手続規116・78①）。 **封印された遺言書** 　封印のある遺言書は、家庭裁判所において、相続人等の立会いがなければ、開封することができない（民1004③）。 　**memo　封印の意義** 　　「封印のある」とは、文字どおり封の押印があるという意味で、遺言書が単に封入された場合は含まれない。

第19章 遺言

19-3	遺言執行者の選任
あらまし	遺言者が遺言によって遺言執行者を指定しなかったとき、または指定した遺言執行者が就任を辞退するなどの理由から遺言執行者がなくなったとき、家庭裁判所は、利害関係人の請求によって、遺言執行者を選任することができる（家事手続別表1⑩、民1010）。
提 出 書 類	遺言執行者選任審判申立書
添 付 書 類	遺言書の写し 申立人　戸籍謄本（全部事項証明書）、遺言者の親族でない場合は、利害関係を証する資料（金銭消費貸借契約書の写しなど） 遺言者　戸籍（除籍）謄本（全部事項証明書）、住民票除票または戸籍（除）附票 遺言執行者候補者　住民票または戸籍附票、法人の場合は、登記事項証明書
管　　　轄	相続が開始した地を管轄する家庭裁判所（家事手続209①）
申 立 権 者	利害関係人（相続人、遺言者の債権者、受遺者など）（民1010）
解　　　説	**遺言執行者の欠格事由** 　　未成年者および破産者は、遺言執行者となることができない（民1009）。 **意見の聴取** 　　家庭裁判所は、遺言執行者の選任の審判をする場合には、遺言執行者候補者の意見を聴かなければならない（家事手続210②）。 **効力の発生時期** 　　遺言執行者の選任の審判は、遺言執行者に告知されることにより効力を生じる（家事手続74）。 **即時抗告** 　　遺言執行者選任の申立てを却下する審判に対しては、利害関係人が即時抗告をすることができる（家事手続214三）。 **遺言執行者の実体法上の地位** 　　遺言執行者は、相続人の代理人とみなされている（民1015）。しかし、遺言執行者が、相続人を廃除する内容の遺言を執行するなど、遺言執行者と相続人との利益は相反する場合があるため、遺言執行者を相続人の代理人とみることができないことがある。そこで、民法1015条は、遺言執行者の行為の効果が相続人に帰属することを明らかにした規定と理解することが相当である。

第19章　遺　言

遺言執行者の職務権限
　遺言執行者は、相続財産の管理その他遺言の執行に必要な一切の行為をする権利義務を有する（民1012①）。
　他方、相続人は、相続財産の処分その他遺言の執行を妨げるべき行為をすることができず（民1013）、相続人が行った処分行為は無効となる（最判昭62・4・23判時1236・72）。

memo　「相続させる」遺言と遺言執行者の職務
　特定の不動産を特定の相続人に「相続させる」という遺言がなされた場合、特段の事情がない限り、遺言の目的となっている不動産は、被相続人の死亡時に、直ちに相続によりその相続人に承継される（最判平3・4・19判時1384・24）。そのため、その相続人は、単独で、所有権移転登記手続をすることができ、遺言執行者は、遺言の執行として登記手続をする義務を負うものではない（最判平7・1・24判時1523・81）。
　他方、他の相続人が当該不動産につき自己名義の所有権移転登記を経由したため、遺言の実現が妨げられる事態が生じた場合には、遺言執行者は、遺言執行の一環として、他の相続人の妨害を排除するため、所有権移転登記の抹消登記手続を求め、さらに、真正な登記名義の回復を目的とする所有権移転登記手続を求めることができる（最判平11・12・16判時1702・61）。

遺言執行者の訴訟法上の地位
　遺言執行者は、遺言執行者の資格において自己の名をもって他人のために訴訟を追行することが認められている（最判昭31・9・18判タ65・78）。このように遺言執行者は、相続財産に関する訴訟について当事者適格が認められており、その訴訟法上の地位は法定訴訟担当である（民訴115①二）。

第19章 遺言

19-4	遺言執行者に対する報酬付与
あらまし	遺言者が遺言に遺言執行者の報酬を定めていないときは、家庭裁判所は、相続財産の状況その他の事情によって、遺言執行者の報酬を定めることができる（家事手続別表1⑯、民1018①）。
提出書類	遺言執行者に対する報酬付与審判申立書
添付書類	遺言書の写し、執行報告書などの証明資料 **遺言者** 戸籍（除籍）謄本（全部事項証明書）、住民票除票または戸籍（除）附票 **申立人** 住民票または戸籍附票、法人の場合は、登記事項証明書
管 轄	相続が開始した地を管轄する家庭裁判所（家事手続209①）
申立権者	遺言執行者（民1018）
解 説	**後払の原則** 　遺言執行者の報酬は、後払が原則である（民1018・648②）。 **報酬額の決定** 　家庭裁判所は、「相続財産の状況その他の事情」に基づき、遺言執行者の報酬を決定する。その際、相続財産の数量および価額、相続財産の管理にかかった期間、執行行為の難易度、執行行為により実現された成果などを考慮し、家庭裁判所が裁量により決定する。一般的な基準が定められているわけではない。 **相続財産の負担** 　遺言執行者の報酬は、相続財産から支払われる（民1021）。報酬付与の審判があったとしても、家庭裁判所は、一定額の報酬請求権が認められることを定めるだけで、相続人に給付まで命ずるわけではない。 **即時抗告** 　家庭裁判所の報酬付与の決定に対しては、不服申立てをすることができない。

第19章　遺　言

19-5	遺言執行者の解任
あらまし	選任された遺言執行者がその任務を怠ったときその他正当な事由があるときは、利害関係人は、家庭裁判所に対し、その遺言執行者の解任を請求することができる（家事手続別表1⑩⑥、民1019①）。
提出書類	遺言執行者解任審判申立書
添付書類	遺言書または遺言書の検認調書謄本の写し、遺言執行者の解任を必要とすることを証する資料 **遺言者**　戸籍（除籍）謄本（全部事項証明書）、住民票除票または戸（除）附票 **遺言執行者**　住民票または戸籍附票、法人の場合は、登記事項証明書 **申立人**　戸籍謄本（全部事項証明書）、相続人以外の場合は、利害関係を証する資料
管　　　轄	相続が開始した地を管轄する家庭裁判所（家事手続209①）
申立権者	利害関係人（相続人、遺言者の債権者、受遺者、共同遺言執行者など）（民1019①）
解　　　説	解任事由 　(1)　任務懈怠 　　遺言執行者が遺言の実現を完全に怠った場合、その管理に服さない相続財産を理由なく相続人に引き渡さない場合、執行行為の報告（民1012①・645）を理由なく拒絶する場合などがこれに当たる（中川善之助＝加藤永一編『新版注釈民法(28)』377頁（有斐閣、補訂版、2002））。 　(2)　その他の正当事由 　　長期間にわたって執行行為の障害となるような疾病、行方不明、不在などがその他の正当事由の例として挙げられる（中川善之助＝加藤永一編『新版注釈民法(28)』378頁（有斐閣、補訂版、2002））。 　　遺言執行者と相続人または受遺者が主観的感情に基づき対立するということだけでは、遺言執行者の解任を認める正当事由とはならない。遺言執行者の解任が認められるには、例えば、遺言執行者が一部の相続人と緊密な関係にあり、その相続人の利益代表者のごとく振る舞うなど、客観的に判断し、遺言の公正な実現が妨げられるような事情が存在することが必要とされる。 陳述の聴取 　　遺言執行者の解任の審判をする場合には、家庭裁判所は、遺言執行者

第19章　遺　言

の陳述を聴かなければならない（家事手続210①一）。

審判の告知

　家事事件手続法74条1項では、審判は、当事者および利害関係参加人ならびにこれらの者以外の審判を受ける者に告知しなければならないと規定されている。そのため、遺言執行者の解任の審判は、当該遺言執行者に告知されることは明らかであるが、相続人に対し、告知されるとは限らない。そこで、相続人に新たな遺言執行者を選任する機会を与えるため、遺言執行者の解任の審判は、相続人にも告知しなければならないとされた（家事手続213一）。

即時抗告

　遺言執行者の解任の審判に対しては、遺言執行者が即時抗告をすることができる（家事手続214四）。

　遺言執行者の解任の申立てを却下する審判に対しては、利害関係人が即時抗告をすることができる（家事手続214五）。

保全処分

　遺言執行者の解任審判の申立てがあったとしても、その審判があるまでは、遺言執行者はその地位にあることになる。しかし、その間、遺言の公正な実現が妨げられる状況を放置することは相当ではなく、家庭裁判所（本案の家事審判事件が高等裁判所に係属する場合には、その高等裁判所）は、相続人の利益のために必要があるときは、申立てによって、遺言執行者の解任の申立てについての審判が効力を生ずるまでの間、遺言執行者の職務の執行を停止し、またはその職務代行者を選任することができる（家事手続215①）。

　遺言執行者の職務の執行を停止する審判は、職務の執行を停止される遺言執行者、他の遺言執行者または職務代行者に告知されることによって、その効力を生じる（家事手続215②）。職務執行の停止の審判を、職務の執行を停止される遺言執行者に対し、速やかに告知できなくとも、当該審判の効力を生じさせるための規定である。

第19章　遺　言

19-6	遺言執行者の辞任についての許可
あらまし	遺言執行者は、職務を辞任する正当な事由があるときは、家庭裁判所の許可を得て、その任務を辞することができる（家事手続別表1⑩、民1019②）。
提出書類	遺言執行者辞任許可審判申立書
添付書類	遺言書または遺言書の検認調書謄本の写し 遺言者　戸籍（除籍）謄本（全部事項証明書）、住民票除票または戸籍（除）附票 遺言執行者　住民票または戸籍附票、辞任理由を証する資料
管　轄	相続が開始した地を管轄する家庭裁判所（家事手続209①）
申立権者	遺言執行者（民1019②）
解　説	**辞任事由** 　辞任が認められる事由としては、遺言執行者の病気、長期の不在、職務の多忙等が挙げられる。 　**memo　執行意欲の喪失は辞任事由となるか** 　　遺言執行者が辞任するには、家庭裁判所の許可が必要としている法の趣旨からすると、遺言執行者が単に職務の執行意欲を失ったことを理由に辞任を認めることは相当でないように思える。しかし、相続人間の継続的敵対的関係が存在し、その結果、遺言の公正な実現が期待できないような場合には、遺言執行者の辞任を認めることもやむを得ないとの見解もある（中川善之助＝加藤永一編『新版注釈民法(28)』380頁（有斐閣、補訂版、2002））。 **即時抗告** 　遺言執行者の辞任についての許可の申立てを却下する審判に対しては、申立人が即時抗告をすることができる（家事手続214六）。 　遺言執行者の辞任を許可する審判に対しては、不服申立てをすることができない。 **辞任の効果** 　遺言執行者の辞任を許可する審判は遺言執行者に告知されることによって、その効力を生ずる（家事手続74②）。 　遺言執行者の辞任が許可され、遺言執行者の任務が終了すると、相続人は、相続財産に関する管理処分権を回復する。遺言執行者が管理している相続財産がある場合には、それを相続人に引き渡さなければならない。

第19章　遺　言

任務終了後の処分等
　遺言執行者の任務が終了した場合において、急迫の事情があるときは、遺言執行者は、相続人および受遺者が相続財産の管理をすることができるに至るまで、必要な処分をしなければならない（民1020・654）。また、遺言執行者の任務が終了したときは、その旨を相続人および受遺者に通知し、または相続人および受遺者がそれを知るときまで、遺言執行者は、その職務を継続しなければならない（民1020・655）。遺言執行者の任務が終了したことにより、相続人および受遺者が不測の不利益を受けないようにしようとする趣旨である。

第19章　遺　言

19-7	**負担付遺贈に係る遺言の取消し**
あらまし	負担付遺贈を受けた者がその負担した義務を履行しないときは、相続人は、相当の期間を定めて、その履行を催告することができ、その期間内に負担した義務の履行がないときには、相続人は、家庭裁判所に対し、負担付遺贈に係る遺言の取消しを請求することができる（家事手続別表1⑱、民1027）。
提出書類	負担付遺贈遺言の取消審判申立書
添付書類	遺言書または遺言書検認調書謄本の写し、催告書の写し 申立人　戸籍謄本（全部事項証明書） 遺言者　遺言者の出生時から死亡時までの全ての戸籍（除籍、改製原戸籍）謄本（全部事項証明書）、住民票除票または戸籍除附票 相続人　戸籍謄本（全部事項証明書） 受遺者・受益者　住民票または戸籍附票 （相続人が配偶者および第1順位相続人（子、孫など）または第1順位相続人のみの場合） 　　第1順位相続人のうち死亡している者がいるときは、その相続人の出生時から死亡時までの全ての戸籍（除籍、改製原戸籍）謄本（全部事項証明書） （相続人が配偶者および第2順位相続人（父母、祖父母など）または第2順位相続人のみの場合） 　　第1順位相続人が死亡しているときは、その者の出生時から死亡時までの全ての戸籍（除籍、改製原戸籍）謄本（全部事項証明書） （相続人が配偶者のみ、配偶者および兄弟姉妹、兄弟姉妹のみまたは受遺者のみの場合） 　　第1順位相続人が死亡しているときは、その者の出生時から死亡時までの全ての戸籍（除籍、改製原戸籍）謄本（全部事項証明書） 　　遺言者の父母の出生時から死亡時までの全ての戸籍（除籍、改製原戸籍）謄本（全部事項証明書） 　　第3順位相続人が死亡しているときは、その者の出生時から死亡時までの全ての戸籍（除籍、改製原戸籍）謄本（全部事項証明書） 　　代襲相続人が死亡しているときは、その者の死亡の記載のある戸籍（除籍、改製原戸籍）謄本（全部事項証明書）
管轄	相続が開始した地を管轄する家庭裁判所（家事手続209①）
申立権者	相続人（民1027）

第19章　遺　言

解説

陳述の聴取

　負担付遺贈に係る遺言の取消し審判をする場合には、家庭裁判所は、受遺者および負担の利益を受けるべき者の陳述を聴かなければならない（家事手続210①二）。負担付遺贈に係る遺言の取消しは、受遺者および負担の利益を受けるべき者の利益に重大な影響を与えるものだからである。

審判の告知

　家事事件手続法74条1項では、審判は、当事者および利害関係参加人ならびに審判を受ける者等に告知しなければならないと規定されている。ところで、負担付遺贈に係る遺言により負担の利益を受けるべき者はこれらの者ではないが、負担付遺贈に係る遺言の取消しにより重大な影響を受ける者であるから、即時抗告をする機会を実質的に保障するため、審判を告知しなければならない（家事手続213二）。

即時抗告

　負担付遺贈に係る遺言の取消し審判に対しては、受遺者その他の利害関係人（申立人を除く。）が即時抗告をすることができる（家事手続214七）。

　負担付遺贈に係る遺言の取消し審判の申立てを却下する審判に対しては、相続人が即時抗告をすることができる（家事手続214八）。

取消しの効果

　負担付遺贈に係る遺言の取消しの審判が確定すると、取消しの遡及効により（民121）、当該遺贈は初めから存在しなかったことになり、受遺者が受けるべき相続財産は、相続人に帰属することになる（民995本文）。

memo　負担付遺贈の取消しに家庭裁判所の審判が必要な理由

　　負担付遺贈の取消しは、負担の不履行を理由とする契約解除と実質的に同一のものと解されていることからすると、取消権者である相続人の意思表示のみによって、取消しの効果を認めても良いように思える。しかし、遺贈の取消しにより、負担により利益を受けるべき者の利益が不当に害され、ひいては遺言者の意思に反することにならないよう、遺贈の取消しの可否を家庭裁判所が審判において判断すべきものとされた（中川善之助＝加藤永一編『新版注釈民法(28)』433頁（有斐閣、補訂版、2002））。

第19章　遺　言

19-8	包括遺贈の放棄
あらまし	包括受遺者は、相続人と同じ権利義務を認められているため（民990）、包括受遺者にも、相続を承認するか、放棄するかの選択権が認められる。 包括受遺者は、包括遺贈を放棄するには、自己のために包括遺贈があったことを知った時から3か月以内に、家庭裁判所に申述しなければならない（家事手続別表1⑨、民938・915①）。
提出書類	包括遺贈放棄申述書
添付書類	遺言書の写し 申述者　住民票または戸籍附票 遺言者　戸籍（除籍）謄本（全部事項証明書）、住民票除票または戸籍除附票
管　轄	相続が開始した地を管轄する家庭裁判所（家事手続201①）
申立権者	包括受遺者（民990・938）
解　説	**申述期間** 　包括受贈者は、自分のために包括遺贈があったことを知った時から3か月の熟慮期間以内に、単純承認、限定承認または相続放棄をしなければならない（民990・915①本文）。ただし、この熟慮期間は、利害関係人または検察官が家庭裁判所に請求することにより伸長することができる（民915①ただし書）。 **申述書の記載事項** 　申述書には、①当事者および法定代理人、②包括遺贈を放棄する旨（家事手続201⑤）のほか、③遺言者の氏名および最後の住所、④遺言者との続柄、⑤自己のために包括遺贈があったことを知った年月日を記載しなければならない（家事手続規105①）。 **申述の方式等** 　(1)　申立ての併合 　　申立人が二以上の事項について審判を申し立てる場合、家事審判の手続が同種で、これらの事項が同一の事実上および法律上の原因に基づくときは、一の申立てで行うことができる（家事手続201⑥・49③）。 　(2)　補正命令 　　家事手続法201条5項に規定する申立書の必要的記載事項に不備があるときには、裁判長は、相当の期間を定め、その不備を補正すべきことを命じなければならない（家事手続201⑥・49④）。手数料の納付がな

第19章　遺　言

い場合も同様に、補正命令が出されることになる（家事手続201⑥・49④後段）。

(3) 申立書の却下

申立人が裁判長の補正命令に応じない場合には、申立書は却下される（家事手続201⑥・49⑤）。

(4) 即時抗告

申立書却下の命令に対しては、申立人が即時抗告をすることができる（家事手続201⑥・49⑥）。

(5) 申立ての変更

申立人は、審理が終結するまで、申立ての基礎に変更がない限り、書面により、申立ての趣旨または理由を変更することができる（家事手続201⑥・50①②）。家庭裁判所は、申立ての趣旨または理由の変更が不適法な場合には、その変更を許さない裁判をしなければならず、また、申立ての趣旨または理由の変更により家事審判手続が著しく遅滞することになるときは、その変更を許さない裁判をすることができる（家事手続201⑥・50③④）。

申述受理の審判および効力発生時期

家庭裁判所は、包括遺贈放棄の申述を受理する審判をするときには、その旨を申述書に記載しなければならない。この場合には、その審判は、申述書に記載したときに効力を生じる（家事手続201⑦）。

即時抗告

包括遺贈放棄の申述を却下する審判に対しては、申述人が即時抗告をすることができる（家事手続201⑨三）。

申述受理の証明

申述者は、家庭裁判所の許可を得ないで、裁判所書記官に対し、包括遺贈放棄申述受理証明書の交付請求をすることができる（家事手続47⑥）。申述者以外の利害関係を疎明した第三者は、家庭裁判所の許可を得て、裁判所書記官に対し、包括遺贈放棄申述受理証明書の交付請求をすることができる（家事手続47①）。

第19章　遺　言

19-9	死因贈与執行者の選任
あ ら ま し	贈与者の死亡によって効力を生じる贈与（死因贈与）については、その性質に反しない限り、遺贈に関する規定が準用される（民554）。この死因贈与について、遺言執行者の規定（民1006～1021）が準用されるかについて争いがあるが、実務では、積極的に解されている（昭37・7・3家二119）。そこで、家庭裁判所は、利害関係人の請求によって、遺言執行者を選任することができる（家事手続別表1⑭、民1010）。
提 出 書 類	遺言執行者選任審判申立書
添 付 書 類	死因贈与契約書の写し 申立人　戸籍謄本（全部事項証明書）、利害関係人の場合は、利害関係を証する書面 死因贈与者　戸籍（除籍）謄本（全部事項証明書）、住民票除票または戸籍除附票 受贈者　戸籍謄本（全部事項証明書） 死因贈与執行者候補者　戸籍謄本（全部事項証明書）、住民票または戸籍附票
管　　　轄	相続が開始した地を管轄する家庭裁判所（家事手続209①）
申 立 権 者	受贈者、利害関係人（相続人、相続債権者、受遺者など）（民1010）
解　　　説	**欠格事由** 　　未成年者および破産者は、死因贈与執行者となることができない（民554・1009）。 **意見の聴取** 　　家庭裁判所は、死因贈与執行者の選任の審判をする場合には、死因贈与執行者候補者となるべき者の意見を聴かなければならない（家事手続210②）。 **効力の発生時期** 　　死因贈与執行者選任の審判は、死因贈与執行者に告知されることによって、その効力を生ずる（家事手続74）。 **即時抗告** 　　死因贈与執行者選任の申立てを却下する審判に対しては、利害関係人が即時抗告をすることができる（家事手続214三）。

第19章　遺　言

　　死因贈与執行者の選任の審判に対しては、不服申立てはできない（東京高決昭44・3・14判タ243・316）。
選任審判の既判力
　　選任審判には既判力はなく、別の民事訴訟において死因贈与契約の無効が確定したときは、選任の審判は効力を失う。
死因贈与執行者の権限
　　死因贈与執行者には、遺言執行者の規定が準用される（民554・1006〜1021）。死因贈与執行者は、死因贈与に基づく不動産の所有権移転登記を申請する権限を有する（昭41・6・14民事一発277）。

第20章　遺留分

20-1	遺留分放棄の許可
あらまし	相続の開始前における遺留分の放棄は、家庭裁判所の許可を受けたときに限り、効力を生じる（家事手続別表1⑩、民1043①）。 この放棄は、被相続人に対する単独の意思表示である。
提出書類	遺留分放棄の許可審判申立書
添付書類	申立人　戸籍謄本（全部事項証明書） 被相続人　戸籍謄本（全部事項証明書）
管　　轄	被相続人の住所地を管轄する家庭裁判所（家事手続216①二）
申立権者	遺留分権を有する推定相続人（民1043①）
解　　説	**申立時期** 　　相続が開始される前（民1043①）。 **即時抗告** 　　遺留分の放棄についての許可の申立てを却下する審判に対しては、申立人が即時抗告をすることができる（家事手続216②）。 **遺留分放棄の効果** 　　遺留分放棄の許可の審判があると、申立てを行った推定相続人は、被相続人の相続財産に対する遺留分権を失う（民1043①）。 　　また、共同相続人の1人が遺留分を放棄しても、他の各共同相続人の遺留分に影響を及ぼさない（民1043②）。例えば、相続財産3,000万円、相続人として子が3人いた場合、各子らの遺留分は500万円（3,000万円×1／2÷3名）であるが、子のうち1人が遺留分を放棄したとしても、他の2人の子らの遺留分は500万円のままで、750万円（3,000万円×1／2÷2名）に増えるわけではない。 **memo　相続放棄の効果との違い** 　　相続放棄をした者は、初めから相続人とならなかったものとされる（民939）。したがって、上記の例において、相続人のうち子1人が相続を放棄した場合、相続人は2人ということになるから、相続人である2人の子らの遺留分は、750万円になる（3,000万円×1／2÷2名）。

第20章　遺留分

20-2	鑑定人の選任（遺留分算定）
あらまし	遺留分算定の基礎となる財産の評価について、条件付きの権利または存続期間の不確定な権利は、家庭裁判所が選任した鑑定人の評価に従って、その価格を定める（家事手続別表1⑩、民1029②）。 停止条件付き権利および解除条件付き権利のいずれも鑑定評価の対象となる。
提出書類	鑑定人選任審判申立書
添付書類	**申立人**　戸籍謄本（全部事項証明書） **被相続人**　戸籍（除籍）謄本（全部事項証明書）、住民票除票または戸籍（除）附票
管　轄	相続が開始した地を管轄する家庭裁判所（家事手続216①一）
申立権者	遺留分権利者（民1029②）
解　説	**遺留分算定の基礎となる財産** 　相続開始時に被相続人が有した財産の価額に、相続開始前の1年以内の贈与（民1030前段）の価額を加え、そこから債務全額を控除した残額が、遺留分算定の基礎となる財産である（民1029①）。贈与が相続開始前1年間に行ったものに限って算入されるのは、権利関係安定の要請からである。 　他方、当該贈与が遺留分権利者に損害を与えるであろうことを、贈与者も受贈者も知っていたときは、1年以上前になされた贈与であっても、その価額が遺留分算定の基礎となる財産の価額に算入される（民1030後段）。 **基礎となる財産の評価** 　遺留分算定の基礎となる財産の評価は、額面によってではなく、その物の取引価格に従い客観的になされるべある。 　また、その財産の評価時は、遺留分権が具体的に発生する相続開始時を基準とする（最判昭51・3・18判時811・50）。したがって、相続債権の債務者が無資力の場合、額面額によらず、その債権の客観的な価値に従い評価されることになる。

第21章　戸籍法

21-1　氏の変更許可

あらまし	やむを得ない事由によって氏を変更しようとするときは、戸籍の筆頭に記載した者およびその配偶者は、家庭裁判所の許可を得て、その旨を届け出なければならない（家事手続別表1⑫、戸107①④）。 **memo**　氏は戸籍編製の基礎であり、名とともに人の同一性を表すものであるから、容易に変更されるべきではない。そこで、やむを得ない事由があり、家庭裁判所が許可した場合に限って変更が許される。やむを得ない事由とは、当人にとって社会生活上氏を変更しなければならない真にやむを得ない事情があるとともに、その事情が社会的、客観的に見ても是認されるものであることを要する。 　ただし、婚姻により氏を改めた者が離婚によって復氏した場合、離婚の日から3か月以内に届け出ることによって、家庭裁判所の許可を得ることなく、離婚の際に称していた氏を称することができる（民767②、戸77の2）。また、縁組の日から7年を経過した後に離縁によって縁組前の氏に復した者は、縁組の日から3か月以内に届け出ることによって、家庭裁判所の許可を得ることなく、離縁の際に称していた氏を称することができる（民816②、戸73の2）。
提出書類	氏の変更許可審判申立書
添付書類	申立人　戸籍謄本（全部事項証明書）、氏の変更の理由を証する資料
管　　轄	申立人の住所地を管轄する家庭裁判所（家事手続226一）
申立権者	戸籍の筆頭者およびその配偶者（戸107①）
解　　説	**手続行為能力** 　氏の変更の許可の審判事件においては、申立人は、一般的に手続行為能力の制限を受けていても、自ら有効に手続行為をすることができる（家事手続227・118）。 **陳述の聴取** 　家庭裁判所は、氏の変更についての許可の審判をする場合には、申立人と同一戸籍内にある者（15歳以上の者に限る。）の陳述を聴かなければならない（家事手続229①）。 **即時抗告** 　氏の変更についての許可の審判については、利害関係人（申立人を除く。）が、氏の変更についての許可の申立てを却下する審判については、申立人が、それぞれ即時抗告をすることができる（家事手続231一・二）。

第21章　戸籍法

21-2	**名の変更許可**
あらまし	正当な事由によって名を変更しようとする者は、家庭裁判所の許可を得て、その旨を届け出なければならない（家事手続別表1⑫、戸107の2）。 **memo**　名は氏とともに人の同一性を表すものであるから、容易に変更されるべきではない。そこで、正当な事由があり、家庭裁判所が許可した場合に限って変更が許される。正当な事由とは、変更をしないと、当人の社会生活において著しい支障を来す場合をいい、単に個人の趣味、感情、信仰上の希望だけでは足りないと解されている。
提出書類	名の変更許可審判申立書
添付書類	申立人　戸籍謄本（全部事項証明書）、名の変更の理由を証する資料
管轄	申立人の住所地を管轄する家庭裁判所（家事手続226一）
申立権者	名を変更しようとする者（戸107の2）
解説	**手続行為能力** 　名の変更の許可の審判事件においては、申立人は、一般的に手続行為能力の制限を受けていても、自ら有効に手続行為をすることができる（家事手続227・118）。 **即時抗告** 　名の変更についての許可の申立てを却下する審判については、申立人が即時抗告をすることができる（家事手続231二）。

第21章　戸籍法

21-3	**就籍の許可**
あらまし	本籍を有しない者は、家庭裁判所の許可を得て、許可の日から10日以内に就籍の届出をしなければならない（家事手続別表1㉓、戸110①）。 就籍とは、本来本籍を有すべき者がこれを有しない場合に、本籍を設けることをいい、日本国民であれば、無籍者だけでなく、本籍の有無が明らかでない者についても認められる。
提出書類	就籍許可審判申立書
添付書類	申立人　住民票、日本国民であることを証する資料
管　　轄	就籍しようとする地を管轄する家庭裁判所（家事手続226二）
申立権者	本籍を有しない者（戸110①）
解　　説	**手続行為能力** 　就籍の許可の審判事件においては、申立人は、一般的に手続行為能力の制限を受けていても、自ら有効に手続行為をすることができる（家事手続227・118）。 **即時抗告** 　就籍許可の申立てを却下する審判については、申立人が即時抗告をすることができる（家事手続231三）。

第21章　戸籍法

21-4	**戸籍訂正の許可**
あらまし	戸籍の記載が法律上許されないものであること、またはその記載に錯誤もしくは遺漏があることを発見した場合には、利害関係人は、家庭裁判所の許可を得て、戸籍の訂正を申請することができる（家事手続別表1⑫、戸113）。また、届出によって効力を生ずべき行為について戸籍の訂正をした後に、その行為が無効であることを発見したときは、届出人または届出事件の本人は、家庭裁判所の許可を得て、戸籍の訂正を申請することができる（家事手続別表1⑫、戸114）。
提出書類	戸籍訂正許可審判申立書
添付書類	（訂正すべき戸籍（除籍、改製原戸籍）謄本（全部事項証明書）全て申立人が訂正すべき戸籍に記載されていない場合） 申立人　利害関係を証する資料（戸籍謄本（全部事項証明書）など）
管　轄	訂正戸籍のある地を管轄する家庭裁判所（家事手続226三）
申立権者	訂正戸籍の記載につき身分上または財産上の利害関係を有する者（戸113）、届出人、届出事件の本人（戸114）
解　説	**手続行為能力** 　　戸籍の訂正の許可の審判事件においては、申立人は、一般的に手続行為能力の制限を受けていても、自ら有効に手続行為をすることができる（家事手続227・118）。 **事件係属の通知** 　　家庭裁判所は、戸籍法113条の規定による戸籍の訂正についての許可の申立てが当該戸籍の届出人または届出事件の本人以外の者からされた場合には、申立てが不適法であるときまたは申立てに理由がないことが明らかなときを除き、当該届出人または届出事件の本人に対し、その旨を通知しなければならない。ただし、事件の記録上これらの者の氏名および住所または居所が判明している場合に限る（家事手続228）。 **即時抗告** 　　戸籍の訂正を許可する審判については、利害関係人（申立人を除く。）が、戸籍の訂正についての許可の申立てを却下する審判については、申立人が、それぞれ即時抗告をすることができる（家事手続231五）。

第21章　戸籍法

21-5	市区町村長の処分に対する不服申立て
あ ら ま し	戸籍事件について、市区町村長の処分を不当とする者は、家庭裁判所に不服の申立てをすることができる（家事手続別表1㉕、戸121）。都または政令指定都市の区長の処分も同様である（戸4）。
提 出 書 類	市区町村長の処分に対する不服申立書
添 付 書 類	申立人　戸籍謄本（全部事項証明書）
管　　　轄	市役所（区役所）または町村役場の所在地を管轄する家庭裁判所（家事手続226四）
申 立 権 者	市区町村長の処分によって不利益を受けた者（戸121）
解　　　説	**手続行為能力** 　戸籍事件についての市区町村長の処分に対する不服の審判事件においては、申立人は、一般的に手続行為能力の制限を受けていても、自ら有効に手続行為をすることができる。ただし、当該処分を受けた届出その他の行為を自らすることができる場合に限る（家事手続227・118）。 **意見の聴取** 　家庭裁判所は、戸籍事件についての市区町村長の処分に対する不服の申立てがあった場合には、当該市区町村長の意見を聴かなければならない（家事手続229②）。 **処分命令** 　家庭裁判所は、戸籍事件についての市区町村長の処分に対する不服の申立てを理由があると認めるときは、当該市区町村長に対し、相当の処分を命じなければならない（家事手続230②）。 **審判の告知** 　家庭裁判所は、戸籍事件についての市区町村長の処分に対する不服の申立てを理由があると認めるときは、申立人のほか、当該市区町村長に告知しなければならない（家事手続230①）。 **即時抗告** 　市区町村長に相当の処分を命ずる審判については、当該市区町村長が、戸籍事件についての市区町村長の処分に対する不服の申立てを却下する審判については、申立人が、それぞれ即時抗告をすることができる（家事手続231六・七）。

第22章　性同一性障害者の性別の取扱いの特例に関する法律

22-1	性別の取扱いの変更
あらまし	性同一性障害者とは、生物学的には性別が明らかであるにもかかわらず、心理的にはそれとは別の性別であるとの持続的な確信を持ち、かつ、自己を身体的および社会的に他の性別に適合させようとする意思を有する者であって、そのことについてその診断を的確に行うために必要な知識および経験を有する2人以上の医師の一般に認められている医学的知見に基づき行う診断が一致しているものをいう（性同一性障害2）。 家庭裁判所は、性同一性障害者であって次の各号のいずれにも該当するものについて、その者の請求により、性別の取扱いの変更の審判をすることができる（家事手続別表1 ⑫㊅、性同一性障害3①）。 ①　20歳以上であること ②　現に婚姻をしていないこと ③　現に未成年の子がいないこと ④　生殖腺がないことまたは生殖腺の機能を永続的に欠く状態にあること ⑤　その身体について他の性別に係る身体の性器に係る部分に近似する外観を備えていること 性別の取扱いの変更の審判を受けた者は、民法その他の法令の規定の適用については、法律に別段の定めがある場合を除き、その性別につき他の性別に変わったものとみなされる（性同一性障害4①）。
提出書類	性別の取扱変更審判申立書
添付書類	所定事項の記載のある2人以上の医師の診断書 申立人　出生時から現在までの全ての戸籍（除籍、改製原戸籍）謄本（全部事項証明書）
管　轄	申立人の住所地を管轄する家庭裁判所（家事手続232）
申立権者	性同一性障害者（性同一性障害3①）
解　説	**手続行為能力** 　　性別の取扱いの変更の審判事件においては、申立人は、一般的に手続行為能力の制限を受けていても、自ら有効に手続行為をすることができる（家事手続232②・118）。 **即時抗告** 　　性別の取扱いの変更の申立てを却下する審判に対しては、申立人が即時抗告をすることができる（家事手続232③）。

第22章　性同一性障害者の性別の取扱いの特例に関する法律

戸籍の記載の嘱託
　性別の取扱いの変更の審判が効力を生じた場合、裁判所書記官は、遅滞なく、戸籍事務を管掌する者に対し、戸籍の記載を嘱託しなければならない（家事手続116一、家事手続規76①六）。

第23章　厚生年金保険法

23-1	年金分割の按分割合
あらまし	離婚時年金分割制度とは、離婚時に、婚姻期間中の厚生年金および共済年金を分割する制度であり、当事者の合意または裁判による分割を行う「合意分割」と、離婚当事者が第2号被保険者の被扶養配偶者（第3号被保険者）であった期間（特定期間）がある場合に、合意がなくとも、被扶養保険者は、厚生労働大臣に対して請求することにより、他方配偶者の特定期間の保険料納付記録について、2分の1を被扶養配偶者に分割することができる「3号分割」の2種類がある。 合意分割において、当事者間で按分割合についての合意が調わない場合または協議をすることができないときは、当事者の一方の申立てにより、家庭裁判所が、当該対象期間における保険料納付に対する当事者の寄与の程度その他一切の事情を考慮して、按分割合を定める（家事手続別表2⑮、厚年78の2②等）。 年金分割の請求は、原則として、離婚をした日の翌日から起算して2年以内に厚生労働大臣に対して行わなければならない（厚年78の2①ただし書等）。これは別表第二に掲げる事項であるため、家事審判の申立てがなされても、裁判所は、当事者の意見を聴いて、いつでも、職権で、事件を家事調停に付することができる（家事手続274①）。そのため、実務では、家事調停の申立てがなされることが通常である。また、調停が不成立で終了した場合には、家事調停の申立ての時に、家事審判の申立てがあったものとみなされ（家事手続272④）、それ以後は、家事審判の手続が進められる。
提出書類	請求すべき按分割合の処分の調停（審判）申立書
添付書類	申立人　戸籍謄本（全部事項証明書） 年金分割のための情報通知書 ①　厚生年金保険法78条の2第2項の規定による審判　厚生年金保険法78条の4第1項の情報の内容が記載された文書であって、厚生年金保険法78条の4第1項の規定により提供されたもの（家事手続規120一） ②　国家公務員共済組合法93条の5第2項の規定による審判　国家公務員共済組合法93条の7第1項の情報の内容が記載された文書であって、国家公務員共済組合法93条の7第1項の規定により提供されたもの（家事手続規120二） ③　地方公務員等共済組合法105条2項の規定による審判　地方公務員等共済組合法107条1項の情報の内容が記載された文書であって、地方公務員等共済組合法107条1項の規定により提供されたもの（家事手続規120三） ④　私立学校教職員共済法25条において準用する国家公務員共済組合法

第23章　厚生年金保険法

	93条の5第2項の規定による審判　国家公務員共済組合法93条の7第1項の情報の内容が記載された文書であって、国家公務員共済組合法93条の7第1項の規定により提供されたもの（家事手続規120四）
管　　轄	（調停の場合） 　相手方の住所地を管轄する家庭裁判所または当事者が合意で定める家庭裁判所（家事手続245①） （審判の場合） 　申立人または相手方の住所地を管轄する家庭裁判所（家事手続233①）
申立権者	夫、妻
解　　説	陳述の聴取 　請求すべき按分割合に関する処分の審判事件は、家事調停をすることができる事項についての家事審判であるので、その手続の特則である規定（家事手続66～72）が適用される。 　したがって、家庭裁判所は、申立てが不適法であるときまたは申立てに理由がないことが明らかなときを除き、当事者の陳述を聴かなければならない（家事手続68①）。 　ただし、当事者からの審問の申出について定める家事事件手続法68条2項の規定は適用されない（家事手続233③）。これは、請求すべき按分割合に関する処分の審判事件の審理は、対象期間、標準報酬総額、按分割合の範囲、これらの算定の基礎となる期間等に関する客観的な資料に基づいてされるものであり、当事者の陳述の内容によって左右される要素が多くないことから、当事者からの陳述の聴取の方法として、審問の機会を保障することまでは必要がないと考えられたためである。 即時抗告 　請求すべき按分割合に関する処分の審判およびその申立てを却下する審判に対しては、申立人および相手方が即時抗告をすることができる（家事手続233②）。

第24章　児童福祉法

24-1	**都道府県の措置についての承認**
あらまし	保護者が、その児童を虐待し、著しくその監護を怠り、その他保護者に監護させることが著しく当該児童の福祉を害する場合において、施設入所等の措置（児福27①三）を採ることが児童の親権を行う者または未成年後見人の意に反するときは、都道府県は、次の措置を採ることができる（家事手続別表1⑫、児福28①）。 ① 保護者が親権を行う者または未成年後見人であるときは、家庭裁判所の承認を得て、施設入所等の措置（児福27①三）を採ること（児福28①一）。 ② 保護者が親権を行う者または未成年後見人でないときは、その児童を親権を行う者または未成年後見人に引き渡すこと。ただし、その児童を親権を行う者または未成年後見人に引き渡すことが児童の福祉のため不適当であると認めるときは、家庭裁判所の承認を得て、施設入所等の措置（児福27①三）を採ること（児福28①二）。
提出書類	児童の施設入所等措置承認審判申立書
添付書類	児童・保護者・親権者・未成年後見人　戸籍謄本（全部事項証明書）
管　轄	児童の住所地を管轄する家庭裁判所（家事手続234）
申立権者	都道府県（児福28①）、児童相談所長（児福32①）
解　説	**手続行為能力** 　都道府県の措置についての承認の審判事件においては、児童を現に監護する者、児童に対し親権を行う者、児童の未成年後見人および児童は、一般的に手続行為能力の制限を受けていても、自ら有効に手続行為をすることができる（家事手続235・118）。 **陳述の聴取** 　家庭裁判所は、都道府県の措置についての承認の申立てについて審判をする場合には、申立てが不適法であるときまたは申立てに理由がないことが明らかなときを除き、児童を現に監護する者、児童に対し親権を行う者、児童の未成年後見人および児童（15歳以上の者に限る。）の陳述を聴かなければならない（家事手続236①）。 **意見の聴取** 　家庭裁判所は、都道府県の措置についての承認の申立てについて審判をする場合において、申立人に対し、児童を現に監護する者、児童に対し親権を行う者、児童の未成年後見人の陳述に関する意見を求めることができる（家事手続236②）。

第24章　児童福祉法

審判の告知

　都道府県の措置についての承認の審判は、当事者および利害関係参加人ならびにこれらの者以外の審判を受ける者のほか、児童を現に監護する者、児童に対し親権を行う者、児童の未成年後見人に告知しなければならない（家事手続237）。

即時抗告

　都道府県の措置についての承認の審判に対しては、児童を現に監護する者、児童に対し親権を行う者、児童の未成年後見人が、都道府県の措置についての承認の申立てを却下する審判に対しては、申立人が、それぞれ即時抗告をすることができる（家事手続238一・二）。

都道府県の措置についての承認の審判事件を本案とする保全処分

　家庭裁判所（本案の家事審判事件が高等裁判所に係属する場合には、その高等裁判所）は、児童福祉法33条2項の規定による一時保護が加えられている児童について都道府県の措置についての承認の申立てがあり、かつ、児童虐待の防止等に関する法律12条1項の規定により当該児童の保護者について児童虐待の防止等に関する法律12条1項各号に掲げる行為の全部が制限されている場合において、当該児童の保護のため必要があるときは、当該申立てをした者の申立てにより、承認の申立てについての審判が効力を生ずるまでの間、当該保護者に対し、当該児童の住所もしくは居所、就学する学校その他の場所において当該児童の身辺につきまとい、または当該児童の住所もしくは居所、就学する学校その他その通常所在する場所（通学路その他の当該児童が日常生活または社会生活を営むために通常移動する経路を含む。）の付近をはいかいしてはならないことを命ずることができる（家事手続239）。

第24章　児童福祉法

24-2	都道府県の措置の期間の更新についての承認
あらまし	保護者が、その児童を虐待し、著しくその監護を怠り、その他保護者に監護させることが著しく当該児童の福祉を害する場合において、施設入所等の措置（児福27①三）を採ることが児童の親権を行う者または未成年後見人の意に反するときは、都道府県は、次の措置を採ることができる（家事手続別表1⑫、児福28①）。 ① 保護者が親権を行う者または未成年後見人であるときは、家庭裁判所の承認を得て、施設入所等の措置（児福27①三）を採ること（児福28①一）。 ② 保護者が親権を行う者または未成年後見人でないときは、その児童を親権を行う者または未成年後見人に引き渡すこと。保護者が親権を行う者または未成年後見人でないときに、児童を親権を行う者または未成年後見人に引き渡すことが児童の福祉のため不適当であると認めるときは、家庭裁判所の承認を得て、施設入所等の措置（児福27①三）を採ること（児福28①二）。 これらの措置の期間は、当該措置を開始した日から2年を超えてはならない。ただし、当該措置に係る保護者に対する指導措置（児福27①二）の効果等に照らし、当該措置を継続しなければ保護者がその児童を虐待し、著しくその監護を怠り、その他著しく当該児童の福祉を害するおそれがあると認めるときは、都道府県は、家庭裁判所の承認を得て、当該期間を更新することができる（家事手続別表1⑱、児福28②）。
提出書類	児童の施設入所等措置期間更新承認審判申立書
添付書類	児童・保護者・親権者・未成年後見人　戸籍謄本（全部事項証明書）
管　　轄	児童の住所地を管轄する家庭裁判所（家事手続234）
申立権者	都道府県（児福28①）、児童相談所長（児福32①）
解　　説	**手続行為能力** 　都道府県の措置の期間の更新についての承認の審判事件においては、児童を現に監護する者、児童に対し親権を行う者、児童の未成年後見人および児童は、一般的に手続行為能力の制限を受けていても、自ら有効に手続行為をすることができる（家事手続235・118）。 **陳述の聴取** 　家庭裁判所は、都道府県の措置の期間の更新についての承認の申立てについて審判をする場合には、申立てが不適法であるときまたは申立てに理由がないことが明らかなときを除き、児童を現に監護する者、児童

第24章　児童福祉法

に対し親権を行う者、児童の未成年後見人および児童（15歳以上の者に限る。）の陳述を聴かなければならない（家事手続236①）。

意見の聴取
　家庭裁判所は、都道府県の措置の期間の更新についての承認の申立てについて審判をする場合において、申立人に対し、児童を現に監護する者、児童に対し親権を行う者、児童の未成年後見人の陳述に関する意見を求めることができる（家事手続236②）。

審判の告知
　都道府県の措置の期間の更新についての承認の審判は、当事者および利害関係参加人ならびにこれらの者以外の審判を受ける者のほか、児童を現に監護する者、児童に対し親権を行う者、児童の未成年後見人に告知しなければならない（家事手続237）。

即時抗告
　都道府県の措置の期間の更新についての承認の審判に対しては、児童を現に監護する者、児童に対し親権を行う者、児童の未成年後見人が、都道府県の措置の期間の更新についての承認の申立てを却下する審判に対しては、申立人が、それぞれ即時抗告をすることができる（家事手続238③④）。

第25章　生活保護法

25-1　被保護者の施設への入所等についての許可

あらまし

生活保護のうち生活扶助は、被保護者の居宅において行うものとされている（居宅保護の原則）（生活保護30①本文）。ただ、居宅保護ができないとき、居宅保護によっては保護の目的を達しがたいとき、または被保護者が希望したときは、被保護者を救護施設、更生施設もしくはその他の適当な施設に入所させ、もしくはこれらの施設に入所を委託し、または私人の家庭に養護を委託して行うことができる（生活保護30①ただし書）。

これらの入所等の措置は、被保護者の意思に反して行うことができないが（生活保護30②）、保護の実施機関は、被保護者の親権者または後見人がその権利を適切に行わない場合においては、その異議があっても、家庭裁判所の許可を得て、被保護者に対する入所等の措置を採ることができる（家事手続別表1㉙、生活保護30③）。

> **memo**　制度趣旨
>
> 　生活扶助とは、住宅に関する費用を除く、被保護者の日常生活に必要な費用を給付するものである。この生活扶助に居宅保護の原則が適用されるのは、被保護者をその居宅において保護することが最も適した方法であると考えられ、また、施設等へ入所するには経費がかかるからである。
>
> 　しかし、居宅を有しない被保護者を保護する場合など、被保護者を居宅において保護できないとき、または被保護者の居宅はあるが、そこで被保護者が1人で生活することを行うことができず、かつ世話をしてくれる人もいない場合など、居宅保護では保護の目的を達しがたいとき、施設において保護を行うことができるとされている（施設保護）（生活保護30①）。
>
> 　施設保護は、被保護者の意思に反して行うことができないが（生活保護30②）、被保護者が、未成年者または成年被後見人で、親権者または後見人に不行跡が認められるときなどでは、その親権者または後見人の意思に反しても、被保護者を施設において保護することができるものとされている（生活保護30③）。このような場合には、被保護者を親権者または後見人から切り離して保護することが、被保護者にとって適切と判断されるからである。

提出書類　被保護者の施設入所等許可審判申立書

添付書類　**事件本人（被保護者）**　戸籍謄本（全部事項証明書）、住民票または戸籍附票
　　　　　　親権者または**後見人**　戸籍謄本（全部事項証明書）

管　　轄　被保護者の住所地を管轄する家庭裁判所（家事手続240①）

第25章　生活保護法

申立権者	保護の実施機関（生活保護30③） **memo**　保護の実施機関 　　保護の実施機関とは、都道府県知事、市長および福祉事務所を管理する町村長をいう（生活保護19①）。
解　説	**手続行為能力** 　施設への入所等についての許可の審判事件においては、被保護者、被保護者に対し親権を行う者および被保護者の後見人は、一般的に手続行為能力の制限を受けていても、自ら有効に手続行為を行うことができる（家事手続240③・118）。 **陳述の聴取** 　家庭裁判所は、施設への入所等についての許可の申立てについての審判をする場合には、申立てが不適法であるときまたは申立てに理由がないことが明らかなときを除き、被保護者（15歳以上の者に限る。）、被保護者に対し親権を行う者および被保護者の後見人の陳述を聴かなければならない（家事手続240④）。 **審判の告知** 　施設への入所等についての許可の審判は、家事事件手続法74条1項に規定する当事者および利害関係参加人ならびにこれらの者以外の審判を受ける者のほか、被保護者に対し親権を行う者および被保護者の後見人に告知しなければならない（家事手続240⑤）。 **即時抗告** 　施設への入所等についての許可の審判に対しては、被保護者に対し親権を行う者および被保護者の後見人が即時抗告をすることができる（家事手続240⑥一）。 　施設への入所等についての許可の申立てを却下する審判に対しては、申立人が即時抗告することができる（家事手続240⑥二）。

第25章　生活保護法

25-2	**扶養義務者の負担すべき費用額の確定**
あらまし	被保護者に扶養義務者がいるとき、保護費を支弁した都道府県または市町村の長は、保護費の全部または一部を扶養義務者から徴収することができる（生活保護77①）。扶養義務者の負担すべき額について、保護の実施機関と扶養義務者の間に協議が調わないとき、または協議をすることができないときは、保護の実施機関の申立てにより、家庭裁判所がその額を定める（家事手続別表2⑯、生活保護77②）。 これは、家事事件手続法別表第二に掲げる事項であるため、家事審判の申立てがなされても、裁判所は、当事者の意見を聴いて、いつでも、職権で、事件を家事調停に付することができる（家事手続274①）。そのため、実務では、家事調停の申立てがなされることが通常である。また、調停が不成立で終了した場合には、家事調停の申立ての時に、家事審判の申立てがあったものとみなされ（家事手続272④）、それ以後は、家事審判の手続が進められる。
提出書類	扶養義務者の負担すべき費用額の確定の調停（審判）申立書
添付書類	生活保護決定書謄本、保護費計算書等の関係書類 **被保護者**　戸籍謄本（全部事項証明書） **相手方**　戸籍謄本（全部事項証明書）
管　　轄	（調停の場合） 　　相手方の住所地を管轄する家庭裁判所または当事者が合意で定める家庭裁判所（家事手続245） （審判の場合） 　　扶養義務者（数人に対する申立てに係るものにあっては、そのうちの1人）の住所地を管轄する家庭裁判所（家事手続240②）
申立権者	保護の実施機関（都道府県知事、市長または福祉事務所を管理する町村長） （生活保護19①・77②）
解　　説	**扶養義務者が複数いる場合** 　　扶養義務者が複数いる場合には、各人の負担能力に応じて、負担額を定めることになる。 **負担額の徴収** 　　費用額確定の審判書または調停調書は、債務名義になり、執行文の付与を得て強制執行することができる（平4・7・27家―230）。

第25章　生活保護法

家事事件手続法別表第二に掲げる事項についての家事審判手続の特則
　家事事件手続法別表第二に掲げる事項の審判事件については、家事事件手続法66条から72条までの特則（合意管轄、申立書の写しの送付、必要的陳述聴取、審問期日への立会い、事実の調査の通知、審理の終結、審判日）が準用される。

即時抗告
　扶養義務者の負担すべき費用額の確定の審判およびその申立てを却下する審判に対しては、申立人および相手方が即時抗告をすることができる（家事手続240⑥三）。

第26章　精神保健及び精神障害者福祉に関する法律

26-1　保護者の順位の変更および保護者の選任

あらまし

精神障害者については、その後見人または保佐人、配偶者、親権者および扶養義務者が保護者となる（精神20①）。

保護者が数人ある場合において、その義務を行うべき順位は、次のとおりである（精神20②）。

① 後見人または保佐人
② 配偶者
③ 親権者
④ 配偶者および親権者以外の扶養義務者のうちから家庭裁判所が選任した者（家事手続別表1⑬）

ただし、本人の保護のため特に必要があると認める場合には、家庭裁判所は、利害関係人の申立てにより、後見人または保佐人以外の者についてその順位を変更することができる（家事手続別表1⑭、精神20②ただし書）。

> **memo 1**　扶養義務者
> 　　直系血族および兄弟姉妹は、互いに扶養すべき義務を負う（民877①）。しかし、特別の事情があるときは、家庭裁判所は、3親等内の親族間においても扶養義務を負わせることができる（家事手続別表1⑭、民877②）。直系血族、兄弟姉妹以外の3親等内の親族を精神障害者の保護者に選任するためには、まず、その親族に関して、扶養義務の設定の審判を申し立てる必要がある。

> **memo 2**　保護者の順位変更の審判と保護者の選任審判
> 　　保護者の順位の変更の審判の申立ては、保護者の選任の審判の申立てと同時になされることが多い。

提出書類

保護者順位変更等審判申立書

添付書類

申立人　利害関係を証する資料
事件本人（精神障害者）　戸籍謄本（全部事項証明書）、住民票または戸籍附票、診断書
保護者候補者　戸籍謄本（全部事項証明書）

管轄

精神障害者の住所地を管轄する家庭裁判所（家事手続241①）

申立権者

利害関係人（精神20②ただし書）

> **memo**　利害関係人
> 　　精神障害者の親族、精神科病院長、市区町村長、都道府県知事などをいう（昭38・10・2家二113）。

第26章　精神保健及び精神障害者福祉に関する法律

解説

保護者の義務等

保護者は、精神障害者に治療を受けさせ、およびその財産上の利益を保護しなければならない（精神22①）。

> **memo　保護者の財産管理**
> 保護者は、本人の財産上の利益を保護する義務があるが（精神22①）、この義務は、本人の身の回りの物がなくならないように注意するとか、本人の入院時に、その荷物をまとめて保管するなどの事実上の財産管理に限定される。本人に代わって、法的に財産管理を行い、契約の締結などの行為を行うには、成年後見制度等を利用する必要がある。

保護者は、精神障害者の診断が正しく行われるよう医師に協力する義務があり（精神22②）、精神障害者に医療を受けさせるに当たっては、医師の指示に従わなければならない（精神22③）。

また、保護者は、精神障害者の医療保護入院につき同意をすることができる（精神33①）。

精神障害者が退院または仮退院する場合においてが、保護者は、精神障害者を引き取る義務がある（精神41）。

保護者の欠格事由

①行方の知れない者、②当該精神障害者に対して訴訟をしている者、またはした者ならびにその配偶者および直系血族、③家庭裁判所で免ぜられた法定代理人、保佐人または補助人、④破産者、⑤成年被後見人または被保佐人、⑥未成年者は、保護者となることができない（精神20①ただし書）。

保護者の不存在

保護者がないときまたは保護者がその義務を行うことができないときは、その精神障害者の居住地を管轄する市区町村長、居住地がないかまたは明らかでないときは、その精神障害者の現在地を管轄する市区町村長が保護者となる（精神21）。

意見の聴取

保護者の順位の変更の審判をする場合には、先順位に変更される者、保護者の選任の審判をする場合には、保護者となるべき者の意見を、それぞれ聴かなければならない（申立人を除く。）（家事手続241②）。

即時抗告

保護者の順位の変更の審判に対しては、先順位に変更される者（申立人を除く。）が即時抗告をすることができる（家事手続241③一）。

保護者の選任の審判に対しては、保護者となるべき者（申立人を除く。）が即時抗告をすることができる（家事手続241③二）。

第26章　精神保健及び精神障害者福祉に関する法律

　　保護者の順位の変更または保護者の選任の申立てを却下する審判に対しては、申立人が即時抗告をすることができる（家事手続241③三）。
保護者の改任
　　家庭裁判所は、いつでも、保護者の順位の変更および保護者の選任の審判事件において選任した保護者を改任することができる（家事手続241④）。
保護者の職務の終期
　　保護者は、本人に精神障害の症状がなくなり、本人に医療や保護を受けさせる必要がなくなるまで、その職務を継続しなければならない。

第27章　破産法

27-1	夫婦財産契約による管理者の変更・共有財産の分割
あらまし	夫婦の一方が、他の一方の財産を管理する場合において、破産手続が開始されたときは、他の一方は、自らその管理をすることを家庭裁判所に請求することができる（家事手続別表1 ⑬、破61、民758②）。また、共有財産については、その請求とともに、その分割を請求することができる（家事手続別表1 ⑬、破61、民758③）。 **memo** 制度趣旨 　　他人の財産を管理する者に対し破産手続が開始された場合、その管理者の財産管理能力に疑念が生じる。そこで、夫婦財産契約により、財産を管理している一方の配偶者に破産手続が開始されたとき、夫婦財産契約不変更の原則の例外として、他方の配偶者が、家庭裁判所に対し、財産の管理者の変更を請求できるとしたものである（破61、民758②）。 　　さらに、他方の配偶者が共有財産の管理を回復したとしても、以後、共有財産を共同管理することになるので、それでは、管理権を回復した他方配偶者の利益を確保するには十分でない。そこで、他方配偶者が共有財産の管理権を回復できるとともに、共有財産の分割を請求できるとした（破61、民758③）。
提出書類	夫婦財産契約による管理者の変更・共有財産の分割審判申立書
添付書類	夫婦財産契約の登記事項証明書、共有財産に関する資料（例：不動産登記事項証明書、評価証明書）、破産手続開始決定謄本 夫婦　戸籍謄本（全部事項証明書）、住民票または戸籍附票
管　轄	夫または妻の住所地を管轄する家庭裁判所（家事手続242①一）
申立権者	夫、妻（破61、民758②）
解　説	**第三者に対する対抗要件** 　　夫婦財産契約は、婚姻の届出までに登記しなければ、第三者に対抗することができない（民756）。財産の管理者を変更し、または共有財産を分割したときも、その登記をしなければ第三者に対抗することができない（民759）。第三者の取引の安全を保護する趣旨である。 **申立書の記載事項** 　　破産手続が開始された場合における夫婦財産契約による財産の管理者の変更等の審判の申立書には、所有者（共有者）を記載し、かつ、財産の目録を添付しなければならない（家事手続規122・91）。

第27章　破産法

意見の聴取
家庭裁判所は、破産手続が開始された場合における夫婦財産契約による財産の管理者の変更等の審判をする場合には、夫および妻（申立人を除く。）の意見を聴かなければならない（家事手続242③・152①）。

給付命令
家庭裁判所は、破産手続が開始された場合における夫婦財産契約による財産の管理者の変更等の審判において、当事者に対し、金銭の支払、物の引渡し、登記義務の履行その他の給付を命ずることができる（家事手続242③・154②二）。

共有財産の分割方法
家庭裁判所は、破産手続が開始された場合における夫婦財産契約による財産の管理者の変更の審判とともに共有財産の分割に関する処分の審判を行う場合、特別の事情があると認めるときは、共有財産の分割の方法として、一方の婚姻の当事者に他方の婚姻の当事者に対する債務を負担させて、現物の分割に代えることができる（家事手続242③・155）。

即時抗告
破産手続が開始された場合における夫婦財産契約による財産の管理者の変更等の審判およびその申立てを却下する審判に対しては、夫および妻が即時抗告をすることができる（家事手続242③・156二）。

保全処分
家庭裁判所は、夫婦の一方から破産手続が開始された場合における夫婦財産契約による財産の管理者の変更等の審判の申立てがあった場合において、他の一方の管理する申立人所有の財産または共有財産の管理のため必要があるときは、申立てによりまたは職権で、担保を立てさせないで、当該財産の管理者の変更の申立てについての審判（共有財産の分割に関する処分の申立てがあった場合にあっては、その申立てについての審判）が効力を生ずるまでの間、財産の管理者を選任し、または事件の関係人に対し、他の一方の管理する申立人所有の財産もしくは共有財産の管理に関する事項を指示することができる（家事手続242③・158①）。

また、家庭裁判所は、破産手続が開始された場合における夫婦財産契約による財産の管理者の変更等の審判の申立てがあった場合において、強制執行を保全し、または事件の関係人の急迫の危険を防止するため必要があるときは、夫または妻の一方の申立てにより、仮処分その他の必要な保全処分を命ずることができる（家事手続242③・158②）。

第27章　破産法

27-2	**親権者の管理権の喪失**
あらまし	親権を行う者につき破産手続が開始された場合、家庭裁判所は、子、その親族らの請求により、その者について管理権喪失の審判をすることができる（家事手続別表1⑬、破61、民835）。
提出書類	管理権喪失審判申立書
添付書類	申立人　戸籍謄本（全部事項証明書） 事件本人　戸籍謄本（全部事項証明書）、破産手続開始決定謄本 子　戸籍謄本（全部事項証明書）
管轄	子の住所地を管轄する家庭裁判所（家事手続242①二）
申立権者	子の親族、検察官（破61、民835）
解説	**破産法61条の趣旨** 　子の財産を管理する親権者に対し破産手続が開始された場合、その財産管理能力に疑念が生じる。そこで、親権者に対し破産手続が開始された場合に、親権者の子に対する財産管理権の剥奪を認めたものである（破61、民835）。 　家庭裁判所は、破産手続の開始を理由とする親権者の管理権の喪失が請求されれば、当然、管理権喪失の審判を行うべきであるとされている（東京高決平2・9・17判時1366・51）。 **手続行為能力** 　親権を行う者につき破産手続が開始された場合における管理権喪失の審判においては、子およびその父母は、一般的に手続行為能力の制限を受けていても自ら有効に手続行為をすることができる（家事手続242③・168三・118）。 **陳述の聴取** 　親権を行う者につき破産手続が開始された場合における管理権喪失の審判をするには、家庭裁判所は、子（15歳以上の者に限る。）および子の親権者の陳述を聴かなければならない。子の親権者の陳述の聴取は、審問期日においてしなければならない（家事手続242③・169①一）。 **審判の告知** 　親権を行う者につき破産手続が開始された場合における管理権喪失の審判は、当事者等のほか、子に告知しなければならない。ただし、子の年齢および発達の程度その他一切の事情を考慮して子の利益を害すると認める場合は、この限りでない（家事手続242③・170一）。

第27章　破産法

即時抗告
　親権を行う者につき破産手続が開始された場合における管理権喪失の審判に対しては、管理権を喪失する者およびその親族が即時抗告をすることができる（家事手続242③・172①三）。また、親権を行う者につき破産手続が開始された場合における管理権喪失の審判の申立てを却下する審判に対しては、申立人、子およびその親族、未成年後見人ならびに未成年後見監督人が即時抗告をすることができる（家事手続242③、172①四）。
　審判の告知を受ける者でない者および子による管理権喪失の審判に対する即時抗告は、管理権を喪失する者が審判の告知を受けた日から、即時抗告の期間が進行する（家事手続242③・172②一）。

管理権喪失の審判事件を本案とする保全処分
　家庭裁判所（本案の家事審判事件が高等裁判所に係属する場合には、その高等裁判所）は、親権を行う者につき破産手続が開始された場合における管理権喪失の申立てがあった場合において、子の利益のため必要があると認めるときは、当該申立てをした者の申立てにより、管理喪失の申立てについての審判が効力を生ずるまでの間、親権者の職務の執行を停止し、またはその職務代行者を選任することができる（家事手続242③・174①）。
　親権者の職務の執行を停止する審判は、職務の執行を停止される親権者、子に対し親権を行う者または職務代行者に告知することによって、その効力を生ずる（家事手続242③・174②）。
　家庭裁判所は、いつでも職務代行者を改任することができる（家事手続174③）。
　家庭裁判所は、職務代行者に対し、子の財産の中から、相当な報酬を与えることができる（家事手続242③・174④）。

第27章　破産法

27-3　相続放棄の承認についての申述受理の審判

あらまし	破産手続開始の決定前に、破産者のために相続の開始があった場合において、破産者が破産開始の決定後にした相続の放棄は、破産財団に対しては、限定承認の効力を有する（破238①後段）。 しかし、破産管財人は、同条項の規定にかかわらず、相続の放棄の効力を認めることができる。この場合においては、相続の放棄があったことを知った時から3か月以内に、その旨を家庭裁判所に申述しなければならない（家事手続別表1㉝、破238②）。 **memo 制度趣旨** 　相続人が単純承認をするか、相続放棄をするかについては、その者の自由意思に委ねられている。しかし、相続人に破産開始決定があった場合に、相続財産の内容いかんによって、破産財団は大きな影響を受けることになる。そこで、相続人（＝破産者）の単純承認または相続放棄の選択権は、破産手続との関係で制約を受け、相続人（＝破産者）がいずれの選択をしたとしても、限定承認の効力を有するものとして、破産債権者の保護を図ったものである（破238①）。 　もっとも、相続財産が債務超過にあることが明らかな場合には、相続人（＝破産者）が選択した相続放棄を、限定承認の効力に留めておく必要はないため、破産管財人に相続放棄の承認の申述を認めた（破238②）。
提出書類	相続放棄承認申述書
添付書類	申述人（破産管財人）　資格証明書
管　　轄	相続が開始した地を管轄する家庭裁判所（家事手続242①三） **memo 相続開始地** 　相続は被相続人の住所において開始するとされていることから（民883）、相続が開始した地とは、被相続人の死亡時における住所を指す。
申立権者	破産管財人（破238②）
解　　説	**裁判所の許可** 　破産管財人による相続放棄の承認は、破産財団に重大な影響を与えるため、破産裁判所の許可を得なければならない（破78②六）。破産裁判所の許可を得ないでした相続放棄の承認は無効となる（破78⑤）。 **申述書の記載事項** 　破産手続における相続の放棄の承認についての申述書には、①破産管

第27章　破産法

財人、②相続の放棄の承認をする旨（家事手続242③・201⑤）のほか、③被相続人の氏名および最後の住所、④相続の放棄をした者の氏名および住所、⑤被相続人と相続の放棄をした者との続柄、⑥相続の放棄の申述を受理した裁判所および受理の年月日、⑦申述者が相続の放棄があったことを知った年月日を記載しなければならない（家事手続規121①）。

申述の期間

　　破産管財人が相続放棄を承認するには、相続放棄があったことを知った時から3か月以内に、家庭裁判所に申述しなければならない（破238②後段）。

申述の方式等

　　相続放棄の承認についての申述には、申立ての併合（家事手続49③）、必要的記載事項がない場合の申立書の却下（家事手続49④〜⑥）、申立ての変更（家事手続50）の各規定が準用される（家事手続242③・201⑥）。

申述受理の審判

　　家庭裁判所は、相続放棄を承認する申述を受理する審判をするときは、改めて審判書は作成する必要はなく、申述書に申述を受理する審判をした旨を記載する（家事手続242③・201⑦⑧）。

即時抗告

　　破産手続における相続の放棄の承認についての申述を却下する審判に対しては、破産管財人が即時抗告をすることができる（家事手続242②）。

第28章　中小企業における経営の承継の円滑化に関する法律

28-1　遺留分の算定に係る合意についての許可

あらまし

旧代表者の推定相続人は、そのうちの1人が後継者である場合には、その全員の合意をもって、書面により、以下に掲げる内容の定めをすることができる（中小承継4①）。

① 当該後継者が当該旧代表者からの贈与または当該贈与を受けた旧代表者の推定相続人からの相続、遺贈もしくは贈与により取得した当該特例中小企業者の株式等の全部または一部について、その価額を遺留分を算定するための財産の価額に算入しないこと
② ①の株式等の全部または一部について、遺留分を算定するための財産の価額に算入すべき価額を当該合意の時における価額（弁護士、弁護士法人、公認会計士、監査法人、税理士または税理士法人がその時における相当な価額として証明をしたものに限る。）とすること

この合意をした後継者は、次のいずれにも該当することについて、経済産業大臣の確認を受けることができる（中小承継7①）。

① 当該合意が当該特例中小企業者の経営の承継の円滑化を図るためにされたものであること
② 申請をした者が当該合意をした日において後継者であったこと
③ 当該合意をした日において、当該後継者が所有する当該特例中小企業者の株式等のうち当該合意の対象とした株式等を除いたものに係る議決権の数が総株主または総社員の議決権の100分の50以下の数であったこと
④ 中小企業における経営の承継の円滑化に関する法律4条3項の規定による合意をしていること

中小企業における経営の承継の円滑化に関する法律4条1項の合意は、経済産業大臣の確認（中小承継7①）を受けた者が当該確認を受けた日から1か月以内にした申立てにより、家庭裁判所の許可を受けたときに限り、その効力を生ずる（家事手続別表1⑭、中小承継8①）。

> **memo1**　制度趣旨
>
> 中小企業においては、経営者が株式または持分の全部またはその大部分を有していることが多い。しかし、その経営者が死亡した場合、その保有株式等が相続人間で分散保有され、後継者が安定的な経営を行うことができなくなることがある。特に、民法では遺留分の規定があるため、経営者が、特定の親族後継者に対し株式等を贈与したとしても、他の相続人が遺留分の減殺請求をした場合には、株式等が散逸してしまうことになる。ただでさえ、中小企業においては後継者に事業を継がせることは困難であるにもかかわらず、相続トラブルが発生してしまうと、最悪の場合、その企業は廃業せざるを得なくなる事態も考えられる。

第28章 中小企業における経営の承継の円滑化に関する法律

	そのため、中小企業における経営の承継の円滑化に関する法律は、親族後継者が安定的に会社経営を行うことができるよう、贈与された株式等に関し、民法の遺留分の規定の適用の特則を定めた。 **memo 2** 旧代表者 　中小企業における経営の承継の円滑化に関する法律にいう「旧代表者」とは、特例中小企業の代表者であった者（代表者である者を含む。）であって、その推定相続人（相続が開始した場合に相続人となるべき者のうち被相続人の兄弟姉妹およびこれらの者の子以外のものに限る。）のうち少なくとも1人に対して当該特例中小企業の株式等（株式（株主総会において決議をすることができる事項の全部につき議決権を行使することができない株式を除く。）または持分をいう。）の贈与したものをいう（中小承継3②）。 **memo 3** 特例中小企業者 　中小企業における経営の承継の円滑化に関する法律にいう「特例中小企業者」とは、中小企業者のうち、一定期間以上継続して事業を行っているものとして経済産業省令で定める要件に該当する会社（金融商品取引法2条16項に規定する金融商品取引所に上場されている株式または金融商品取引法67条の11第1項の店頭売買有価証券登録原簿に登録されている株式を発行している株式会社を除く。）をいう（中小承継3①）。
提 出 書 類	遺留分の算定に係る合意の許可の審判申立書
添 付 書 類	推定相続人間の合意書の写し、経済産業大臣の確認証明書の写し（家事手続規123） 推定相続人（全員）　戸籍謄本（全部事項証明書）、推定相続人で既に死亡した者がある場合には、その者の死亡の記載がある戸籍謄本等 旧代表者　出生時から死亡時までの全ての戸籍謄本等
管　　　轄	旧代表者の住所地を管轄する家庭裁判所（家事手続243①）
申 立 権 者	経済産業大臣の確認（中小承継7①）を受けた後継者（中小承継8①）
解　　　説	許可の要件 　家庭裁判所は推定相続人間の合意が当事者全員の真意に出たものであるとの心証を得たときは、許可を与える（中小承継8②）。 告知方法 　遺留分の算定に係る合意についての許可の審判は、当該合意の当事者全員に告知しなければならない（家事手続243②）。

第28章　中小企業における経営の承継の円滑化に関する法律

即時抗告
　遺留分の算定に係る合意についての許可の審判に対しては、申立人を除く、当該合意の当事者が即時抗告をすることができる（家事手続243③一）。
　遺留分の算定に係る合意についての許可の申立てを却下する審判に対しては、当該合意の当事者が即時抗告をすることができる（家事手続243③二）。

家事事件手続法ハンドブック

不許複製	平成25年3月5日　初版発行
	定価4,200円（本体4,000円）
	共著　冨　永　忠　祐
	伊　庭　　　潔
	発行者　新日本法規出版株式会社
	代表者　服　部　昭　三

発行所　新日本法規出版株式会社

本社
総轄本部　（460-8455）名古屋市中区栄1－23－20
　　　　　電話　代表　052(211)1525

東京本社　（162-8407）東京都新宿区市谷砂土原町2－6
　　　　　電話　代表　03(3269)2220

支社　札幌・仙台・東京・関東・名古屋・大阪・広島
　　　高松・福岡

ホームページ　http://www.sn-hoki.co.jp/

50808　家事手続ブック　　※落丁・乱丁本はお取替えします。
Ⓒ冨永忠祐 他 2013 Printed in Japan
ISBN978-4-7882-7675-8